楊 官 鵬 *youkanhou*

日中の土地収用制度の比較法的研究

公益事業認定・収用手続・損失補償の理論的および実務的検討

(1)

読者の皆様へ──本書を推薦する──

　本書の著者である楊官鵬氏は，中国・山東大学法学院修士課程修了後，2012年度から2014年度まで中国国家建設高水準大学公費派遣研究生として早稲田大学大学院法学研究科博士後期課程に在籍し，「公益事業の認定及び土地収用の手続──日中両国の土地収用制度を中心とする比較法的考察──」と題する学位請求論文によって2015年7月に博士（法学）の学位を取得しました。

　楊氏の研究の進捗について，修士課程で指導を担当しておられた牟憲魁教授と心配した時期もありましたが，地道な努力を続ける中で，彼はその研究作業を上記論文に結実させたのです。

　この論文に対する学位審査において，次のような高い評価が与えられました。

　日中両国において土地・財産制度に関する研究は膨大に存在するが，これまでのところ，土地収用制度に関しては必ずしも十分な研究が行われているわけではない。特に，中国において土地収用制度の整備が喫緊の課題となっている現状に鑑みれば，中国の土地公有の制度をふまえた上で資本主義諸国の収用制度との比較法的な研究が求められていたところであった。本論文は，このような要請に応えるものだと評価できる。したがって，本論文は，比較すること自体に難しさがともなう中国の土地所有制度と資本主義諸国のそれとの比較を土地収用の局面で行いつつ，複雑な中国の収用制度と収用実務の現状を全体として把握した上で，中国における土地収用制度の立法的改革のために，そこでの中心的論点である公益事業認定および土地収用手続の制度を理論的・実務的に

(2)

ついて深く検討するという困難な課題に取り組むことになったのである。

　まず，本論文の意義は，次の諸点に認めることができる。

　第一に，中国における土地収用対象事業に関する公益認定の制度について，今後の立法的改革の指針を示したことである。土地の公有あるいは集団的所有という仕組みの下で，そして事業主体がもっぱら公共的主体であるという事情の下では，ともすれば事業の執行に公益性があることは当然視されかねないのであるが，本論文は，比較法的な知見，とりわけ日本における制度・学説・実務的運用との比較から得られた知見に基づいて，法令レベルでは「公益」の実体的内容がいずれの国においても不明確であること，その中で個々の事業について公益性を認定するには，列記的に対象事業を法律で摘示するとともに，認定を行う組織の構成と手続が決定的に重要であることを示した。中国における複雑な現行制度および運用の現状を明らかにしつつ，これらに対する批判的検討を行ったことも有意義だといえる。まずこの点に本論文の意義が認められる。

　第二に，（狭義の）土地収用手続と損失補償手続について，比較法の視点を堅持しつつ，山東省の具体的な実例を検討するなど，中国における運用の実態にまで踏み込んだ分析を行った上で問題点を明らかにし，これらの手続に関する立法的改革の指針を示したことである。すなわち，収用手続に関しては，収用情報公開，利害関係者の参加手続，および収用裁決の手続の改革指針を示し，補償手続に関しては，「正当な補償」原則の確立，生活権保障の理念の確立，これらに基づく補償算定基準の整備，行政不服審査制度と行政訴訟制度の改革指針を示している。都市部と農村部の制度と問題状況の違い，あるいは地方ごとの制度と運用の違いなど，単純には論じられないところが多いが，本論文は，こうした点にも十分な配慮を行っている。第6章において，理論と実務に関する最新の動向を把握して論じている点も，本論文の課題に対する著者の真摯な姿勢の現れといえよう。

　第三に，日本の土地収用制度に関する実務と判例および学説の状況について

(3)

も的確な概観を提供し，その特徴，意義，問題点を明らかにしていることである。本論文の主要な考察対象は中国の土地収用制度であるが，日本における当該制度の分析にも相当程度の力を注ぎ，そこでの考察を理念・法規定・運用実態・効果などの諸側面での比較検討に役立てている。このような具体的制度レベルでの中国法と日本法との比較によって，本論文は，これらにおける共通性と差異を一定程度浮き彫りにしている。日本の土地収用制度に関する研究という意義とともに，土地所有制度の違いを超えて，東アジア地域における行政法制の共通の課題（広範な行政裁量に対する統制，事業認定の専断的・官僚制的性質の是正手段，行政計画段階における公正さ・透明性の確保および参加手続の必要性など）を示唆しているという意義も評価できるであろう。

　第四に，日中の法制度に関する比較研究について，比較すること自体に対する否定的な見解が流布している中で，本研究がこれを覆すような考察を行ったことである。本論文は，土地公有制度あるいは集団的所有制度の下にある土地収用制度についての研究であって，その批判的な考察の方法として，私有財産制度下の土地収用制度との比較という方法を用いた。たしかに，所有形態という側面での差異は捨象できないものの，土地に関する利用の権利や生活上の必要性，そしてこれらを剥奪する場合の公共主体の責任という側面をみれば，かなりの程度の共通性がある。本論文は，上記の差異や欧米の制度と日本の制度との差異もふまえつつ，中国の制度との比較を丁寧に行っている。この作業の中で，中国において歴史的に形成されてきた行政組織の行動原理や権利・利益の観念にも考察を及ぼしている点，その特徴を浮き彫りにするために行った日本法との比較の中で，部分的とはいえ，日本法の特徴や問題点を明らかにしている点，さらに，土地公有制度と市場経済制度の軋轢を土地収用制度の局面で考察している点も，本論文の長所として評価できよう。

　以上の諸点に本論文の意義が認められるが，他方で，本論文にも問題点がないわけではない。

(4)

　まず，本論文では，日本・中国以外の国々の土地収用制度については，両国の特徴を把握するための便宜として，部分的に概観した程度の考察にとどまっている。本論文の著者自身が今後の課題として示しているとおり，英米型の土地収用制度と大陸型のそれとの間にはやはり大きな差異が見られるのであって，それぞれについて土地所有や都市計画などに関する基盤的制度を含めて，中国法との比較検討が望まれる。また，本論文で比較の対象とした日本の制度と実務に関しても，事業認定・収用手続に関する裁判事件等の具体的な事案の分析を通じた運用実態の比較検討まではできていない。これも今後の課題であろう。

　次に，これも本論文の著者自身が今後の課題として示している点であるが，本論文の立法的な提案がまだ指針的なものにとどまっていること，特に農村部の制度については必ずしも十分な考察に基づいた指針の提示に至っていないこと，である。本論文のこのような問題点は，収用手続や補償の算定などの実務が党や地方政府の政策動向に大きく依存しているため，行政の外部からその実態にアプローチすることが困難な状態にあること，および，農村部における実態を把握するには多大な時間を要することなどの事情に起因しているものと思われる。今後，多数存在していると想定される未公開の資料や文献を渉猟し，本論文の提案をいっそう具体化していくことが望まれる。

　さらに，理論的な面についていえば，損失補償に関する考察が不十分である点が問題点として指摘できる。本論文では，もっぱら補償額の算定手続という問題関心から考察が進められているため，補償項目の整理とそれらの意義の確認に重点が置かれており，それらに共通する「正当な補償」という理念は，いわば目標として提示されるだけにとどまっている。損失補償における「正当」とは何を意味するのかについて，日本でも多数の議論が積み重ねられてきたのであるから，中国における今後の動向を考慮するならば，その積み重ねをふまえた考察を行うことが必要であったと思われる。

　以上のような問題点を指摘することができるとはいえ，著者が示した日中の

(5)

土地収用制度に関する比較法的な考察，中国法の分析，立法的提言は，注目に値する。また，必要性が指摘されながらこれまで必ずしも十分に研究が行われてこなかったテーマに取り組んだ点も，高く評価することができる。そして，これらのところから，著者の研究者としての能力と研究に対する真摯な姿勢が本論文において十分に発揮されていると評価できる。

　このたび，この論文を基礎として本書を公刊する運びとなった旨を伺いました。このような研究成果の公表は，上述の牟教授，早大で私とともに学位審査を担当した首藤重幸教授および田村達久教授，そして早大大学院の演習における招聘講師などとして楊氏の論文作成に対する助言をしてくださった平松弘光先生（島根県立大学名誉教授）など，関係の方々に喜んでいただけるものと思います。また，日本における中国法研究の進展や日中の比較法研究にとっても極めて有益だということができます。

　最後に，本書が日中の法学研究の交流に資することを祈願して推薦の辞と致します。

　2017 年 8 月

　　　　　　　　　　早稲田大学法学学術院 教授　岡 田 正 則

(7)

本書を推薦する

　中国は，1978年に，9億人超といわれた膨大な人口を抱えて経済において改革開放政策を採用したが，それ以来，幾度かの混乱をみせながらも沿海部経済開放地区を中心にめざましい経済発展を遂げ，2008年には13億人余の人口（世界第1位）を擁する世界第2位の経済大国になった。その後も人口増加と経済発展は続き，大規模なインフラ整備，工場・商業施設の建設が盛んに進められ，都市居住者は著しく増加し，激しい都市膨張が続いた。急速度で進む都市化社会への変化は，社会に様々な軋轢を引き起こし，公害問題，環境問題等の続発を招いた。とりわけ，早くから土地問題の深刻さ・重大さが指摘されていた。市街地は相次ぐ再開発で大きく変貌し，都市近郊の農地は急速に市街地化が進んだ。その一方，開発に乗り遅れて荒蕪地化した膨大な量の旧農地が地方政府の下に退蔵され，しばしば中央政府からの強い指導がなされたところもあったという。

　周知のとおり，中国は，土地は全人民所有制として，都市の土地は国家が，農村の土地は集団が所有し，土地の売買は禁止されていて，人々が居住し，生産活動を行うためには，国家または農地の所有集団から土地使用権の設定を受けなければならない（中国憲法10条）。この複雑な土地制度の下で，急激な経済開発と都市化社会への変化により引き起こされた土地問題は，非常に先鋭化し，重大化しているという。

　土地問題を土地収用制度に限ってみるなら，都市における市街地の再開発は，

(8)

元来国有地であるから，地方政府が，土地使用権を回収し，開発を計画する事業者に新たに使用権を設定することで行われる。それに対して，農村部でのインフラ整備と大規模な工場や商業施設の建設は，地方政府が，集団所有の農地を徴収（収用）して国有化し，建設を計画する事業者に土地使用権を設定することで行われる。この都市での使用権回収や農村部での農地の徴収をめぐり，地方政府と住民との間には紛争が頻発し，その解決は，深刻化する公害や環境問題と並んで最も緊急を要する社会問題の一つとなっているようであり，土地収用制度に人々は重大な関心を寄せているようである。

　ところで，土地収用は，実施しようとしている公共事業が，施設の建設用地を必要としている場合，対象地の所有者又は権利者の意思に反してでも，事業の公共性を理由に国家が対象地の所有権等の権利を剥奪・消滅させて，事業者に所有権または使用権を付与する法制度であるが，裏返して見ると，当該事業が廃止されたり，公共性を喪失したりしたならば，剥奪・消滅させた所有権等の権利を復活させる方途が用意されており，この点に近代的土地収用制度の特徴が表れている。

　翻って，中国の土地収用制度をみると，都市の土地に関する使用権の回収は，既存の使用権者の権利を剥奪・消滅させ，国家が自らの土地所有権を完全所有権に復活させ，農村部での農地の徴収は，国家が集団の土地所有権を剥奪・消滅させ，国有地にし，それぞれ事業者に土地使用権を付与する。このような法現象だけに限るなら，前者は日本法にいう権利収用と，後者は同様に土地収用に酷似しており，日本法の土地収用法と比較対象して理解することは，十分可能であり，それゆえ比較法研究が成立するといえよう。私自身も，これまで，そのような一方向の視点で，たびたび述べてきたが，本書もこの視点を踏まえて，徹底した比較法研究の立場から，現行の法制度並びに学説を詳しく渉猟し，解説しているだけでなく，筆者の見解をベースに中国の土地収用制度の改革す

べき点を随所に指摘している。これまで，収用事業の公共性に重点をおいた中国人留学生の研究成果は二，三見かけたことはあるが，本書のように「広域での視角に立ち，土地収用制度を，①収用の決定，②収用の実施，③収用による補償，④権利の救済という四つの部分に分けて，全面的な比較法的考察を加えたい」（序章1背景より）とした文献は，これまで寡聞にして知らない。日本語で書かれた土地収用制度に関するこのような画期的な日中比較法研究書は，類書が見当たらないだけに，中国の土地収用制度に関心を有する読者にとって，本書からおおいに有益な知見を得ることになることは間違いないであろう。

　ただ，ここで老婆心ながら付言するとしたら，近代的土地収用制度のもう一つの面，すなわち当初の計画された公共事業が廃止されたり，公共性を喪失した際に，剥奪・消滅させた所有権等の権利を復活させる方途が用意されているという面に視点をおいて，中国の土地収用制度を見直してみると，回収または徴収されて地方政府の完全な管理下に入った国有地は，当初計画された公共事業の廃止または変更がなされても，そのことから全く影響を受けることがなく，依然として管理下に置かれたままにされたり，はたまた，当初と異なる事業や用役のために使用権が設定されること等について，政治的にはいざ知らず，法的には全く問題とされていないようだ。このもう一つの面を，どのように読み解き，議論を深めるべきかということについては，本書では触れていないところを見ると，著者の比較法研究に残された研究課題となるのではなかろうかと思う。尤も，日本の土地収用法においては，このもう一つの面に関しては，事業廃止・変更に因る損失補償（92条）や買受権（106条）として条文化されているものの，過去，この条文の適用例はごくわずかで，近時はいわば画餅的な規定となっていたのであるが，新規のインフラ整備が一段落し，しかも人口減少傾向が明確になったことで，現実化する可能性が出てきた時代を迎えつつあるといえよう。その点，中国では，このような仕組みを現実化させる時代は，

(10)

当分先であるかも知れないが，比較法研究として，著者が，どのような視点を打ち出すのか，今後，おおいに注目したいところである。

2017 年　処暑

島根県立大学 名誉教授　平 松 弘 光

まえがき

　本書は，2015 年に早稲田大学法学研究科に提出した博士号請求論文を元に加筆・修正したものである。

　中国と日本の土地収用制度（中国での呼称では土地徴収制度）を比較法的に考察することによって，そこでの中心的論点である公益事業認定及び収用手続・損失補償を理論的・実務的について深く検討し，もって日中の土地収用制度改革に資することを目的としている。

　内容は，主に比較法的研究の視点から土地収用における公益認定の制度と学説を検討したうえで，日中両国の土地収用手続における収用の決定・実施の手続，収用補償，及び収用補償による私的権利の救済という三つの側面から検討を行い，学説・立法・実務に対して今後の方向性を提案することを試みたものである。

　筆者は，修士課程で土地収用制度に関する研究を始め，日本の土地収用制度を研究テーマとしていたが，当時は，主として収用の手続に関心を集中させており，それ以外の事業の認定，収用補償，及び収用補償による私的権利の救済を研究しようとする余裕がなく，また，中国との全面的な比較法的考察が足りなかった。そこで，博士課程に入ってから，引き続き比較法的視点を踏まえた本来の土地収用制度全般に関する研究をより深く進めることとした。

　筆者はまだ研究者としては若輩なので，比較法的研究の経験は不足し，しかも日本語は母語ではないから言語の使い方も上手くはない。幸いに，日本と中国の先生方及び友人達から大変お世話になって，ご指導・ご助言や日本語の表

(12)

現方法などに大いに助けていただいた。

　本書の執筆及び出版にあたって，まずは，長い間にわたって博士課程のご指導・ご鞭撻を下さった恩師である岡田正則教授に心より深く敬意と感謝を申し上げたい。そして，行政法ゼミにてご指導・ご支援を下さった首藤重幸教授（早稲田大学），田村達久教授（早稲田大学）に感謝の意を申し上げたい。

　また，内容や日本語表現の添削につき大変お世話になった平松弘光教授（島根県立大学），及び厳しい学術出版状況の中，本書の出版を快諾して頂いた野々内邦夫社長（株式会社プログレス）に深甚な謝意を表したい。

　ほか，比較法の視野を開いて下さり，留学の機会を賜って，しかも長年にわたって暖かいご支援を下さった牟憲魁教授（山東大学）に心から感謝の気持ちを申し上げます。

　帰国後，引き続き比較法的研究に専念できる環境を得るにあたり，童之偉教授（華東政法大学），江利紅教授（華東政法大学）をはじめとする「法治中国建設研究センター」の皆様のご支持・ご支援を欠かすことができません。本書の出版にあたって皆様に厚く感謝申し上げる次第です。

　本書を通して，日中両国の法学交流，特に公法学と土地法学の分野での広い学術交流に僅かでも貢献することができれば幸いに存じます。

　最後に，いささか私事ではありますが，2013年に相次いであの世に行った祖母，祖父，外祖父に本書を捧げたいと思います。遥かな外国に学問を求めにいったため，国に戻り最後の別れにも間に合わなかった悔悟に浸りつつ，天国での幸福を心よりお祈りいたします。

　2017年7月　上海にて

楊　官　鵬

(13)

目　次

序　章 ……………………………………………………………………………… *1*

1　背　景　*1*

2　本書の要旨　*3*

3　解　説　*11*

　(1)　中国における国，地方の政府の関係　*11*

　(2)　中国の裁判所の系統と管轄　*12*

　(3)　法令の種類とそれを公布する政府組織，効力範囲との関係　*12*

　(4)　用語の解説　*16*

第1章　各国の土地収用に関わる「公共利益」 ……………………… *19*

第1節　歴史背景 ……………………………………………………………… *19*

第2節　土地収用における「公共利益」 …………………………………… *21*

　(1)　各国の概況 ……………………………………………………………… *21*

　　1. 中　国　*21*

　　2. アメリカ　*23*

　　3. フランス　*24*

　(2)　財産制度の立場から「公共利益」を見る ………………………… *25*

第3節　公共利益に関する各学説 ……………………………………… *28*

第4節　結　び ……………………………………………………………… *31*

第2章　中国の土地収用制度における公共利益
——公共利益認定の制度と学説に関する比較法的考察 …………… *35*

序　言 ……………………………………………………………………… *35*

第1節　中国の用地取得 ………………………………………………… *39*

  （1）　土地利用規制の法体系 …………………………………………… *39*

  （2）　土地収用の概況 …………………………………………………… *41*

    1. 都市部の土地収用　*41*

    2. 農村部の土地収用　*42*

第2節　中国の公共利益論 ……………………………………………… *44*

  （1）　公共利益に関する各学説 ………………………………………… *44*

    1. 公共利益とは何か　*44*

    2. 公共利益判定の問題点　*48*

    [1]公共利益を判定する要素　*48*

    [2]公共利益の判定主体・手続　*49*

    ①立法機関判定説　*49*

    ②手続判定説　*50*

  （2）　財産制度の立場から公共利益を見る …………………………… *50*

  （3）　土地収用制度上の「公共利益」の位置付け …………………… *54*

第3節　中国の公共利益認定制度 ……………………………………… *56*

  （1）　公共利益に関する法制度 ………………………………………… *56*

  （2）　公共利益の概念の法的実践 ……………………………………… *61*

    1. 立法動向　*61*

(15)

　　　　　[1]民法典草案（学者提案）　*62*

　　　　　[2]「物権法」　*63*

　　　　2. 土地収用の範囲の確定　*64*

　　　　　[1]「中国土地観勘測計画院課題組」の主張　*64*

　　　　　[2]靳相木の主張　*66*

　　　　　[3]張文栄の主張　*67*

　　　　　[4]「土地収用制度改革課題組」の主張　*68*

　　　　　[5]そのほか　*69*

　　　　　　①厳金明の主張　*69*

　　　　　　②劉俊の主張　*69*

第4節　結　び ……………………………………………………… *70*

第3章　日本の土地収用における事業認定の制度と学説 ……… *81*

序　言 …………………………………………………………………… *81*

第1節　事業認定制度の沿革を踏まえて ……………………………… *83*

第2節　収用対象事業の公益性と土地収用法 20 条の認定要件 ……… *86*

　　（1）　公益性の概念と比較法的意義 ……………………………… *86*

　　（2）　事業の認定機関 ……………………………………………… *88*

　　（3）　事業認定の性格と要件 ……………………………………… *90*

第3節　事業認定における裁判統制 …………………………………… *94*

　　（1）　裁判例の動向 ………………………………………………… *94*

　　（2）　違法性の承継に関して ……………………………………… *99*

　　（3）　小　括 ……………………………………………………… *101*

第4節　事業認定制度の再検討 ……………………………………… *101*

　　（1）　いわゆる「手続の迅速化」について …………………… *101*

(2) 収用制度における事業認定の位置付け ……………………………… *102*

(3) 事業認定の方向 …………………………………………………………… *104*

  1. 情報公開と住民参加説　*104*

  2. 司法的行為化説　*105*

  3. 司法審査強化説　*105*

  4. 国土計画主導説　*106*

第5節　結　び ………………………………………………………………… *107*

第4章　土地収用手続の日中法制度の比較考察 ……………………… *113*

第1節　日中比較研究の動向 ………………………………………………… *113*

(1) 収用制度の背景である中国土地制度の変革 …………………………… *113*

(2) 比較研究の動向 …………………………………………………………… *115*

  1. 小高　剛　*116*

  2. 平松弘光　*116*

  3. 江　利紅　*117*

  4. 日中法学交流の動向　*117*

第2節　比較研究の注意点と関連概念の整理 ……………………………… *118*

(1) 土地制度の相違と個々の特徴 …………………………………………… *119*

(2) 概念の再整理 ……………………………………………………………… *120*

  1. 土地・家屋・不動産　*120*

  2. 収用・権利使用・土地使用権　*121*

  3. 収用・回収と徴収・徴用　*122*

  4. 土地徴収と立ち退き・家屋徴収・使用権回収　*123*

第3節　日本の土地収用手続 ………………………………………………… *125*

(1) 土地収用手続に関する法の変遷——土地収用法を中心として …… *125*

(17)

　（2）　土地収用法による収用手続 ………………………………………… *127*

　　　1. 事業認定手続　*127*

　　　2. 収用裁決手続　*129*

第4節　中国の土地収用手続 ……………………………………………… *130*

　（1）　土地制度の概要 ……………………………………………………… *130*

　　　1. 都市部の家屋収用手続　*132*

　　　2. 農村部の土地収用手続　*134*

　（2）　土地収用の実際例──山東省を例として ……………………… *137*

第5節　結　び ………………………………………………………………… *139*

第5章　土地収用における損失補償と救済の比較法的考察 ……… *145*

第1節　損失補償の日中比較 ……………………………………………… *145*

　（1）　損失補償制度の法的背景 ………………………………………… *145*

　　　1. 日本の損失補償　*145*

　　　2. 中国の損失補償　*146*

　（2）　補償の確定 …………………………………………………………… *147*

　　　1. 日本の場合　*147*

　　　2. 中国の場合　*149*

　　　[1]都市部家屋収用の補償　*149*

　　　　①被収用家屋価値の補償　*149*

　　　　②移転・安置補償と営業損失補償　*150*

　　　　③補助・奨励　*151*

　　　[2]集団所有土地の補償　*151*

　（3）　補償金の支払い …………………………………………………… *153*

　（4）　諸国の収用補償の動向 …………………………………………… *154*

第2節　土地収用に関わる行政訴訟による権利救済 ……………………… *157*

　　(1)　「行政不服審査法」，「行政訴訟法」の関連規定 ……………… *157*

　　(2)　都市部の不動産収用の際の行政訴訟・救済 ………………… *158*

　　(3)　集団所有土地の収用に関わる行政訴訟・救済 ……………… *162*

第3節　結　び …………………………………………………………………… *164*

　　(1)　比較法的考察の結果 …………………………………………… *164*

　　(2)　中国土地収用制度についての指摘 ………………………… *167*

　　(3)　立法の提案 ……………………………………………………… *171*

第6章　補論：家屋収用補償に係る中国司法救済の現状と課題
──最高法院が公表した典型的な裁判例を中心に ………………… *173*

序　言 ……………………………………………………………………………… *173*

第1節　「家屋収用補償条例」公布以後の立法動向 ………………………… *174*

　　(1)　土地収用の際の「悪性事件」を防ぐ緊急通知 ……………… *175*

　　(2)　家屋収用・補償決定の強制執行についての司法解釈 ……… *176*

　　(3)　「違法な建築物」などの強制取り壊しに関する司法解釈 ……… *176*

第2節　最高法院が公表した典型的な家屋収用の裁判例 ………………… *177*

　　(1)　家屋収用決定に係る事件 ……………………………………… *179*

　　(2)　家屋収用補償決定に係る事件 ………………………………… *180*

　　(3)　家屋の強制取り壊しに係る事件 ……………………………… *185*

第3節　家屋収用補償に係る立法の動向 …………………………………… *189*

　　(1)　「行政訴訟法」の改正 ………………………………………… *189*

　　(2)　「集団所有土地収用条例」の起草 …………………………… *191*

第4節　結　び …………………………………………………………………… *191*

終　章 ……………………………………………………………… *195*

   第 1 節　結　論 …………………………………………………… *195*
   第 2 節　今後の課題 ……………………………………………… *201*

参考文献 ……………………………………………………………… *205*

中国学者の所属（一部）……………………………………………… *213*

索　　引 ……………………………………………………………… *215*

序　章

1　背　　景

　近年，中国の急速な著しい経済発展は，世界各国の注目を集めている。しかし，それと同時に，国内には，社会全般において厳しい構造的変革を求められている。経済・政治の発展の需要に応じた現代的法制の創設は，最も必要かつ緊急の課題である。その中で，中国の土地収用の関係立法は特に改革が必要であると考えられている。土地収用・補償に係る「立ち退き拒否」「暴力移転」など深刻な社会問題も後を絶たない状況であることから，土地収用を巡る改革を通じた人権保障及び行政状況の改善が期待されている。収用制度及びそれに基づく損失補償は，憲法・行政法・土地法・都市法等多くの分野にわたっており，人権・財産権・行政法制度・土地制度に及ぶことがあり，学説・実務両面において複雑な問題点と課題が浮かび上がっている。

　明治時代の日本は，西洋国家の法理念を吸収した上で，1889年に「土地収用法」を制定した。戦後に，一連の占領軍改革の下で作られた現行の「土地収用法」（1951年）が施行されてから，既に60年余りを経た。中国と比較し，日本の土地収用補償に係る法制度はより長い歴史を持ち，これを専門とする学識経験者の層は厚いことから，日本が得た知識・経験は中国にとっても参考となる部分は少なくないと考える。制定法を採用する点で共通し，文化背景・法律制度・伝統思想の各方面においてそれ以上の類似性を持つ日本と中国の状況を考えると，両国の収用補償制度を比較法学の観点から研究することには大きな

価値があると考える。

　近代型の収用補償制度は，そもそも土地私有制をとる国家において発展し形成されてきたものである。近代社会において，ほとんどの国は法治国家の風潮を受け入れた結果，人権保障と私的財産の保護の理念を確立してきた。日本も，ドイツなど西洋国家の経験を吸収し，長年の改革とともに現行の収用補償制度を定立した。社会主義国の中国は，国家（全民）所有を主幹とする土地公有制度を確立したとはいえ，改革開放以来，特に市場経済の背景の下で，このような風潮に直面することとなった。中国の 2004 年憲法改正の中で私有財産を保護すると明記したが，「公有」と「私有」との間の矛盾は学問上にも実務上にも難点が多く存している。例えば，経済発展の名目で地方政府による過剰な土地収用それ自体は，本当に公共利益に準ずるか否かが問われている。土地収用補償の問題は，この難しさを集中して反映しているものである。一方，現在，世界各国で収用事業が大幅に展開され，多くの国は経済の発展を目指すうえで収用事業の迅速化を図らなければならない状況にある。先進国でも，大規模な土地収用による紛争も存在し，ないし激しい民衆反対運動を招いたケースがある（例えば，2014 年 4 月米国ネバダ州土地収用反発運動）。日本においても，従来から収用事業の公共性を根本的に問う反対運動が各地に多く発生している。収用事業と私有財産との両者の関係をいかに調和するかは，社会制度，土地制度の範疇を超えて，世界各国の共通する課題となっていると言えよう。

　中国は収用法制が確立してから僅か 20 年余り経過したにすぎない国家である。2000 年代に入って以来，収用補償問題は，既に社会の安定と人権の保障に直接的な悪影響を与えている。中国政府は収用問題の深刻度を意識して，関連する立法作業を着々と推し進めており，学説上においても様々な議論が展開されている。しかしながら，学説は共通見解に至っておらず，統一的な土地収用法の公布も見えていないままである。現時点で，これらの成果と問題点を整理するのは必要な課題である。「国有土地上家屋収用及び補償条例」（2011 年，国務院）（以下「家屋収用補償条例」と略称する）の制定とともに，中国において初めて「公平な補償」原則が確立された。一部の都市では，地方政府の多様な

補償政策により，手厚い補償がなされ始めている。しかし，近年の学界には，学説の到達点や立法・政策の成果と動向，そして判例の研究につき全体的考察が欠けている。

　一方，現実には，関連の立法は混乱しており，収用手続の不備と正当な補償がなされていないこと，という二つの問題は依然として指摘されている。中国の収用問題は，官僚の腐敗，財政の体制，中央と地方のあり方などの要因があるが，根本的にいうと，土地制度，行政制度，司法制度の根本に根差している。例えば，土地収用の過程で，行政権力の濫用により私人の利益を損害するケースが多発している。貧富の格差が益々深刻化するなか，農村部の土地収用により生じる補償額の低さ，及び「失地農民」問題は，社会の安定に過大な衝撃を与えている。一体，中国の土地収用は，なぜそこまで激しく議論されているのか，何が収用紛争を起こしているのか，本書は，日本の収用制度と対照しながら，それらの問題を解明したいと考えている。

　また，収用補償による権利の救済のルートは，関連立法の不安定により曖昧な姿勢を示している。現行の土地制度の下，農村か都市かにより収用法制の対応が違うが，国の実情に適合し，公正・公平かつ正式的な補償，救済制度の確立は，既に緊急の課題となった。本書では，広域での視角に立ち，土地収用制度を①収用の決定，②収用の実施，③収用による補償，④権利の救済という四つの部分に分けて，全面的な比較法的考察を加えたいと考える。

2　本書の要旨

　以上みたように，本書では日中両国の土地収用制度を中心として主に公益事業の認定と土地収用手続との二つの部分に分けて論述したいと考える。本書の前半（1章・2章・3章）では，諸外国における公共利益の学説と収用制度の概況を踏まえて，主に日本と中国を中心として，比較法的研究の視点から土地収用における公益認定の制度と学説を検討する。本書の後半（4章・5章・6章）では，関連する立法・学説・判例を踏まえて，日中両国の土地収用手続を中心

として，収用の決定・実施の手続，収用補償，収用補償による私的権利の救済という三つの側面から検討を行う。これらの考察から，日中両国の学説・立法・実務に対して今後の方向性を提案したいと考える。

　第1章では，「公共の利益」とは何かという問題を中心に世界各国の「公共利益」「公共性」に関わる学説を紹介し，収用制度における公共利益及びその概念的位置づけを検討する。そこで，まずは公共利益に関する歴史上の各国の学説を考察する。さらには，アジア地域における中国と日本，そして北米のカナダと米国及び欧州諸国の収用制度と公共利益の位置づけを検討し，それに関する制度の構造と学説の相違を考察する。結論としては，「公共利益」の定義については学説上，どの国においても通説が存在しないため，いかに「公共利益」を土地収用制度において位置付けるかに対して，①収用権を発動する主体，と②収用権または収用事業の公共性を判断・審査する主体，という二つの主体を別々に設置することが重要であることを述べる。

　公共利益とは何かという問題について今日まで明確な答えがないという事実は，利益内容及び受益者の限定範囲の不確定性に基づいた結果と言える。アメリカを代表とする英米法国家とドイツを代表とする大陸法国家のどちらにおいても公共利益に関する通説はない。どの国においても，収用事業の公共性を収用権の発動の前提として定めるが，その公共性の実現の形式は国の実情により異なる。しかしながら，収用事業の公共性審査手続を強化するのは世界各国の方向である。

　第2章では，中国の土地収用制度における公共利益を考察対象として，中国の公益認定の制度と関連の学説を検討する。まず，中国の土地制度の概要と土地利用の概況を論じ，土地収用に関する公益認定の背景を解明する。次に，近年の中国国内の公共利益に関する学説をまとめる。とりわけ「公益論」について，土地収用制度の中で論争が生じる経緯，及びこれをいかに位置づけるかに関する議論を明らかにし，公益の判定要素に関する学説をまとめる。そして，

比較法的考察として，財産制度の立場から論述し，土地収用制度における公共利益の位置づけを検討して，学説上の問題点を明らかにする。最後に，実務上の公益認定の問題点を指摘し，関連の立法と学説の動向をまとめて，著者の結論を提示する。すなわち，中国では収用権を発動する行政機関（政府）の権限を制限し，収用事業の公共性審査手続を強化することが緊急な課題である。その手段として，公益認定制度の明文化，収用手続の合理化・透明化が挙げられる。

　中国の土地収用制度は，歴史・政治・文化など自らの国情に基づいて定められたものである。土地収用制度における公益認定の不備は，収用手続全般の不備を反映している。収用事業の公共性審査制度は未だ確立しておらず，学説上にも制度上にも多くの難題が存在する。それらの難点は，「二元的土地制度」と「行政権主導」の党政制度に集中して反映されている。

　中国と比較し，日本の土地収用制度は，私有制の確立を前提として発展したものである。土地収用法をはじめとする統一された法制度が確立され，事業認定の段階で厳しい公益認定の手続を定めている。また，土地所有制度は「一元制」であるため，収用法制は明瞭・鮮明である。中国と日本は所有制度が根本的に異なるため，土地収用の法体系も各々の歴史に基づいて発展してきた。公共利益の認定の関連制度と学説は，中国特有の国情を背景としており，今後の土地収用制度の再整備と緊密な関係にある。近年，土地収用制度における公共利益の確定は，中国特有の財産・土地制度の下で，土地収用手続の中で最も議論されているが，公益認定制度の創設はおろか，これらについての法文も学説も共通の認識には達していない現状にある。公益認定制度の創設は急務となっている。事業認定で蓄積された日本の経験は，中国に思考の筋道を提示している。

　第3章では，日本の土地収用における事業認定の制度と関係の学説を踏まえて，収用法制全体における事業認定制度の位置付けを再検討する。まず，土地収用法を初めとした日本の収用法制の歴史を鑑み，明治時代から現在までの事

業認定制度の沿革を論述し，その発展の経緯と動向を探求する。次に，各国との比較を踏まえて，事業認定を主幹とする日本特有の公益審査制度の特徴を示す。その上で，歴史背景を含めて，学説をまとめて検討し，認定の機関，事業認定の性格と要件についての理論的構造を再解析する。その後で，近年の判決の動向に着眼し，事業認定における司法的統制の現状と問題点を検討する。最後に，事業認定制度の存廃を中心とする近年の動向をまとめ，現在の収用制度における位置付けを明らかにして，事業認定制度の発展方向につき各学説をまとめて検討する。結論として，①現行の事業認定の性格は「要件裁量」に当たること，②日本では，現行の事業認定と行政訴訟制度の下で，収用事業の公共性審査と私的権利の救済は基本的に確保されていること，③行政権主導の収用原則の下で，収用事業の公共性に対する実質的司法審査は欠けていることを述べる。

　「行政による収用」原則は古くから存在しており，事業認定の沿革を踏まえて日本の実情を勘案すれば，一定の合理性が認められる。事業認定の性格が「要件裁量」に当たるという認識は，立法の原意に適合し，司法統制の現実を反映するものである。判決において土地収用法 20 条に定める要件は示され，私的権利への救済は訴訟により基本的には保障される。しかし，公益性に基づく事業認定の適否，裁判の長期化などの問題が存在することは否定できない。現実には，行政庁による事業認定に対する司法審査について，自由裁量事項とする規定は多く，司法機関による判断を行うのは困難である。原告適格の制限などの下で，収用事業の違法性を認める，または事業認定の取消しを認める裁判例の数は決して多くない。

　中国と比べれば，日本にも同じ問題がある。例えば，意見聴取と公聴会制度の形骸化が指摘される。事業認定の処分についての行政庁の裁量は一層強化され，「専断的」「官僚的」といわれるような行政処分の問題が指摘される。起業者が国土交通大臣である場合，行政庁は事業の申請者と認定者である（起業者＝認定の申請者＝認定庁）から，その中立性が問われている。事業認定の制度は，行政計画の公正さ・透明化を図ることを目的とする市民参加を確保し，行政改

革の方向と土地利用計画全体の中で位置付け，政治的構造及び市民の基礎など情勢の変化に基づいて考量しなければならない。

　第4章では，日中両国の土地収用手続を中心に，比較考察を加える。まずは，中国特有の土地制度の実情とその法理を明らかにするために，収用制度の背景である中国土地制度の変革に検討を加える。土地所有制度を基盤とする日中両国の土地収用制度の比較研究は，実体法の面でも手続法の面でも僅かな成果しか存しないため，それらの先行研究の成果と動向をまとめる。日中両国の収用法制は，各自の民法法理の上に形成されたものであるため，関連の概念と用語を把握する必要がある。そのため，本書では，比較研究の際の注意点と関連概念の区分について分析・検討を加える。そして，日本の収用法制の沿革を踏まえて，事業認定手続と収用裁決手続の流れを分析する。次に，中国の土地法制度の背景を踏まえて，都市部の家屋収用手続と農村部の土地収用手続の各々の流れ，特徴と問題点を分析・検討する。農村土地収用制度の一環である農地転用手続の現状を述べ，その問題点を指摘する。また，土地収用の実際例として，山東省の土地収用の現状や問題点の分析に着眼し，中国土地収用手続の全体像を解明する。最後に，結論として，①日中両国の収用法制は各々の特徴を示していると同時に，共通の課題も多いこと，②中国土地収用制度の不備は明らかであり，その解決策として，統一の収用法の制定，行政収用権の制限と「正当な補償」原則を確立することが重要であると述べる。

　日中両国の収用法制は，自国の歴史，土地制度と法理の上に形成されるものであり，各々の特徴を示している。しかし，手続上の類似点と共通課題も多い。例えば，土地調査と住民参加（公聴会の開催と意見提出など）が同一なものとしてなされている。また，収用決定の段階においていかに十分な住民参加を確保するのか，いかに被収用者の生活権再建を確保するのかなどは共通の課題である。

　日本と比べれば，中国の土地収用の手続は以下の特徴を持つ。①立法上は行政機関に相当な収用権限を委ねる。全体的な土地利用は基本的に行政的判断・

政策の下にあり，土地の収用と補償は政府（国務院）の条例と部門（国土資源部・住居及び城郷建設部等）の法規・規章を根拠とする。②具体的収用手続と補償額の確定についての権限は各地方の政府に委任されており，地方政府の政策・法規などに基づいてそれらを規定する。③全国的範囲からみれば収用法制は一律化されておらず，成文の土地収用法も存在しない。二元的土地制度の下，都市部と農村部の土地収用制度も二元化している。土地収用全体の法制は統一されておらず，複雑な構造になっている。④歴史的背景に由来する側面も看過できず，中国の伝統的な法的観念には「義務履行」「国家・集団の利益」が常に重視され，それに対して個人権益または私的利益に対する保護の観念は比較的薄い，という実態は現在まで続いている。中国の土地収用手続には「行政権主導」という特徴がある。司法権はより弱化するとともに，強い行政権力による収用手続の透明度は日本より低い。これは党に執政力を高度に集中させた中国法制度の性格を反映している。⑤土地収用への取扱いは，中国では政治的な問題を誘発しやすい。「私有財産権を保護する」という条文が2004年改正で憲法に挿入されて以来，全国的に近代国家の国民意識が強くなる一方である。同時に，各地で立ち退き事件，補償額についての紛争などが益々深刻化することにより，土地収用権を行使する政府の信用・合法性が疑われるにまで至っている。とりわけ近年の収用紛争の多発は社会の安定に悪影響を与えており，収用項目を審査する際にも，収用補償方案を制定する際にも，地方政府による社会安定リスクの評価は義務化・制度化されている，ということは中国の収用手続の特徴である。

　現在の中国土地制度と市場経済制度を背景とした①統一的な「集団土地収用補償法」を制定し，現時点で混乱している収用立法を整理することは急務となっている。②さらには，厳格な事業公共性審査手続を地方政府の収用権に課し，違法な土地収用・利用を規制することが強く求められている。また，③現在，都市部における家屋収用には手厚い補償がなされる一方，農村部の補償額は極めて劣悪な状態に置かれている。集団土地収用補償制度に公平・正当な補償原則を確立した上で，法により補償方式を整理・整備し，確実な家屋（宅地）立

ち退きなど，農民の財産損失に対して適切な補償額を給付することが必要とされるだろう。

　第5章では，土地収用における損失補償と救済を中心として，日中両国の比較法的考察を加える。両国の補償制度は各々の歴史・法理の下で形成されたものであり，その形成の背景である関連の法制度と学説を比較検討する。次に，補償の確定を中心課題として，日中両国の損失補償制度の現状を解析・検討する。中国の都市部家屋収用補償につき類型・方式，さらには集団所有土地の補償につき補償の類型とその算定などに着眼し，中国の収用補償の制度的問題点を解明する。また，諸外国の収用補償の動向につき比較的考察を加え，中国の補償の特徴や問題点を分析する。そして，権利の救済を中心として，中国での補償の不満により訴訟を提起する権利につき立法の経緯・動向と問題点を整理する。最後に，結論を提示する。結論として，中国現行法の下で，実質の損失補償制度がまだ定立していないため，都市部土地収用による補償は近年の立法により「公平な補償」原則を確立したが，まだ不十分であり，農村部において適切な補償を確保することはさらに緊急な課題である。その主な解決策として，「正当な補償」原則の定立，及び法により訴訟の権利を確保することを述べる。

　日本と比較し，中国土地収用における補償と救済には数多くの問題が存する。補償の面では，農村部における補償額が極めて低い。独立性が認められる行政委員会は設置されておらず，行政機関が独断する場合が多く，補償決定手続の不透明さが指摘される。一部の都市では，安置保障が手厚くなされており，移転補償の対象も細かく定められている。また，環境影響評価も考慮要素の一つとみなされる。しかし，それは党または地方政府の政策の裁量に依存する部分が大きく，法的安定性を欠いている。ほか，借家人など権利者への補償が欠落している。

　救済の面では，農村の場合，土地収用における救済のルートが欠けることについて，行政訴訟法の改正が行われた。その上，集団所有土地収用条例の起草がささやかれている。都市部の場合，近年，収用の決定と収用額に対して異議

10

または不服がある場合は，いずれも不服申立て，行政事件訴訟（主に「取消訴訟」）を提起することができるとされたが，その実態を検討する必要がある。一連の立法と法改正の動向は注目を集めているが，補償と救済の問題は依然として中国が直面する難題である。

　第6章では，中国の2011年「家屋収用補償条例」制定以後の立法動向を踏まえて，最高法院が公表した最新の典型的な裁判例を考察対象として，家屋収用補償に係る中国司法救済の現状と課題を検討する。まず，この「家屋収用補償条例」公布以後の最新の立法動向を把握し，立法の面から全体の背景と動向を解明する。実例の分析を踏まえて，最新の判例を考察対象として，最高法院の判例評釈の分析を通じて，最新の動向や問題点を解明し，家屋収用補償に係る中国司法救済の実像を明らかにする。最後に，問題点と課題のまとめを踏まえて，結論を出す。結論として，①家屋収用補償に係る司法救済のルートは，近年の法改正と判例により基本的に保障されており，②司法救済の特徴として，「事後的救済」，及び「手続上の形式審査」であり，「具体的行政行為」の違法性に対する実体的審査が欠けていることを述べる。

　中国では，家屋収用補償に係る司法救済のルートは，近年の法改正と判例により基本的には保障されている。しかしながら，現在の司法救済は侵害された権利利益に対する事後的救済であり，単なる手続上の司法統制方式をとるものである。収用決定に対する事前的司法審査，及び事前の権利利益を確保する途は依然として欠落している。また，その「事後的司法救済」においても，「具体的行政行為」の違法性に対する実体的審査が欠けている。

　家屋収用決定に対する司法審査は，手続上の形式審査を主な審査手段とする。家屋収用補償決定に対する司法審査は，主に，補償額を確定する段階で手続上の重大な瑕疵があるか否かを審査する。中国は，強制執行の決定に対する司法審査については，近年，諸外国の経験を参考にして「執裁分離」の方式を採用してきた。しかし，家屋取壊しの強制執行の決定に対して，法院は，「手続の違法性」のみを審査する一方，建築の違法性の認定に対する実体的審査を行わ

ない。現実に違法な建築と合法な建築が共存している場合，その「手続の違法性審査」の欠陥は明らかとなる。

3 解　説

本文に入る前に，ここでいくつかの点を解説しておこう。

(1) **中国おける国，地方の政府の関係**

まず，中国の国政府組織を認識しよう。

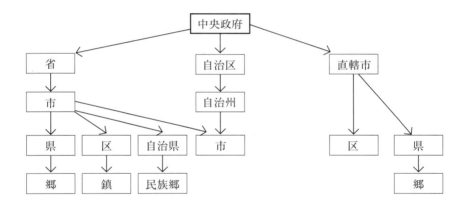

上図のように，国政府組織は，「国（中央）―省級―市級―県級―郷（鎮）」というような「五級制」を採用する。

一般的にいえば，「省級」は各省，自治区，直轄市を含める（そのほか，香港とマカオという特別行政区も含まれる）。省のレベルは日本の「県」に近い。直轄市には北京，天津，上海，重慶という四つの市があり，省と同じレベルである。

特に，「市」については注意しなければならない。上記の四つの直轄市を除き，一般の市（中国語で「地級市」という）は，ほとんど市級である。各省の都（中国語で「省会」という広州，杭州，済南のような市）とそのほかの区・県を持つ

市（例えば，青島，大連，夏門，済寧など）は例である。ただし，「市」を名乗っても，実は県級である例がある。例えば，山東省鄒城市は「市」と呼ばれるが，実は山東省済寧市に管轄される県級の市である。

⑵　中国の裁判所の系統と管轄

　中国の裁判所は，「最高人民法院」と「地方人民法院」に分けられる。国政府組織は，「国（中央）—省—市—県—郷（鎮）」というような「五級制」を採用する。これと対照的に，中央に最高人民法院（略称「最高法院」，または「最法院」）を設置し，「省」のレベルに高級人民法院（略称「高院」），「市」のレベルに中級人民法院（略称「中院」），「県」のレベルに基層人民法院という三つのレベルの地方人民法院を設置している。最高人民法院は全国の訴訟事件を管轄し，地方人民法院は各地域の訴訟事件を管轄する。

　中国は「二審制」を採用する。地方人民法院は第一審事件を受理する。第一審法院より一つ上の法院は第一審事件の上訴と抗告を受理する。中級人民法院，高級人民法院の第二裁判決は終審である。また，最高人民法院の判決は終審である。

⑶　法令の種類とそれを公布する政府組織，効力範囲との関係

中国憲法（1982年12月4日制定）の改正年月日	土地制度と関連する主な改正点
1988年4月12日改正	土地の私有こそ認められないが，土地使用権は期限を限って譲渡することが認められた。
	「社会主義経済制度の基礎は，生産手段の社会主義的公有制，すなわち全人民所有制及び勤労大衆による集団所有制である」の規定を補完として「法律の定める範囲内の都市・農村勤労者の個人経営経済」が認められていた。
1993年3月29日改正	中国が社会主義の初級段階にあること，中国的特色を持つ社会主義建設を進めること，そのために改革開放政策を維持することが追加された。

	「社会主義公有制を基礎として，計画経済を実行する」という規定が「社会主義市場経済を実行する」に改められ，市場経済への移行がうたわれた。
	農業生産の形態を集団所有制から家族単位の生産請負に転換するために，農村人民公社，農業生産協同組合の文言を削除した。
1999年3月15日改正	「依法治国」の規定を追加した。
	市場経済の発展に対応し，社会主義経済制度の基礎が生産手段の公有制にあるとの原則を維持しつつ，同時に多様な所有制と分配形式をも公認した。
2004年3月14日改正	個人経済，経営経済だけでなく，非公有制経済全体に保護の範囲を広げるとともに，その発展を奨励することも明記した。
	公共の利益のために土地を収用する場合について補償を与えることが明記された。
	「国民の合法的な私有財産は侵されない」と規定するとともに，公共の利益のために収用される場合には補償されるとされた。

収用制度に関係する法令など			
法令名	制定年月日	改正・廃止年月日	制定機関
土地管理法	1986年6月25日採決 1999年1月1日から施行	1988年12月29日改正 1998年8月29日改正 2004年8月28日改正	全人代常務委員会
土地管理法実施条例 （旧）	1991年1月4日公布 同年2月1日から施行	1999年1月1日廃止	国務院
土地管理法実施条例	1998年12月27日公布 1999年1月1日から施行	2011年1月8日修訂 2014年7月29日修訂	国務院

物権法	2007年3月16日採決 同年10月1日から施行		全人代
都市計画法	1989年12月26日可決 1990年4月1日から施行	2008年1月1日廃止	全人代常務委員会
城郷計画法（都市と農村土地計画法）	2007年10月28日採決 2008年1月1日から施行		全人代常務委員会
都市不動産管理法	1994年7月5日採決 1995年1月1日から施行	2007年8月30日改正	全人代常務委員会
農村土地請負法	2002年8月29日採決 2003年3月1日から施行		全人代常務委員会
行政強制法	2011年6月30日採決 2012年1月1日から施行		全人代常務委員会
行政訴訟法（行政事件訴訟法）	1989年4月4日公布 1990年10月1日から施行	2014年11月1日改正	全人代常務委員会
行政複議法（行政不服審査法）	1999年4月29日採決 同年10月1日から施行		全人代常務委員会
都市家屋立ち退き管理条例（旧）	1991年1月18日採決 同年3月22日公布 同年6月1日から施行	2001年11月1日廃止	国務院

序　章　15

都市家屋立ち退き管理条例（新）	2001 年 6 月 6 日採決 同年 6 月 13 日公布 同年 11 月 1 日から施行	2011 年 1 月 21 日廃止	国務院
国有土地上房屋徴収及び補償条例（国有土地上家屋収用及び補償条例（略称「家屋収用補償条例」））	2011 年 1 月 19 日採決 同年 1 月 21 日公布 同日から施行		国務院
都市国有土地使用権出譲及び転譲暫定執行条例（都市国有土地使用権譲与と譲渡暫定執行条例）	1990 年 5 月 19 日公布 同日から施行		国務院
都市国有土地使用権出譲及び転譲計画管理弁法（都市国有土地使用権譲与と譲渡計画管理規則）	1992 年 12 月 4 日公布 1993 年 1 月 1 日から施行	2011 年 1 月 26 日修訂	建設部 （現「住居及び城郷建設部」）
国有土地上家屋収用評価弁法	2011 年 6 月 3 日公布 同日から施行		住居及び城郷建設部
画撥用地目録（割当用地種類リスト）	2001 年 10 月 18 日採決 同月 22 日から施行		国土資源部

⑷　用語の解説

①　公民，人民，国民，民衆

中国憲法は，「中華人民共和国国籍を持つ人は中華人民共和国公民である」と定める（33条）。すなわち，中国語にいう「公民」とは，国籍を持つ人（国籍者）をいう。中国憲法の条文の中には「国民経済」という表現があるが，「国民」という明言はない。一方，日本語にいう「公民」は政治に参加することができる人々を指すので，中国法にいう「公民」とは違う概念であるから，本書では，理解の便宜上，「公民」の言い換えで「国民」という表現を用いる。

中国語の「人民」は，「公民」「国民」など法律関係を反映する法的概念と違って，政治上の相互関係を反映する政治用語である。「民衆」とは，不特定の人々である。

②　部門，幹部，組織

「部門」とは，国家機関における特定の職能を担う単位である。土地収用部門とは，地方政府における土地収用を主な職能とする部門である。

「幹部」とは，国家機関，軍隊または人民団体において公職を担う人を指す。

「組織」とは，個人の対立語として，「団体」の意味に近く，人民団体，社会団体，企業などを含める。しかし，場合によっては，共産党組織の略称とすることもある。

③　収用，徴収，徴用，回収

本書にいう「徴収」は，中国語の「征収」の日本語訳であり，「所有権の収用」に近い。本書にいう「徴用」は，中国語の「征用」の日本語訳であり，所有権が移転されないから，「使用」に近い。中国における土地収用は，「収用」という表現がほとんど使われなく，徴収・徴用に分けられている。その区別は，土地所有権が消滅した場合は「徴収」，土地所有権が変わらなくて，一時的に使用権を占有してから所有権者に帰還した場合は「徴用」である。

「回収」とは，都市の土地は国が所有権を持つので，そもそも国に所有される土地を，収用により私人から使用権を取り返すことというような公権力の行

使である。所有権は移転されないから，厳密にいえば日本法にいう「収用」とは違う概念である。この点について予め把握しておいてほしい。

④　裁判所，法院，人民法院，司法機関

裁判所は日本の呼び方で，それに当たる中国語は「法院」または「人民法院」である。広義の理解では，中国の司法機関は法院と検察院の両方を指す。また，公安機関も司法機関の特殊な一種類であるという観点もある。

第1章　各国の土地収用に関わる「公共利益」

〈目　次〉
第1節　歴史背景
第2節　土地収用における「公共利益」
　(1)　各国の概況
　　1.　中　国
　　2.　アメリカ

　　3.　フランス
　(2)　財産制度の立場から「公共利益」を
　　　見る
第3節　公共利益に関する各学説
第4節　結　び

第1節　歴史背景

　土地の収用とは，公権力による用地の強制取得であり，国が公共の利益を実現させるために，土地の私的財産権を強制的に取得することである。現代国家の土地収用制度では，公共利益とは何であるかといった定義が不可欠となっている。一般的には，公共利益とは，ある社会を構成する個人や集団の私的利益に対して，その社会の構成員全てに関係し，かつ他の社会集団あるいは個人の利益を損なう可能性を必然的に伴う利益を指す。

　そもそも，収用と公共の二つの概念は緊密な関係にある。収用という言葉を初めて使ったのは，「戦争と平和の法」であると思われる[1]。フーゴー・グローティウスは，政府が公共利益のために収用する権力を持ち，しかも公共利益はその授権の目的と前提である，と主張している。何世紀にもわたって，ほとんどの西洋国家がその観点を受け入れた。「収用権とは，国家が公共目的のため

に私人財産を占有する権力である」という定義は，古典的な定義となっている[2]。

伝統的には，政府の収用権について保留権利説（reserved rights）と内在権力説（inherent powers）という二つの理論がある[3]。保留権利論によると，個人が財産を占有する前に，国家がすべての財産の絶対的所有権を持つ。国民が財産を占有するのは国家の授権を得なければならない。しかも，その権利の行使には保留条件があり，国家が公共目的のためにいつでもその財産を回収することができる。こういう観点から見ると，政府の権利に対して，私人が持つのはただ占有権と使用権にすぎない。内在権力論によると，政府からの授権を得なくても国民がすべての財産権を持てるという。政府が財産を収用できる権力を持つが，憲法に制限条件が加えられている。しかし，この二つの学説は財産権の所有者が違うが，共に政府に絶対的な収用権力を与えていると指摘される。

ところで，公共利益とは何か，どの国においても明確に規定されていない。なぜなら，その利益内容及び受益者の限定範囲の不確定性に決められると指摘される[4]。台湾の学者陳鋭雄は，「公共利益とは何か，あまりにも抽象すぎる問題なので，人により答えが異なるかもしれない」と指摘している[5]。

「公共利益」という概念の淵源は紀元前5世紀に遡ることができるとされる。古代ギリシャの都市国家制度から生まれた「国家全体観念」と緊密につながっているのは「国家利益」である。それが当時の社会に必要な一元的，抽象的な価値観であり，全社会のあらゆるメンバーの目指している目標である。アリストテレスによると，国家は，「最高の善」を実現するために存在する社団である。その「最高の善」は，現実に「公共利益」を形式として存在している[6]。

ウルピアヌスは，「法学堤要」において初めて公法と私法を区別し，「公法は，ローマ国家の安定を維持する法で，私法は個人利益と関わる法である。実際には，公共利益に有益であるか，私人に有益であるかで区別される」と主張する[7]。Helvetius は，自身の学説に「個人主義」と「公共利益」を区別する[8]。個人利益は多数者の公共利益に反してはいけない，また，法律手段を通じて権力を制限し，権力者を「権力への愛」から「多数者の幸福」のためにするように誘導するのは必要である。それと同時に，私人利益が公共利益と緊密につながるよ

うに，民衆をも法律で制限，誘導するのが重要である[9]。

一方，ジェレミ・ベンサムによれば，法律の最終目的は社会の最大利益を実現することに尽きるとされる[10]。公益と私益との関係を調和するのは立法者の責任であるが，社会の幸福を促進するのは政府の責任である。彼は，「最大多数の人の幸福は善悪の判断基準だ」と提出し，「個人利益は唯一の現実的な利益であり，社会の公共利益とは，単なる抽象概念で，個人利益の総和だ」と主張する。

初めて社会利益と個人利益を結合して論述したのは，ドイツの学者ルドルフ・フォン・イェーリングである[11]。彼の社会利益を強調する「社会利益」学説が，利益法学の思想源泉となり，資本主義的法律を個人本位から社会本位に移転させるような大きな役割をしていた[12]。

パウンドによれば，各種の利益への承認，確定，実現，保護というのは法律の作用である[13]。また，最小限度の代価で，互いに衝突する利益をできるかぎり実現させるには，利益を分類しなければならない。パウンドは利益を三種類に分けている：①個人利益，すなわち「個人生活と直接に関わり，個人生活の名義で提出された主張，要求または願望」である。②公共利益，すなわち「政治組織社会と関わり，しかもその名義で提出された主張，要求と願望」である。③社会利益，すなわち「文明社会の社会生活と関わり，社会生活の名義で提出された主張，要求と願望」である[14]。

第2節　土地収用における「公共利益」

⑴　各国の概況

1．中　国

中国憲法 10 条は，「都市部の土地は，国家所有に属する。農村及び都市郊外区域の土地は，法律により国家所有に属すると定めるものを除いて，集団所有

に属する」と定めている。また，土地管理法2条は，「中華人民共和国は土地の公有制を実施する。すなわち，全民所有制と労働者集団所有制である」と定めている。ということで，中国では，土地所有権が国家所有権（全民所有権）と集団所有権（労働者集団所有権）の二種類しか認められず，いわゆる土地の公有制を実施している。

　中国の土地制度を考察するには，土地の私有が認められる資本主義国家の制度とは，その本質において大きく異なることを認識しなければならない。とりわけ，都市の土地を公共の用に供する場合，そもそも国有であることから，所有権を消滅・剥奪するという土地収用の概念が成立する余地はないとされる[15]。さらにいえば，中国は市場経済制度，私有財産制度を導入しているが，国家，すなわち人民は，依然として国家所有制度において土地を所有しているにすぎない。しかし，実質的にみれば，人民は土地を所有する権利を有しないが，土地を利用する権利を有する（土地管理法2条参照）。したがって国家が，国家所有地に対する主権として，経済，文化，国防，公共事業のために行政権を行使するのであれば，それは私的所有権を侵害するのではなく，土地利用権を侵害するものである。以上のように，中国における土地収用は，土地所有権の収用ではなく土地利用権の収用（回収）であると指摘される[16]。

　中国は，国家が公共利益の需要に応じて，法律規定により土地収用を行うことができると定めているが（憲法13条3項），公共利益の概念が曖昧にされ，事業認定制度は確立されておらず，行政権力の主導の下に土地所有者とその関係人の権利保障には問題が指摘されている。また，計画経済から市場経済に転換している中国に，補償額の算定基準は各地域によって画一的ではなく，土地収用の実際には補償方式と補償額に関する紛争が後を絶たない，という現実が厳として存在している。

　一方，私有財産制度をとる国には，土地と家屋を別個の不動産と見なすが故に，土地収用制度と土地譲渡制度のほか，社会主義国家のような家屋収用制度などはほとんど存在しない。その点については後述する。

2. アメリカ

アメリカ合衆国憲法の修正 5 条は，「正当な法の手続きによらないで，生命，自由または財産を奪われることはない。正当な補償なしに，私有財産を公共の用途のために収用されることはない」と定めている。連邦憲法 14 条修正案も，州政府が正当な法の手続により私有財産を取得し，国民に平等に法律で保護することなど，と規定している。そのほか，各州の憲法も同じように規定している。例えば，モンタナ州憲法 2 章 29 条は，「合理的な補償なしに，公共使用のために私有財産を収用，損害することはできない」，「訴訟が生じれば，私有財産の所有者が勝訴した場合，それに見合う合理的な補償に必要な訴訟費用を含む」と規定している。通説によると，アメリカにおいて，私有財産を収用するには三つの条件を満たしていなければならない。すなわち，正当な法律手続（Due Process of Law），公平な補償（Just Compensation）及び公共使用（Public Use）である。

John Locke の学説の影響で，アメリカの制憲者は保留権利説を受け入れなかった。実際に，連邦が成立する前，各植民地政府は既に土地の権利を持っていたわけである[17]。一方，新しい州が成立する前に，連邦政府は既に土地の権利を当地の居民に賦与した。つまり，アメリカのような連邦制度の下で，連邦と州の両方とも主権政府でありながら，同時に同じ土地の絶対権利を所有するわけではない。

アメリカは，かなりの程度で内在権力説を受け入れたと指摘される[18]。連邦政府の持っている権力は有限だが，建国の際に収用権を絶対的に掌握するのが認められているゆえに，そもそも各州の憲法上の承認を得る必要はなかった。1875 年以前，「収用を州により行う」という理論に従い，国は州裁判所または州の同意を得てから地元の連邦裁判所で収用を行っていた。1875 年の事例で，連邦最高裁判所は「州の同意は連邦が収用を行う条件ではない」と判決し，連邦が独立した収用権を持つこととなった[19]。

連邦憲法が公布されてから百年の間，アメリカ政府が収用権を行使するケースが実は多くはなかった。収用に関する憲法の条項は休眠期にあるようで，裁

判所と学界に注目されていなかった。19世紀末になると，第二次工業革命と都市化の発展につれて，政府の収用活動が徐々に始まってきた。連邦も州政府も収用権を通じて経済を促進し，大規模な経済施設の建設活動も益々盛んとなっていた。しかし反対者もいた。彼らは，大規模な収用が立法権の濫用をもたらしたため，財産権を強制的に移転する行為を厳格に審査する必要があると，強く主張していた。しかし，裁判所にその審査権があるかどうかについては，長い間論争が続いていた。アメリカの学者は幾度も17世紀の大陸自然法学家，例えば Hugo Grotius と Samuel Pufendorf の古典的著作に答えを求めていたが，「公共用途とは何か」といった問題についてはなかなか結論を出すことができなかった。収用権の濫用を防ぐため，裁判所と学者は収用権の行使について「公共目的」という制限を加えながらも，「公共目的」の概念をどのように設定するかといった問題は，今日まで統一的な見解に至っていない。

3. フランス

　フランスでは強制方式を通じて，私人の不動産の所有権，またはほかの物権を取得することを公用収用という。権利宣言（1789）17条は，「所有権は，一の神聖で不可侵の権利であるから，何人も適法に確認された公の必要性が明白にそれを要求する場合で，かつ事前の正当な補償の条件の下でなければ，これを奪われることはない」と宣言している。すなわち，公用収用の基本原則として，①公共必要性の法律認定，②正当な補償，③被収用財産を占有する前に，補償を支払うこと，という三つがある。

　フランスにおける自由の概念は，アングロサクソンとは異なり限界がある。「他人を害しない」という点をひとつの臨界点としているが，その状況は，個人が他人と出会うときに出現する。これが「社会」である。その結果，無制限に自由の私的領域（個人）と自由が制約される公共領域（社会の中における個人間の関係）は峻別されている。たとえば，フランスのマンションでは窓の内側をどのように装飾しようと私領域であるから一切規制できないが，外面は公領域であるから制約を受ける。

フランスではよく公共の秩序といわれるが，公安秩序という意味ではなく，公領域全体が円滑に進む状態を指しており，日本国憲法における公共の福祉に該当する。このような理念の下で，フランス民法典545条で，「公共の利益を理由とし，かつ事前に正当に補償されなければ，何人もその所有権を譲渡することを強制されてはならない」と規定されている。1977年の「公用収用法典」にも同じような規定がある。

(2) 財産制度の立場から「公共利益」を見る

美濃部達吉は，「現代の国法における公用収用制度の法律的根拠を為している思想に大よそ三種の要素を分つことができる。第一は私有財産不可侵の思想であり，第二は国家的権力が公共の福利を図るがために発動することを正当とする思想であり，第三は法治主義の思想である」と指摘した[20]。換言すれば，収用による損失補償は私有財産制度の存在を必要条件とする。私有財産の一つである土地についてみると，使用，収益，処分の自由という内容をもつ土地所有権制度の確立を要するということになる。そしてさらに，土地の収用または使用に伴う，私人側に生ずる財産上の出損を補填するための「正当な補償」あるいは「損失の補償」を金銭でもって行うとする場合には，私有財産制を前提とする土地取引の自由市場が存在することを必要とする。これにより土地収用者は，補償金でもって当該市場に従前と同程度の品同，品質の土地を求め，自己の損失を回復することができる[21]。

一方，今村成和は，「土地の私有権は，現代社会においては公共政策に従属していることが一般的である。土地所有権に対する公権的規制の一環としてとらえることができ，環境整備などの推進のためには，不可欠の手段を提供するものとなっている」と指摘した[22]。このような視点からみれば，私有制国家にも公有制国家にも，財産，特に土地に対する収用を行うような「公権的規制」は実際的にも論理的にも必要であろう。

日本国憲法29条3項に「私有財産は，正当な補償の下に，これを公共のために用いることができる」と規定されている。中国憲法（2004年改正）では10

条3項において，「国家は公共の利益の必要のために，法律の規定に基づき土地に対して徴収又は徴用し，あわせて補償を行うことができる」が，土地は「私有財産」として認められていないので，土地以外の私有財産の補償は土地収用の場合のみに限定されている。つまり，土地について，国家所有制度を採用する共産主義国家である中華人民共和国においては，国家賠償制度は憲法41条によって基礎づけられるものの，損失補償制度は憲法によって根拠づけられるものではない[23]。その点については，中国の土地収用による損失補償は，国務院各部の規定及び地方の行政立法に各自に定められているが，厳密に言えば，私有財産制度を基礎とする完全な損失補償制度は中国においてはまだ成立途上であると言える。

　土地の所有制度について，日本は私的所有制を採用し（日本国憲法29条），中国は都市の土地は国家所有，農村の土地は集団所有制をとる（中華人民共和国憲法10条）。中国では土地の転売は禁止されている。その前提として，中国には，国家が元々公有されている土地を取得するのは「回収」という意味を持ち，民法上の手段（日本法でいう「任意買収」など）だけでの実現はほぼ不可能である。ただし，土地は公有されるが，土地の上に家屋など建物があるから，一般的には，その建物に対する私有権は認められる。ということで，都市部の家屋が市場で転売される場合に，土地は国有なので販売できないから，私人は，土地を使う権利（中国語で「使用権」）を国から取得してからこそ，法により不動産登記をし，家屋の所有権を取得できる。

　前述のように，農村部の土地は集団所有であるから，国がそれを強制的に取得するのは土地の「収用」に当たるであろうが，都市部の土地はそもそも国有であるから，国がそれを取得するのは「回収」に近い。土地の使用権と家屋の所有権に対して「補償」が必要とされる。ただし，国家と被収用者の間に民法上の平等関係はなく，その「補償」には国家からの「恩賜」という意味合いが付されているという指摘がある。

　国に「土地管理法」「都市不動産管理法」「城郷計画法」というような法律または「国有土地上家屋収用及び補償条例」といった関係規定があるが，各地方

行政区は，損失補償の用途と生活再建に係る補償基準に関する規則を定めている。しかし，実務上，中央政府があらゆる価値を決定しており，また，何が最も適切な土地の利用であるか，また，誰によって利用されるべきであるかについては，国家政策にかかっている場合が多い。政府が中国のすべての土地を所有し，その土地がどのように利用されるべきかを決定しているが故に，いかなる土地紛争も裁判所ではなく，政府が解決しているという厳しい指摘もあった[24]。平松弘光も，「中国の収用問題，特に農地の収用問題は大変な混乱状態にあり，マスコミなどで言われている単なる官僚組織の腐敗の問題を超えて，中央と地方のあり方や，土地所有権と市場経済に関する本質的な問題に根ざしている」と指摘した[25]。

　日本の土地収用法は，土地を収用しまたは使用することのできる公共事業を列記している[26]。列記されている公共事業について，同法が定める手続に沿うことにより，土地の収用権限を取得する権利が起業者に与えられる。反対に，列記事業と同程度の利益を社会にもたらす大規模事業であっても，同法3条に列記されていない限り，土地を収用することはできない[27]。

　中国は，国家が公共利益の需要に応じて，法律規定により土地収用を行うことができると定めている。2011年に国務院が公布した「国有土地上家屋収用及び補償条例」8条には，都市部における土地収用を行う要件とする5種類の公共事業を規定しているが，実務上の公共利益の概念が曖昧にされ，事業認定制度は確立されておらず，強い行政権力の主導の下に土地所有者とその利害関係人の権利保障について問題となっている。中国の土地収用制度を理解するうえで，「公共利益」は常にキーワード的位置付けを占めており，各制定法及び政府条例にも散見される。しかし，私見では，中国の国情から見ると，「公共利益」概念の文言解釈だけでなく，日本の土地収用法3条のように収用適格事業を詳細に列記すれば，現実的な問題の解決に有益ではないかと考える。

　日本の場合に，「土地収用法」と「公共用地の取得に関する特別措置法」を制定する際に，社会・経済的な要素に注目したことは特に重要である。また，緊急性を伴って施行される事業のための緊急収用の手続を定めている。一般的

にいえば，公共事業のための用地取得は，土地収用法の手続によらずに，起業者と土地所有者，関係人との間の任意協議により行われている[28]。任意買収については，「土地所有者との間に合意が成立するならば，土地収用法による収用に伴う一切の煩雑な手続を必要とせず，公共事業に必要な土地の取得が行われ得ることになるし，そもそも国民の自由と財産を基本的人権として保障する近代法治国家においては，国家公権力の一方的な行使は必要最小限度に抑えられるべきことが原則である」と評価された[29]。

　一方，近年の中国においては，土地収用・損失補償に係る「釘子戸」（日本の「一坪地主」に近い），「立ち退き拒否」などの社会問題が後を絶たない状況にあり，人権保障及び行政状況の改善が期待されている。その一つの原因として，土地の国家所有制度を採り，ほぼすべての生産手段を国家が所有し，損失補償請求権を正式に認めていないことだといわれている。しかし，この点については，普遍的な行政的強制収用という方式から，民事的任意買収の採用へ徐々に移行すれば良いのではないかと考える。一方，日本においても，任意買収と土地収用に関しては，「どのような要件の下で，どのような基準に従って選択し利用して行くべきなのか，については，何らの法的規律も存在しない」ことが指摘されている[30]。その点についても今後の課題にしたいと思う。

第3節　公共利益に関する各学説

　学説は，主に公共利益説と公共利益否定説の二種類に分けられている。フランス，ドイツなどの大陸法国家の学説は概念自体に着手する傾向が強いことに対して，イギリス，アメリカなどの英米法学説は，どのようなケースが公共利益を認定する上で最も実現性が高いかを判断することに焦点をおくのがほとんどである。以下のように，肖順武の論述を参照して，公共利益に関する9種類の学説を紹介する[31]。

　1. 公共利益とは私権を制限する根拠である。

この学説は，公共利益と私人利益との関係の視点から，神聖なる私権は公共利益の名義の下でしか制限されることができないと同時に，公共利益が私益の濫用を防ぐには重要な役割を果たしている，と主張する。また，その学説にはいくつかの流派がある。①公共利益は各利益の均衡を保つ根拠である。②公共利益は政府が個人の財産権を制限する根拠である。③公共利益は関係主体の権利義務を影響する利益である。④公共利益は個人権利の限界である。

2. 公共利益は経済利益である。

この学説は，公共利益が実在している経済利益だと主張する。三つの流派がある。①公共利益は経済秩序である。すなわち，社会の公共利益は自由競争を基礎とする経済秩序そのものである。②公共利益は経済利益か，または政府が私人の経済活動に提供する便宜である。③公共利益は国民の個人財産を守る利益である。

3. 公共利益は共同利益である。

この学説は，公共利益が共同の利益または多数の人の利益だと主張し，主に以下のような論点がある。①公共利益は共同に享有される利益である。②公共利益は人類社会の共同の基盤である。③公共利益は社会の個人利益の総和である。すなわち，個人の利益の対立ではなく，その利益の総合である。④公共利益は多数の人の利益である。公共というのは指定されていない多数の人である。換言すれば，数も範囲も指定されていない多数の受益者が存在すれば，公共利益を守らなければならない。⑤公共利益は個人の利益ではなく，一体性を持つ不可分のもので，公共な利益である。⑥公共利益は主導的地位に立つ集団の利益である。すなわち，公共利益は，狭義の個人または特定の事業の利益ではなく，社会または国家の主導する集団利益である。それにより，公共政策の実施は必ず集団利益の向上を目指して行われなければならない。

4. 公共利益は行政政策の目標である。

この学説は，公共利益が，①道徳観念の加えられている行政目的，②法律の範囲内の行政実現，③理性化される政策であると主張する。政策問題についての政治闘争の結果は公共利益となる。

5. 公共利益は価値の一種類である。

この学説には三種類がある。①公共利益は価値観の一つである。②公共利益は物事の価値の総和である。③公共利益は公共の善である。

6. 公共利益は手段である。

この学説によると，公共利益は目的ではなく，単なる手段である。①公法と私法に分ける基礎でもある。②行政法の普遍原則である。③統治者の特権が正当化される依拠である。統治者は公共利益の名でいかなる特権を行使する場合も正義だと主張する。④公共利益そのものは法律の実現である。

7. 公共利益は自発的に実現されるものである。

いわゆる「自発公益論」である。公共利益は重要であるが，人の個体に実現させられるのではなく，社会活動につれて自発的に実現するものである。

8. 公共利益は少数の人の利益である。

公共利益が多数の人の利益だと主張する学説に対して，この学説はその可能性を否定し，少数の人の利益にすぎないと主張する。

9. 公共利益は認識できるものではない。

この学説には5種類がある。①公共利益は曖昧な概念である。そもそもその概念を表現することができない本質を持つ。できるだけ法の解釈を拡大するため，公共利益が生まれながらに曖昧な概念となっている。②公共利益は政治の悖理である。公共利益は国家により実現させられるとはいえ，国家が各種の施政目標の間に均衡を保つのは公共利益と関わっている。公共利益に従いながら公共利益を位置づけるのは実に政治の悖理である。③公共利益は空きボックスのような存在である。自分の利益の立場で公共利益を理解するわけであるから，自由に各自の理解をこのボックスに入れることとなる。④公共利益を定義付けるのはほぼ不可能である。⑤公共利益は抽象的な秩序である。

以上のように，公共利益の概念について，学説は諸説ある。しかし，各学説には共通点がある。①公共利益を享受する主体である多数の人は，特別に指定されていないゆえに，「多数の人の利益」とは区別されている。②多数の人に

享受されているが，公共利益は指定される一部の多数の人，または個人に専有されていない不可分な利益である。③公共利益とは，必ずしも国家全体の利益のみならず，特定の一つの地域の範囲で，地域の公共利益という形式で存在することもある。④公共利益は時代とともに変わっている場合もある。⑤公共利益は重大な利益であることなどが指摘される。

第4節　結　び

　中国や日本以外の国々においても，公共利益が公認されるような定義はみられない。アメリカを代表とする英米法国家と，ドイツを代表とする大陸法国家のどちらにおいても公共利益に関する通説はない。

　だが，公共利益の定義に共通性・統一性がないことは，土地収用をめぐる公共利益の議論を不要にするものではない。諸国の憲法のほとんどが「収用が公共利益を根拠とする」と規定していることは，公共利益の重要性を証明している。しかしながら，公益の概念そのものには曖昧性が伴うことから，統一的な見解に至ることはほぼ不可能である。実際，具体的な土地収用事例において，当該の収用が公共利益によるか否かは臨機応変に判断されている。収用活動をめぐる議論が具体的問題に近づけば近づくほど，公共利益の概念的位置づけは困難となる。更にいうと，公共利益に関しては，理論上の問題というより，実務上の問題だということが妥当ではないかと考える。それゆえ，根本的に言えば，誰が公共利益を判断できるか，誰が公共利益を判断する権力を持つはずなのかは，最も重要である。

　公共利益とは何かという問題について今日まで明確な答えがないという事実は，利益内容及び受益者の限定範囲の不確定性に基づいた結果と言える。どの国においても，収用事業の公共性を収用権の発動の前提として定めるが，その公共性の実現の形式は国の実情により異なる。しかしながら，収用事業の公共性審査手続を強化するのは世界各国の方向である。「公共利益」の定義につい

ては学説上，どの国においても通説が存在しないため，いかに「公共利益」を
土地収用制度に位置付けるかに対して，①収用権を発動する主体，と②収用権
または収用事業の公共性を判断・審査する主体，という二つの主体を別々に設
置することが重要である。

そもそも，近代の公用収用とそれによる損失補償についての学説及び制度は，
私有財産制度を採用する近代国家において発展したものである。公共利益認定
の本質は，過大な行政収用の権限を制限するためのものである。国は公共福祉
のために，適法な手続きに基づき，被収用者に補償することを前提として収用
権を行使するのであり，これは収用制度の原則である。それゆえ，収用という
強力な権限が濫用されないように，法は詳細かつ煩雑な手続を定め，慎重に権
限行使を行うように要求している。

---

1 張千帆「公共利益の困境及出路」中国法学 2005 年第 5 期 37 頁参照。
2 Hugo Grotius, The Law of War and Peace（Vol.3），Francis W. Kelsey（trans），Oceana
 Publications（1964），p.807。
3 張千帆・前掲注(1)37 頁参照。
4 黄学賢「公共利益界定の基本要素及応用」法学 2004 年第 10 期 11 頁参照。
5 陳鋭雄『民法総則新論』（三民書局，1982 年）913 頁。
6 胡建淼，邢益精「公共利益概念透析」法学 2004 年第 10 期 3 頁参照。
7 グナエウス・ドミティウス・ウルピアヌス(ラテン語: Gnaeus Domitius Ulpianus)は，ロー
 マ帝国の法学者・政治家である。
8 Claude Adrien Helvetius は，18 世紀フランスの唯物主義学者である。
9 陳新民『ドイツ公法学基礎理論』（山東人民出版社，2001 年版）240 頁参照。
10 ジェレミ・ベンサム（Jeremy Bentham，1748 年～ 1832 年）は，イギリスの哲学者・経
 済学者・法学者。功利主義の創始者として有名である。「ベンタム」とも。
11 ルドルフ・フォン・イェーリング（Rudolf von Jhering，Ihering とも，1818 年～ 1892 年）
 は，ドイツの法学者である。
12 劉全徳『西方法律思想史』（中国政法大学出版社，1996 年版）135 頁以下参照。
13 Roscoe Pound（1870 年～ 1964 年）は，米国の法学者。プラグマティズムの立場から，
 法を相対立する諸利益の調整によって社会を統制する技術体系であると主張した。著「コ
 モンローの精神」「法哲学入門」など。
14 趙震江『法律社会学』（北京大学出版社，1998 年版）18 頁参照。
15 平松弘光「日本法からみた中国の土地収用制度」総合政策論叢（島根県立大学総合政策

学会）24 号（2012 年）87 頁参照。

16 戦憲斌（永松正則訳）「第二章：中国」〔小高剛編『アジア太平洋諸国の収用と補償』（成文堂，初版，2006 年）所収〕82 頁。

17 John Locke, Two Treatises of Government, Peter Laalett（ed.), Cambridge University Press（1967), p.378-380。彼の学説によれば，人間の労働が価値を加える上で，財産権が生じる。彼は「財産権は国家と法律に依存するものではない。財産権は国家と法律の生まれる前に既に存在していた」と主張する。

18 張千帆・前掲注(1)38 頁参照。

19 Kohl v. United States, 91 U.S.367.

20 美濃部達吉『公用収用法原理』（有斐閣，復刻版，1987 年）48 頁参照。

21 竹村忠明『土地収用法と補償』（清文社，第 1 版，1992 年）1 頁。

22 今村成和（畠山武道補訂）『行政法入門』（有斐閣，第 9 版，2011 年）55 頁。

23 戦憲斌・前掲注(16)82 頁。

24 小高剛「序章」〔前掲注(16)所収〕13 頁参照。

25 平松弘光・前掲注(15)86 頁。

26 同法 3 条：土地を収用し，又は使用することができる公共の利益となる事業は，次の各号（略）のいずれかに該当するものに関する事業でなければならない。

27 小高剛「第 4 章：日本」〔前掲注(16)所収〕152 頁。

28 小高剛・前掲注(27)152 頁参照。

29 藤田宙靖『西ドイツの土地法と日本の土地法』（創文社，第 1 版，1988 年）212 頁以下。

30 藤田宙靖・前掲注(29)212 頁以下。

31 肖順武「国外学界の公共利益に関する主要な観点及評介」河南司法警官職業学院学報 2010 年 3 月号 57 頁以下参照。

第2章　中国の土地収用制度における公共利益
——公共利益認定の制度と学説に関する比較法的考察

〈目　次〉

序　言

第1節　中国の用地取得
- (1)　土地利用規制の法体系
- (2)　土地収用の概況
  - 1.　都市部の土地収用
  - 2.　農村部の土地収用

第2節　中国の公共利益論
- (1)　公共利益に関する各学説
  - 1.　公共利益とは何か
  - 2.　公共利益判定の問題点
    - [1]　公共利益を判定する要素
    - [2]　公共利益の判定主体・手続
      - ①立法機関判定説
      - ②手続判定説
- (2)　財産制度の立場から公共利益を見る
- (3)　土地収用制度上の「公共利益」の位置付け

第3節　中国の公共利益認定制度
- (1)　公共利益に関する法制度
- (2)　公共利益の概念の法的実践
  - 1.　立法動向
    - [1]　民法典草案（学者提案）
    - [2]　「物権法」
  - 2.　土地収用の範囲の確定
    - [1]　「中国土地観勘測計画院課題組」の主張
    - [2]　靳相木の主張
    - [3]　張文栄の主張
    - [4]　「土地収用制度改革課題組」の主張
    - [5]　そのほか
      - ①厳金明の主張
      - ②劉俊の主張

第4節　結　び

序　言

　近年，土地収用権の行使は世界的に進んでいる。世界において，土地私有制度をとる国は多数である。アメリカ，ニュージーランド，オーストラリアのような国は，都市部の開発可能な土地のほとんどすべては私的に所有されている。そもそも，近代の公用収用とそれによる損失補償についての学説及び制度は，

私有財産制度を採用する近代国家において発展したものである。美濃部達吉によれば，「私有財産不可侵」の思想は，現代の国法における公用収用制度の法律的根拠を為している思想の一要素である[1]。私有財産が認められるからこそ，国は公共福祉のために，適法な手続きに基づき，被収用者に補償することを前提として収用権を行使するのであり，これは収用制度の原則なのである。それゆえ，収用という強力な権限が濫用されないように，法は詳細かつ煩雑な手続を定め，慎重に権限行使を行うように要求している[2]。

　一方，中国，香港，マレーシア，シンガポールにおいて，ほとんどすべての土地は国家が所有している。これらの国家はそのほとんどが発展途上国であり，急速な都市化につれて，土地収用権と土地利用規制の必要性が生じた。これに伴い，土地利用計画の経験不足，事業認定制度の不全及び法不備などが原因で収用紛争が生じており，また，そこでの人権問題などについては強く非難されている。学説上でも法整備の面について改めて整理が必要とされている。例えば，中国の土地収用は，制度上に，農村部における集団所有の土地に対する収用と都市部における国家所有の土地の使用権に対する回収との二種類に分けられるが[3]，すべての土地を国（または集団）が所有している以上，「収用」という名称で収用権を行使しているとはいえ，これは収用ではなく，土地所有者の所有権の行使にほかならないという意見もある[4]。さらに言えば，そもそも中国には日本で一般的にいう「収用」が存在しないというのも過言ではないかもしれない。

　比較法的視点から見ると，中国の土地収用制度上の公益認定の研究に入るには，まず以下の特徴に注意する必要があると考える。①土地制度の「二元制」により，都市部と農村部との土地収用は各自への対応方法は違う。したがって，手続上にも実務上にも公益認定の措置・手法は異なる。土地収用全体の法制は統一されていなく，複雑な構造になっている。②歴史上の原因もあるが，従来，中国の法的観念には「義務履行」「国家・集団の利益」などが常に重要視され，それに対して個人権益または私的利益を保護する観念は比較的に薄い，という実態は現在も否定できない。これは土地収用の公益認定に深い影響を与えてい

第2章　中国の土地収用制度における公共利益
——公共利益認定の制度と学説に関する比較法的考察　37

る。③中国の土地収用における公益認定は，「行政権主導」という特徴がある。司法権はより弱体化するとともに強い行政権力による収用手続の透明度が日本より低い。これは三権分立を認めない，共産党の執政力が強化される中国全体の法整備を背景とする産物でもある。④「私有財産権を保護する」という条文が2004年改正で憲法に挿入されて以来，全国的に近代国家の国民意識は強くなる一方である。同時に，各地で立ち退き事件・補償額についての収用紛争などが益々深刻化することによって，土地収用権を行使する政府の信用と合法性が疑われるまでに至っている。土地収用制度における公共利益の取扱いは，中国では政治的に微妙な意味をもっている。

　いかなる国の土地収用についても，土地に対する公益・私益の関係から検討すべきである。中国と比べて，日本の土地収用制度は，まず私有制の確立を前提として発展したものである。そして，土地収用法をはじめとする統一された法制度の確立を達成し，事業認定の段階で厳しい公益認定の手続を定めている。また，土地所有制度は「一元制」になっているから，収用法制は明瞭・鮮明な様相を示している。

　歴史上，1874年プロイセン土地収用法は，「利害の対立する複数当事者の存在を当然に予定し，公告縦覧の制度，計画異議申立権，損失補償における配慮等で，利害関係人の手続参加に意を尽くしてきた。同法の定める計画確定手続は，裁判的救済が排除されていることを除けば，今日的観点から見ても決して遜色ないシステムである」と角松生史に高く評価されていた[5]。同法2条1項は，収用が「当該所有地が用いられるところの起業者及び事業を表示した勅令に基づいて」なされるべきことを定めていた。同条の立法過程において，とりわけ概括主義と列挙主義との論争の結果，概括主義が正当化されていた。そこには，自らの国家・社会のありようを，旧来の社会と対比しつつ，前進しつつあるもの，動的なものとして観念する傾向を見出すことができると説明されている[6]。一方，2011年1月に中国国務院が公布した「国有土地上家屋収用及び補償条例」8条は，土地を収用しまたは使用することのできる公共事業を列記している[7]。現代的法制の整備が経済・政治の発展の需要に応じて迅速に進められている最

中だが，中国は社会全般において厳しい構造的変革を求められており，その現状は当時のプロイセンの状況と驚くほど似ているように思われる。

　本章では，土地収用を中心に，中国の公益認定の関連制度と学説を論述する。中国と日本とは土地所有制度が根本的に異なるから，土地収用の法体系も各々の歴史に基づいて発展してきた。それゆえ，内容は，中国人にとって当たり前の事柄であっても，比較法的考察として，できるかぎり日本の読者を想定して論述することにしたい。

　まず第1節では，中国の土地制度の概要と土地利用の法体系を紹介する。中国特有の二元土地所有制を踏まえて，都市部と農村部の土地収用の概況を論じ，土地収用に関する公益認定の背景を解明する。第2節では，近年の中国の学説をまとめる。とりわけ「公益論」について，土地収用制度の中で論争が生じる経緯，及びこれをいかに位置づけるのかに関する議論を明らかにする。その上で，公益の判定要素に関する学説をまとめる。比較法的考察として，財産制度の立場から論述し，土地収用制度における公共利益の位置付けを検討して，学説の問題点を明らかにする。第3節では，土地収用に関する公益認定制度を説明した後，実務上の公益認定の問題点を指摘し，またこれに関連する立法と学説の動向をまとめて，結論を導くことにしたい。

　中国の土地収用制度は，世界各国の経験を踏まえて形成されただけではなく，歴史，政治，文化などの自らの国情に基づいて定められたものでもある。中国の公益認定と土地収用制度についての研究は，発展途上国の土地利用規制の改革にとって有益であると同時に，異なる財産制度を採用する国家にとっても，土地の国有化と私有化，公益と私益についての論争など世界的な論争点の解決のために有益ではないかと考える。

第1節　中国の用地取得

(1)　土地利用規制の法体系

　斉藤淳子が述べるように，「中国においては，すべての土地は公式には「公有」である。」「しかしながら，「使用権」は市場で売買されており（いわゆる「所有の二重構造」），さらに都市と農村で土地の属性が異なる（政策の二重構造）という特色を持つ。」[8]

　中国憲法10条は，「都市部の土地は，国家所有に属する。農村及び都市郊外区域の土地は，法律により国家所有に属すると定めるものを除いて，集団所有に属する」と定めている。また，土地管理法2条は，「中華人民共和国は土地の公有制を実施する。すなわち，全民所有制と労働者集団所有制である」と定めている。「つまり，中国では，土地所有権が国家所有権（全民所有権）と集団所有権（労働者集団所有権）の二種類しか認められず，いわゆる「土地の公有制」を実施している。」

　符衛民によると，「中国の経済は，社会主義公有制経済が主体（メイン）となって，多種の経済形式が併存する経済である。土地は再生できない重要な自然資源であり，極めて重要な生産資源である。土地の社会主義公有制は，中国の社会主義経済制度の基礎の重要な部分である。そのため，土地の社会主義公有制を保護することは，中国の各経済形式の主体（メイン）である社会主義公有制経済を保護し，社会主義を保護することにつながる。」[9]

　前述のように，中国の土地制度は，土地の私有が認められる日本の制度と大きく異なることを認識しなければならない。すなわち，土地は，①国家により所有（国有）される部分，と②農民により集団所有される部分[10]の二種類に分けられる。

　土地の国家所有権とは，国家が，法律に基づき，国家の土地を占有，使用，

収益及び処分する権利である[11]。中国法学界では，国家は公法上の主体であると同時に私法上の主体でもあるという有力説がある。この説によれば，政治実体として，国家は行政権などの公的権利を行使することができる。また，私法上の主体として，国家は一般民事の当事者と同様に自己の財産につき所有権と使用権を有するはずである。それゆえ，国家土地所有権は，まず国家が享有している民事的権利であり，民法の規律に従う。このような民事法律関係の中で，国家はその他の民事主体と平等な法的地位を有し，土地の国家所有権は他の民事主体の権利と同様に法律によって保護される[12]。

　しかしながら，中国の土地取得については，法律の不備が指摘されている。平松弘光が述べるように，「国家所有の都市の土地について，（上記の）憲法及び土地管理法（1988年第一次改正）は，土地使用権という土地を利用する権利を法定し，家屋の私有を明文で認めたが，収用については明確に規定していなかった。」ただ，現実には収用は行われている。「そこで，1995年制定の「都市不動産管理法」は，土地使用権について補償を伴う回収制度を規定したが，補償額の算定基準については黙したままであった。現行土地管理法（1998年第二次改正）は，国有土地使用権の回収には「適当な補償」を与えなければならない（同法58条2項）と規定したが，「適当な」という中身は明らかにされていなかった。」「2004年には憲法が改正され，「補償して収用」の原則が規定された（13条2項）。その後，激論の末，2007年に制定された物権法において，「家屋，その他の不動産を収用する場合には，法に基づき，立ち退き補償を与えなければならず，被収用者の合法的な権益を擁護しなければならない」と規定したが，詳細は未定であった。」[13]

　1990年代以来，中国においては，急速な経済発展及び都市化拡大を実現するため，中央政府によって土地利用政策が相次いで公表された。ジェトロ・上海センターの報告によると，地方政府は，政府業績を上昇させるために，農村用地開発と都市再整備の事業を急速に推進した結果，全国各地で土地使用権の取引，土地の乱開発などをめぐる問題が増えてきた。そのような問題に対応するため，中国政府は，土地管理を強化するための複数の法令を公布してきた[14]。

第 2 章　中国の土地収用制度における公共利益
　　　——公共利益認定の制度と学説に関する比較法的考察　　41

　そして，2011 年 1 月に国務院が公布した「国有土地上家屋収用及び補償条例」
は，収用対象家屋の所有権者に公平な補償を行わなければならないとする公平
補償の原則をうたう（条例 2 条）とともに，「家屋が収用された場合に，国有土
地使用権も同時に回収される」と規定した（条例 13 条 3 項）[15]。同条例が実施
されたと同時に，2001 年公布の「城市家屋立ち退き管理条例」は廃止となった。
「国有土地上家屋収用及び補償条例」は，中国都市部の土地と家屋の公的収用
を規制する主な法規となった。その 1 条，2 条により，国有土地上の不動産に
ついて，「公共利益のために」行うことが収用の前提とされている[16]。
　「現在の土地政策は「憲法」を基礎にした「土地管理法」（2004 年修正）と関
連条例を中心にした法体系からなる。」「土地の所有権は都市部においては「国
有」，農村部においては中国特有の「集体所有」（集団所有）になっている。」「集
体所有（集団所有）とは国有と私有の中間にある第三の所有形態で，農村部の
場合は村の住民からなる村組織の集団所有を指している。」しかし，この「集
団所有」概念自体の不明確性が現土地制度の盲点だと指摘されている[17]。また，
中国の損失補償条項は，中国憲法上は「日本国憲法 29 条 3 項に相当する規定
がなく，個別法によって規定されている。」[18]
　中国憲法 10 条と土地管理法 2 条は，国家は公共利益の需要に応じて，法律
規定により土地収用を行うことができると定めているが，実務上は公共利益の
概念が曖昧であり，また，日本の「事業認定制度」のような公益認定制度も確
立されていないことから，行政権力の主導の下に土地所有者とその関係人の権
利が脅かされるという深刻な問題が生じている。計画経済から市場経済への転
換期にある中国では，補償額の算定基準は各地域で画一ではなく，土地収用の
実務では補償方式と補償額に関する紛争が後を絶たないと見られている。

(2)　土地収用の概況

1.　都市部の土地収用

　中国の都市部における土地は国有であり，それに対して，「歴史的経緯から
農村の土地は国有ではなく集団所有となっている。」「住宅は私的所有が認めら

れている（物権法47条，64条）ので，都市の場合，私人や私企業が家屋等を建てて土地を使う際には，一般的市，県級人民政府から国有地の使用権を有償で設定（出譲）してもらうことになる。使用期間は居住用地は70年，工業用地は50年，教育・科学・文化・衛生・体育用地は50年，商業・観光・娯楽用地は40年，総合またはその他用地は50年とされている（都市国有土地使用権譲与と譲渡暫定執行条例（1990年。以下「暫定条例」という）12条）。有償での使用権設定は，協議，入札，競売の方式がある（暫定条例）。農村の場合は，集団所有地に住宅のための土地使用権が無償で設定されている（物権法152条）。」[19]

　前述のように，中国の土地所有制度からみれば，都市の土地を公共の用に供する場合，そもそも国有なので，厳密にいえば日本での所有権を消滅・剥奪するという土地収用の概念が成立する余地はないと平松弘光に指摘されている[20]。これは，中国特有の二元的土地制度固有の問題としてのみではなく，以下のような問題としても検討すべきである。

　①土地基本法としての「土地管理法」は，中国の土地所有制度を規定しているが，具体的な施行細則などは国務院条例，国務院の部の規定または地方の立法に委ねている。土地収用に関する統一の法律は作られていないから，地方により補償要項など土地収用の関連規定は異なっている。中国は，都市部と農村部の土地収用制度に関する詳しい法律文書は現時点でも公式に提案，公表されていないままである。学界においては，季金華，徐駿による「土地収用法草案」のような学者提案はあるが，単に集団所有の土地を収用対象と想定して作られたものであり，都市部の土地は日本法でいう収用対象となりうるかについては通説はない。②都市部の土地は国家所有なので，収用といえば常に土地使用権の回収と土地上の家屋の立ち退きの両者を意味する。③中国建国（1949年）以来，何度も土地政策が変更・改廃されたため，急速な都市化につれて，権利属性の不明確な土地が大量に生じていた。

2. 農村部の土地収用

　「農村の土地は集団所有である（土地管理法8条）。」「かつて所有主体は人民

公社であったが解体されたので，現在は集団経済組織としての村民小組や村民委員会が所有主体の中心となっているようである。日本法でいえば集落単位での農民集団の所有に近いと言ってよいのだろうか。もちろん，上で述べたが，個人の住居は私有が認められている（物権法64条）。そして，農民集団の所有である農村の土地の使用権は，土地請負に伴う農地使用権（耕地，その他の農地等）と宅地使用権（個人住宅用地等）に区分され，いずれも無償で設定されている（物権法152条，農村土地請負法23条）。」[21]

　中央政府によって建設用地の総量が制限されていることにより，積極的に農業用地を建設用地に転換して外資誘致を進めたい地方政府の思惑との不一致が原因でトラブルが生じるケースがあるという[22]。「中国の収用問題，特に農地の収用問題は大変な混乱状態にあり，マスコミなどで言われている単なる官僚組織の腐敗の問題を超えて，中央と地方のあり方や，土地所有権と市場経済に関する理論の本質に根ざしている」と指摘されている[23]。

　また，「売地財政」も土地収用問題の一因であると考える。「売地財政」とは「土地を売る財政方式」であり，土地出譲金が地方政府の重要な財源であるということを背景として，都市拡張と経済成長を目指して，地方政府は，土地出譲金をもらうため，集団所有の土地を強力な行政権を通じて低価で収用し，国有化された土地を高価で不動産開発業者などに出譲し土地出譲金を取得して，財源に当てる中国特有の現象である。また，都市拡張と経済成長が地方政府の成績を評価する重要な指標であるから，官員は，インフラストラクチャーなどの設備建設の名目で，極端な低価で集団所有の土地を収用して，各地で民衆に強い反発を招くに至るケースもある[24]。それにより，政府は本来の行政機能と乖離し，赤字問題に陥ることとなると同時に，都市化コスト（Cost of The Urbanization）も直線的に上昇し，出稼ぎ農民労働者の生活は苦しくなる一方である。中国共産党の機関紙である『人民日報』も「売地財政」を強く批判しており，今後の財政改革の一環として新しい財政政策の発表が期待されている。

　なお，いわゆる「都市」と「農村」の定義は現時点では法律に明記されていないが，一般的な社会通念から理解すればよいかは難しい問題である。「都市

計画法」が「本法にいう都市とは，直轄市・市・鎮を指す」（3条）と定めたが，同法は2008年に廃止された。「都市計画法」は，「都市計画区」という概念を用いたが（3条2項），その具体的な範囲を確定する権限を地方政府の土地計画に委ねている。「農村土地請負法」は，「本法にいう農村土地とは，農民集団所有及び国家所有し農民集団で使用する耕地・林地・草原とそのほか法により農業生産のための土地である」（2条）と定めるが，「農村」とは何かを明記していない。

詳しくいうと，「都市」と「農村」が同じ政府組織の下で共存する場合に，例えば北京市で，中心の都市部から遠く離れて，郊外に明らかに経済発展が遅れた地域がある。このような地域には農村戸籍を持つ人も多く，「農村部」と呼ぶのは問題がないであろう。ただし，近年，急速な都市化につれて一部の地域は農村部から都市部に転化する場合があり，例えばいわゆる「城中村」（都市圏に囲まれる村）が多く現れている。「城中村」の経済発展の水準が普通の農村部より高いが，農村戸籍を持つ人が集中し，土地も集団所有されるから，このような地域を「都市」か「農村」かと一概に呼ぶのは難しいであろう。

第2節　中国の公共利益論

(1)　公共利益に関する各学説

1．公共利益とは何か

土地収用は，日本で言えば基本的人権と公共の福祉の利益衡量の関係ということになる。中国では，公共の福祉という表現が使われることは多くなく，むしろ「公共利益」という。「公共利益」とは，中国においてどのような概念であろうか。中国憲法（2004年改正）10条3項は，「国家は公共の利益の必要のために，法律の規定に基づき土地に対して徴収または徴用し，あわせて補償を行うことができる」と規定している。ここで，国が国民の土地など私有財産を

収用する場合とは，公共利益が必要である場合ということになる。そこで，公共利益とは如何なる概念であるのかが問題となる。

張千帆は，この点を次のように述べている。

「……公共利益が，最大多数の最大利益と考えられる場合には，公共利益と立退きによりもたらされる損失との比較で，利益が損失より大きい場合には公共利益であるというのが社会功利主義に適い，政府は立ち退き計画を実施することになろう。……しかし，民主制度とは何かを想起した場合には，上記のように社会功利主義だけでは不適当である。功利主義は，多数による暴政をもたらすことがあるからである。John Rawls は，「正義論」において，功利主義の原則は効率を強調し，社会の公正を無視していると批判する。それは，公共利益は個体の利益により構成されているにもかかわらず，功利主義の原則は集団が無制限に個人を圧制することを許しているからである。……憲法は，社会の多数の利益や意思を尊重すべきであるとはいえ，憲法の目標はすべての人の基本的利益を保障することである。したがって，多数の人を代表する議会が，財産を収用することが社会公共の利益に適合するか否かを決定する権利があるとはいっても，この場合には必ず憲法の要請に基づき収用される者に公正な補償をしなければならない。憲法により，民主と自由，効率と公正，多数の利益（公共利益）と少数の権利の協調と統一が図られなければならない。」[25]

日本国憲法では，基本的人権の保障の中に位置づけられる財産権に関して，これが公共の福祉のために制限を受け，剥奪される場合には，財産権補償の原則が達成されなければならず，この概念には経済的損失は全体で負担すべきであるという平等原則の考え方があるという[26]。

張千帆によると，法律の「公共性」には二つの特性がある：①法律は国家を代表とする公共権力から作られたものである。私人は法律を制定することはできない。私人は，限られた範囲で道徳または管理規則を適用することができる

が，一般的には，公共権力の実施に訴えることができない。②法律はすべての人に義務と権利を普遍的に与え，すべての人に公開されるべきである[27]。換言すれば，いかなる国でも，公共利益を守るのは，もともと「法律」それ自身の役目であろう。

しかし前述のように，中国憲法の中で，「公共利益」の概念は文言でも実質でも確定されていない。その概念の不確定性は，常に国家，社会と個人との間に利益の衝突を導くようになっている。特に「公共利益」を名として国民の権利を制限する場合に，「公共利益」を判断する基準は統一性・明確性・具体性に欠けているので，国民の合法的利益が損害されるケースもある。

前述のように，中国では，公共の福祉という表現が使われることは多くなく，むしろ「公共利益」という。憲法51条は，「中華人民共和国国民は，その自由及び権利を行使するに当たって，国家，社会及び集団の利益並びに他の国民の適法な自由及び権利を損なってはならない」と規定している。「国家，社会及び集団の利益並びに他の国民の適法な自由及び権利」は，個人の人権よりも国家や社会の利益を優先させる，逆に言えば，国家権力が人権を抑圧する道を開いていると指摘されている。その理由として，日本国憲法の「公共の福祉」（Common welfare）は，「公益及び公の秩序」（Public order & Public interest）や「国家，社会及び集団の利益並びに他の国民の適法な自由及び権利」と違うからだという[28]。

学界では，公共利益に関する論争は，主にその概念の表現と構成を中心として展開される。憲法の文言には，互いに関連する概念が現れている。例えば，公共利益，国家利益，祖国利益，社会利益と集団利益など。しかし，今までも憲法審査制度は確立されていなく，「公共利益とは何か」というような民衆の一般通念もまだ存在していない。

中国では，「社会の公共利益は主に「公共秩序」と「公共道徳」の二種類に分けられる」と主張する民法学者がいる[29]。しかし，「民法通則」と「合同法」（「契約法」）の中に使われた「社会公共利益」の概念は，公共利益と関連することがあるが，違う概念である。「社会公共利益」の概念は秩序の価値を強調する

一方，公共利益の概念は個人と公共生活との関連性を強調する。公共利益と政治生活との関連性を説明するために，公共利益を四種類に分ける学者がいる：①共同体の生産力の発展。これは最も基本的である。②公共部品の生産。例えば，あらゆる民衆が享受できる公共安全，公共秩序，公共衛生など。③あらゆる民衆の正当なる権利・自由の保障。④合理的な公共制度[30]。

　韓大元は，「この分類方法は，異なる領域における公共利益の概念を全面的にまとめることができ，公共利益の各類型を分析することに有利である。だが，公共利益の分析に事実関係をいかに把握するかは問題となる。特に公共利益にかかる紛争の場合に，具体的な標準はない」と評価した[31]。憲法の文言に最も近いのは③④である。すなわち，社会の構成員の利益を保障することを出発点として，制度の成立を通じて公共利益を実現させること。ある意味でいえば，政治制度を創造する能力は，公共利益を創造する能力でもある。

　韓大元は，憲法上の公共利益には以下のような特性があると主張する[32]。①社会共同体の基盤である公共利益は，社会の各利益の整合であり，憲法共同体の価値観に応えるものである。ゆえに，社会発展の産物である公共利益は，社会に「規則」を提供する役割を果たしている。②公共利益を保障する主体は国である。1954年憲法から，公共利益を言及するあらゆる文言の中で，国が公共利益を実施する主体とされている。③憲法は，公共秩序または社会秩序を公共利益の内容の基本と見なし，それらを維持する手段としての機能を強調する。④憲法の中で，公共利益，社会利益，国家利益の三つの概念はそれぞれ区別されている。国家利益には二重性がある。すなわち，国際政治上のいわゆる民族全体の利益を内容とする国家利益と，国内政治上の国家利益（政府が代表する国全体の利益）に分けられる[33]。国家利益が国家を利益を享受する主体とするのに対して，公共利益は社会の構成員全体を主体とする。また，公共利益と比べて，社会利益は功利性と排他性を持ち，必ずしも公共利益と一致することはできない。⑤憲法上の公共利益は，公益と私益との間に生じた衝突を解決する根拠であり，中国民法上の「社会公共利益」とは違う概念である。社会公共利益は，前者を指導原則とするとともに憲法に制限されている。

2. 公共利益判定の問題点

[1] 公共利益を判定する要素

世界的には，各国の学者に公認されるように公共利益が定義付けられていない。アメリカを代表とする英米法国家と，ドイツを代表とする大陸法国家の，どちらにも公共利益に関する通説がない。

公共利益の概念についての学説が大きく分かれているが，各学説には共通点がある。①公共利益を享受する主体である多数の人は特別に指定されていないがゆえに，それと「多数の人の利益」とは区別されている，②多数の人に享受されるが，公共利益は指定される一部の多数の人，または個人に専有されていない不可分な利益である，③公共利益は，必ずしも国家全体の利益のみならず，特定の一つの地域の範囲で，地域の公共利益という形式で存在することもある，④公共利益は時代とともに変わっている場合もある，⑤公共利益は重大な利益である，ことなどが世界共通の認識であろう。

韓大元の指摘によれば，中国憲法上の公共利益を判定するには，以下の要素に注意すべきである[34]。

①　公共利益には「公益性」がある。個体利益の累加でもなく，多数の人の利益でもなく，社会全体の共同的・総合的・理性的な利益である。個体利益を高度に反映する公共利益を判定するには，個体利益を考慮する上で，各利益の中から利益総合体を判明して，公共社会の価値システムを守るべきである。

②　公共利益には「個体性」がある。個人の尊厳を守るのは公共利益の理念の一つである。近代国家の憲法には，公共利益と個人利益を互いに転化させることのできる規制が確立され，個体価値の保護から公共利益の正当性を獲得するのは普遍的である。第二次世界大戦以来，諸国は，公共利益を正当な個体利益から逸脱させないために，公益を判定するには私益保護の要素を益々重視している。この意味で，公共利益は社会の共同発展の理念または価値規則のような存在である。

③　公共利益には「目標性」がある。いかなる国でも，国家法治が発展する途中で，公益と私益との衝突は避けられない。公共利益の実現方式には多様性

がある。例えば、政府主導の社会で、公共利益は国家利益を強調するため、利益を評価するには政府の考慮が根拠とされている。個体の権利保護を中心とする社会は、公共利益が個人の自由と人権などの根本的な要求に応えるべきだと唱え、公益と私益の関連を強調する。その目標性を根拠として、公共利益が「自由国家公共利益」と「社会国家公共利益」に分けられると主張する学者がいる。

④　公共利益には「合理性」がある。個体利益でも、公共利益でも、合理性を基本条件として、つまり合理的な範囲の中で制限されるべきである。具体的に言えば、個体利益それ自身の合理性、個体利益から公共利益に転換する手続の合理性、個体利益と公共利益との相互転換の合理性、公共利益を評価する制度の合理性などの要求がある。

⑤　公共利益には「制限性」がある。各権力の間に均衡を保つために、公権力の濫用を制限するのは公共利益の機能の一つである。個体利益の保護を基盤とする公共利益は、社会の各構成員が平等な政治・社会生活に参加できるように保障することができる。公共利益の合理性を確保することは、公権力の濫用を制限することとなる。

⑥　公共利益には「補償性」がある。個体の権利が制限されることによる実質の損害を防ぐために、公共利益によるあらゆる私益への制限（徴収と徴用など）は、合理的な理由に基づいて、合理的な補償を行うべきである。

[2]　公共利益の判定主体・手続

　公共利益を判定する主体について、「立法機関判定説」「手続判定説」などがある。

①　立法機関判定説

　「立法機関判定説」とは、アメリカの経験を踏まえて、公益に当たるか否かを決断する権力を立法機関（人民代表大会）に委ねるべきだと主張する学説である。張千帆は、アメリカの公用収用の憲法解釈と社会功利主義を検討して、「公共利益とは依然として定義づけ難い概念でありながら、学者または裁判官が決定するものでなく、民主代議の過程の中で自動的に決定されるはずである」と主張する[35]。つまり、「だれが、いかなる手続を通して、公益の判定を行うの

かと言えば，アメリカの経験を参考として，中国では人民代表制度にこの役割を果たさせることである。」[36]

　中国においては，日本の「土地収用法」のような所有権を制限する専門の法律は存在しない。土地収用を規制する条文は「憲法」「土地管理法」「物権法」「房地産管理法」「城郷計画法」に散見されるが，具体的な収用要件・手続に関しては，「国有土地上家屋収用及び補償条例」などの中央・地方政府条例が規定されている[37]。しかし，基本権利を制限する根拠は形式上は法律でなければならない。すなわち，全国人民代表大会と常務委員会が制定・公布しなければ，公共利益を評価する形式要件に欠けていると判断できる，と主張する学者がいる[38]。胡鴻高は，「収用の決定は政府が一方的に行うわけにはいかない。県級以上の人民代表大会は公共利益の判断を行うべきである」と主張する[39]。これらの観点は「立法機関判定説」と一致する。

　②　手続判定説

　「手続判定説」とは，公益の認定主体より手続を重視し，手続を通じて各利益の主体に認められるように公共利益を実現させると強調する学説である。その理由というと，いかなる公共利益を判定しても，社会全体の構成員に公認されるような結果はなかなか出せない。この学説は，立法機関・行政機関・司法機関を共に公益の認定主体と見なし，各機関が立法手続・行政手続・司法手続を通じて公益利益を確実に実現させるべきであると主張する[40]。「手続判定説」は，「立法機関判定説」とは必ずしも対立するものではない。なぜなら，前者は，手続の完備の必要性を強調しながら，立法機関の審査機能を否定していないからである。完備な手続とともに各国家機関の審査機能を発揮させようとするのは，その論理の原意であろうと考える。

(2)　財産制度の立場から公共利益を見る

　既述したが，美濃部達吉は，「現代の国法における公用収用制度の法律的根拠を為している思想に大よそ三種の要素を分かつことができる。第一は私有財産不可侵の思想であり，第二は国家的権力が公共の福祉を図るがために発動す

ることを正当とする思想であり，第三は法治主義の思想である」と述べる[41]。この観点からみれば，収用による損失補償は私有財産制度の存在を必要とする。私有財産の一つである土地についてみると，使用，収益，処分という内容をもつ土地所有権制度の確立を要するということになる。そしてさらに，土地の収用または使用に伴う，私人側に生ずる財産上の出損を補填するための「正当な補償」あるいは「損失の補償」を金銭でする場合には，私有財産制を前提とする土地取引の自由市場が存在することを必要とする。これにより土地収用者は，補償金でもって当該市場に従前と同程度の品質の土地を求め，自己の出損を回復することができる[42]。

　私有財産権を保護すると同時に，社会全体の利益を考慮すべきである。「土地の私有権は，現代社会においては，強く公共政策に従属させられるべきものである。土地所有権に対する公権的規制の一環としてとらえることができ，環境整備などの推進のためには，不可欠の手段を提供するものとなっている」[43]ということで，土地の私的所有制度を認める国では，国家が土地収用のような強力な公権力により，強制的に土地所有権を取得するのが論理的にも実際的にも可能である。

　土地の所有制度について，日本は私的所有制をとり（日本国憲法 29 条），中国は都市の土地は国家所有，農村の土地は集団所有という土地の公有制をとる（中国憲法 10 条）。一方，2004 年改正中国憲法では，国民の合法な私有財産権は侵されないと定められている（憲法 13 条）。その改正前から，私有財産の法的地位について大論争が続いていた。詳しくいうと，中国法学界は，私有財産の「神聖不可侵」をめぐっての賛否両論の対抗状況になっている[44]。

　以下は，西村幸次郎の整理である。

　賛成論の一つは，「双神聖」（二つの神聖）説といわれるもので，「中華人民共和国は公有財産と私有財産を保護し，これらの財産は神聖不可侵である」を加えることを提案するが，その理由として，(イ)私営経済の発展に対する必要な保護，(ロ)汚職が公有財産と私有財産において相違があってはならないこと，(ハ)私有財産が明確に有効な保護を得られないことによって，若干の企業家が儲けて

国外に移転したり，投資を拡大しなかったり，金を消費し，墓地作りに使っている事態が起きていること，などの事態を上げる[45]。

　もう一つの賛成論は，「市場経済」との関係を強調する見解であり，社会主義市場経済の健全で安定した発展及び新しい分配方式の順調な実現を確保するために，憲法の中に「国民の私有財産が神聖不可侵」であり，国家を含むいかなる主体も不法に国民の私有財産権を侵害してはならないことを明確に規定することを求める。

　反対論は，私有財産と公有財産の二つの神聖が不可能である理由について，以下の諸点を上げる。

　①　私有財産が土台となる社会は，社会主義公有財産の神聖不可侵を許さないとともに，その存在すら許さない。プロレタリアートは私有財産を神聖視できないのであり，それがプロレタリア権力の歴史的使命と相容れないからである。

　②　非公有経済を保留し発展させることは，生産力発展の要求に意識的に適応する過程であり，非公有制経済の生産力の解放・発展における具体的作用は法律によって具体的に規定し，プロレタリアートと広範な人民の意志の指揮のもとに進めるのであって，それが主体となって自発的に発展させるものではない。

　③　非公有経済の発展には基本的な限界があり，超えることができないのであり，非公有制経済の発展が両極分化を生み出さず，新しいブルジョアジーを生み出さないことを限界とする。

　④　憲法における「公共財産の神聖不可侵」は，中国の立国の基本に対する憲法の確認である。もし，私有財産の神聖不可侵を憲法に規定すれば，中国憲法は社会主義憲法ではなくなってしまう。というのも，「私有財産権」は人権に関する条項のようであるが，実は資本主義経済の土台に関する規定であるからである。

　⑤　「社会主義の公有財産の神聖不可侵」は，社会主義憲法の伝統的な資本主義憲法に対する一種の対抗である。しかるに，「神聖不可侵」の表現は実際

第2章　中国の土地収用制度における公共利益
──公共利益認定の制度と学説に関する比較法的考察　53

には近代西欧の自然法思想の表現方法であり，それ自体は社会主義憲法の価値志向に適合しない。

「以上の両論の厳しい対抗から見るように，論争は内容的に中国社会主義の根本に関わっており，今後，私有財産の「神聖性」を根底する方向に進むならば，憲法の抜本的改正を必要とするであろうし，その「神聖性」を主張しないまでも，従来のように限定された私有財産を保障することではもはや説明できない状況にあり，将来展望との関係において，憲法の基本原理及び価値観の転換をふまえながら，規範と実際が乖離する実態を解決しなければならない」と指摘されている[46]。以上は，西村の整理である。

中国憲法は，社会主義の公有財産の神聖不可侵を定める（12条）とともに，合法な私有財産権は侵されないと定める（13条）。公有財産と私有財産の関係は，土地収用制度と損失補償に関わる重要な問題である。2004年改正憲法は，私有財産権は侵されないとのみ定めながら，公有財産「神聖不可侵」と同じような文言を記述していなかった。しかも，「合法的」というのを前提とすることから，憲法は，いかなる私有財産を，いかにあるいはどの程度まで保護するかという問題を既に下位法に委ねていると考える。

「公共利益とは何か」について，各国の学説は統一されていないが，公共利益の位置付けは決して土地収用制度に意味がないとは言えない。諸外国の憲法のほとんどが「収用が公共利益を根拠とする」と規定していることは，公共利益の重要性を明らかにするであろう。しかし，公共利益の概念そのものには曖昧な特質があり，普遍的に納得されるようにそれを定義付けるのはほぼ不可能であろう。収用活動を実践すればするほど，広い範囲で公共利益の概念が位置付け難いのも事実である。具体的な土地収用事例において，ケースバイケースで当該の収用が公共利益によるか否かを判断してよいのではないかと考える。

さらに言えば，現時点では，「公共利益の判定に最も重要なのは，判定を行う主体と具体的な手続である。すなわち，だれが，いかなる手続を通して，公益を判定するかということ」[47]である。実際には，その観点の内容のほとんどが中国の学界で公認されている。張千帆も，「根本的に言えば，われわれが今

向かっているのは制度上の問題である：一体，だれに公共利益を代表・判定する権力を与えればよいのか」と主張する[48]。

(3) 土地収用制度上の「公共利益」の位置付け

日本の土地収用法3条は，土地を収用しまたは使用することのできる公共事業を列記している[49]。「列記されている公共事業について，同法が定める手続を履践することにより，土地の収用権限を取得するのが起業者に与えられる。反対に，列記事業と同程度の利益を社会にもたらす大規模事業であっても，3条に列記されていない限り，土地を収用することはできない」という[50]。

中国は，公共利益の需要に応じて，法律の規定により国家が土地収用を行うことができると定めている。「国有土地上家屋収用及び補償条例」8条には，都市部における土地収用を行う要件として5種類の公共事業が規定されているが，実務上の公共利益の概念が曖昧にされ，事業認定制度は確立されておらず，強い行政権力の主導の下に土地所有者とその利害関係人の権利保障について問題となっている。中国の土地収用制度において，「公共利益」は常にキーワードのような存在で，各制定法及び政府条例に散見される。しかし，私見では，中国の国情から見ると，「公共利益」概念の文言解釈だけでなく，日本の土地収用法3条のように収用適格事業を詳細に列記すれば，現実問題の解決のために有益ではないかと考える。

「日本の「土地収用法」と「公共用地の取得に関する特別措置法」とは，社会的，経済的に特に必要であり，かつ，緊急に施行されることが期待される事業のための緊急収用の手続を定めている。一般的にいえば，公共事業のための用地取得は，土地収用法の手続によらずに，起業者と土地所有者，関係人との間の任意協議により行われている。」[51] 任意買収については，「土地所有者との間に合意が成立するならば，土地収用法による収用に伴う一切の煩雑な手続を必要とせず，公共事業に必要な土地の取得が行われ得ることになるし，そもそも国民の自由と財産を基本的人権として保障する近代法治国家においては，国家公権力の一方的な行使は必要最小限度に抑えられるべきことが原則であ

る」[52] と評価された。

　例えば香港の場合に，理論的には，「市民は 60 年を越える無権原占有（adverse possession）により政府の土地に法的利益（fee simple）を取得するのは可能であるが，何人かがこのことを行ったという記録はない」といわれる。公有制国家では，私的な開発は，「賃貸人としての国との間に借地上で行われている」ということである。また，「中国では，政府は不動産賃貸の条件を一方的に修正する権限を留保している」と，小高剛は主張している[53]。

　しかしながら，土地所有制度と土地所有権は違う概念である。第一に，土地公有制度を採用する国は，必ずしも土地私有権を認めないというわけではない。英米法体系の下で，例えばイギリスの場合，国王がすべての土地の絶対所有権（allodium または radical title）を持っているが，王室自身ですべての土地を経営するわけにはいかない。その結果，国王に租税を支払う代わりに，国民は，土地の永久使用権（fee simple）を得ることとなる。土地私有制度をとるアメリカの場合にも，イギリスの制度が因襲され，所有者が私有土地に絶対的な所有権を持つといえるであろうが，連邦政府または州政府に税金を支払わなければならない。これについて，薛涌は，「従来から土地私有権を絶対化する国はない」「英米法の私有財産原則が中国にも通用できる」[54] と主張する。換言すれば，いわゆる「土地私有権」とは，土地の絶対的所有ではなく，法律が厳格的に規制される上で，土地の一部権利の所有に当たるものである。実際的に，社会主義共和国の中国では，土地所有権は国家所有権（全民所有権）と集団所有権（労働者集団所有権）の二種類しか認められず，いわゆる土地の公有制を実施しているが，2004 年改正憲法[55] 及び 2007 年物権法[56] の実施で家屋の私有は実質的に承認・保障されることになったと考える[57]。

　第二に，土地私有制度を採用する国は，必ずしも土地公有権を認めないというわけではない。アメリカとカナダにおいて，90％以上の土地は公有土地（連邦政府または州政府所有）であるが，公有制度を採用する国であるとはいえない[58]。日本においても，国公有地は全国の土地の 28.9％を占めている[59]。そもそも，土地の私有権は，現代社会においては，強く公共政策に従属させられる

べきものである[60]。英米法の私有財産原則の下でも，土地の国有化と土地の私有化とは必ずしも互いに衝突する概念ではない。その観点からみれば，いかに中国が公有制国家だと強調しても，実質的に家屋の私有が認められる以上，中国の土地収用及び収用による補償の制度は，決して世界各国から排除される「独立王国」ではない。

　一方，近年の中国においては，土地収用・損失補償に係る社会問題が後を絶たない状況にあり，人権保障及び行政状況の改善が期待されている[61]。その一つの原因としては，国家所有制度を採り，ほぼすべての生産手段を国家が所有し，損失補償請求権を正式に認めていないことだといわれている。しかし，この点については，普遍的な行政的強制収用という方式から，徐々に民事的任意買収の採用へ移行すれば良いのではないかと考える。

第3節　中国の公共利益認定制度

(1)　公共利益に関する法制度

　中国憲法の歴史上には，「公共利益」というのは，長期にわたって固定的に存在している表現である。1954年憲法には，以下のように三つの条項が公共利益と関わっている。

（1954年憲法）

　10条3項：国家は，資本家の公共利益を損害し，社会経済秩序を乱し，国家経済計画を破壊するすべての違法行為を禁止する。

　13条：国家は，公共利益のため，法律の規定する条件により，城郷土地及びそのほかの生産資料を徴購，徴用または国有に回収することができる。

　14条：国家は，私有財産を利用して公共利益を破壊することを禁止する。

第2章　中国の土地収用制度における公共利益
　　　──公共利益認定の制度と学説に関する比較法的考察　　57

　そして，1975年憲法8条は，「社会主義の公共財産は不可侵である。国家は，
社会主義経済の安定と発展を保証し，いかなる人のいかなる手段を通じて社会
主義経済と公共利益を破壊する行為を禁止する」と定める。1978年憲法8条は，
「社会主義の公共財産は不可侵である。国家は，いかなる人のいかなる手段を
通じて社会経済秩序を乱し，国家経済計画を破壊し，国家・集団の財産を横領・
無駄使いし，公共利益を損害する行為を禁止する」と定める。

　1982年憲法には，以下のように公共利益と関わる条項がある。そのほか，
1982年憲法の中で，「社会秩序」（28条），「国家安全」（40条），「国家利益・社
会利益・集団利益」（51条），「公共利益」（修正案20条）という表現が使われて
いる。

（1982年憲法）

　10条：国家は，公共の利益の必要のために，法律の規定に基づき土地に対
して徴用することができる。

　22条（修正案）：国家は，公共の利益の必要のために，法律の規定に基づき
国民の私有財産に対して徴収又は徴用し，あわせて補償を行うことができる。

　以上のように，憲法の文言の中で公共利益の表現に四つの特性がある：①中
国憲法の歴史伝統と現実制度の必要に応じて，公共利益の表現方式には多様性
がある。②同じ憲法の中で，異なる表現を通じて公共利益の意味を解釈するに
あたっては，文言の形式意味と実質意味との間に相違がある。③基本的権利を
制限するにあたっては，公共利益という表現を「制限の原則」として使うこと
が一般的である。④憲法の文言の中で使われる「公共利益」というのは，場合
によっては価値形態と事実状態の両方にも解釈されることができるゆえに，社
会矛盾の焦点になっている。

　また，「物権法」42条は，公共利益の必要のために，法律の規定に基づき集
団所有の土地と，団体・個人の家屋及びそのほかの不動産を収用することがで
きると規定している。ところが，公共利益の判定基準に言及していない。なぜ

なら，「物権法の中でそれを論じるのは極めて困難である。物権法を通して，現実に私益が公権力により損害を受ける問題を解決するのは，物権法それ自身の役目にはできないことである」と，王利明が主張する[62]。しかし，反対意見もある。詳しくは後述する。

2011年，国務院に「国有土地上家屋収用及び補償条例」が実施されたと同時に，2001年公布の「都市家屋立ち退き管理条例」は廃止となった。「国有土地上家屋収用及び補償条例」は，中国都市部の土地と家屋の収用を規制する主な法規となった[63]。「中国流の中で，エポック・メイキングなものといえる」，当条例が日本にも「参考にしてよいような規定が散見される」，「公衆の意見提出を認め，その意見で原案を修正し，修正案を公表するということは，日本法に比較して驚くべきことといってよい」と平松弘光は高く評価している[64]。次のように，1条，2条により，国有土地上の不動産収用に，「公共利益のために」を前提としている。

「国有土地上家屋収用及び補償条例」
1条：国有土地上の家屋収用及び補償活動を規範する，公共利益を守る，被収用家屋の所有者の法的権利を保障するために，本条例を制定したものである。
2条：公共利益の需要のため，国有土地上の団体または個人の家屋を収用するには，被収用家屋の所有者（被収用者）に公平な補償を行わなければならない。

また，同条例8条は，日本の土地収用法3条のように，土地を収用しまたは使用することのできる公共事業を次のように列記している。

国家安全の保障，国民経済の促進及び社会発展など公共利益の必要のために，下記のいずれかの場合に当たり，家屋の収用に必要が確認されれば，市・県級の人民政府は，家屋収用の決定を行うことになっている。
①　国防と外交の必要
②　政府から行われたエネルギー・交通・水利など基礎施設の建設の必要

第 2 章　中国の土地収用制度における公共利益
——公共利益認定の制度と学説に関する比較法的考察　　59

③　政府から行われた科学技術・教育・文化・衛生・体育・環境と資源保護・防災減災・文物保護・社会福祉・市政公用など公共事業の必要

④　政府から行われた福祉住宅建設の必要

⑤　「城郷計画法」により老朽家屋が集中しているまたはインフラが遅れている区域を建て替える必要

⑥　法律，行政法規に規定するそのほかの公共利益の必要

ところで，土地収用における公益の認定について，世界各国の立法は，概ね三つの類型に分けられるといえよう。①概括主義。すなわち，法文の中で概括的に「公共利益のため」などのような総括的な文言を定めながら，具体的な事項と範囲を明文化しない立法方式である。例えば，オーストラリア，オランダ，アメリカなど。また，認定を行う主体により，「議会認定式」（アメリカ）と「裁判所認定式」（オーストラリア，オランダ）の二種類に分けられる。②列挙主義。すなわち，いかなる事業が収用権を発動できる事業に当たるのか，収用適格事業をその根拠法単位で詳細に限定列挙する立法方式である。日本（土地収用法3条）は，その典型例であろう。③折衷主義。文字通りに，公共利益の範囲（適格事業）を列挙する上で，同時に公共利益に関する概括的な規定を加える立法方式である。中国，韓国などを含めて，折衷主義を採用する国は世界には多数ある。

近代国家の「法治」「平和」「平等」という理念を背景として，アメリカが概括主義を採用するのは，他ならずその英米法体系が役割を果たしているからである。なぜなら，概括主義が国家に莫大な収用権を付与する一方，その権力は，充分な制限を受けなければ暴走するリスクが高くなるという。1874年プロイセン土地収用法を例にすれば，同法の立法過程において，概括主義と列挙主義との論争の結果，概括主義が正当化されていたという。それは，1871年ドイツ第二帝国（Das Zweite Reich）が成立した当時の歴史と緊密に絡んだ産物でもある。その後，プロイセン政権は，一連の土地・政治改革によって強権国家となり，いよいよ第一次世界大戦の道へまい進して行った。

話を本題に戻すと，いかなる事業が収用権を発動できるのかについて，中国は，「これまで法文の上では明確ではなく，国務院や省級人民政府が申請に基づいて許可するか否かで決まる仕組みであった。このやり方は，時々の行政需要，行政政策，政治判断に大きく依りかかることになっており，収用が社会問題，政治問題化する傾向を強める原因の一つ」であると指摘された[65]。条例8条は，この場面を打開するきっかけになるであろうと思われる。

しかし同時に，平松弘光は，「具体的かつ詳細だとはいえない」「日本法のように収用適格事業をその根拠法単位で限定列挙すること（土地収用法3条）に比較して，まだ行政の裁量に任されている面が強い」と指摘した[66]。

中国の土地収用制度における公益認定の不備は，収用手続全般の不備を反映するものである。さらにいえば，以下の問題を指摘したい。①収用事業が適格か否かについて，審査・認定の手続が明文化されていない。②行政機関は土地収用権を発動する決定者でありながら，実質的には収用活動を行う執行者でもある。実際に，被収用土地の範囲の確定，事前審査，そして補償基準の確定は例外なく行政機関に任されている。現行の土地法体系には，行政権の逸脱・濫用を制限する法文が不十分である。③土地収用手続の透明度が低い。条例により収用原案について公衆の意見提出が認められるが，原案が行政機関により制定された以上，被収用者の意見がどの程度重要視されていくのかは疑問であり，結局，行政機関の判断に任されることになる。そうすると，意見提出についての規定が形骸化するリスクは相当高いと思われる。

前述のように，行政権力の優越性が強化されつつあるという中国の現状は変わっていない上で，「意見提出など規定の形骸化」などのような問題は，依然として存在している。日本の土地収用法でも，「意見聴取」などについての問題は類似していると考える[67]。

なお，「条例」は単なる行政立法にすぎなく，収用法制はまだ全国で統一されていない。農村部の収用法制の整備については，現時点では動きが見えない状況である。

中国では，土地は「私有財産」として認められていない。また，前述したよ

うに，国家所有制度を採用する中国においては，損失補償制度は憲法によって根拠づけられるものではない[68]。私有財産制度を基礎とする完全な損失補償制度は，中国ではまだ確立されていないといえよう。

　土地の所有制度について，中国は土地の私有を認めていないから，国有土地の場合に，国が元々公有されている土地を取得するのは「回収」という意味を持ち，民法上の手段だけでの実現はほぼ不可能であろう。集団所有土地の場合に，土地を強制的に取得する場合（土地収用[69]）にも「補償」が必要とされるが，国家と被収用者の間には民法上の平等関係はなく，その「補償」には国家からの「恩賜」「給与」などの意味が付けられている。

　国の「土地管理法」「都市不動産管理法」「城郷計画法」というような法律，または「国有土地上家屋収用及び補償条例」といった行政立法に関係規定があるが，各地方行政区は，損失補償の用途と生活再建に係る補償基準に関する規則を定めている（例えば「山東省土地収用管理弁法」等）。しかし，何が最も適切な土地の利用であるか，また，誰により利用されるべきであるかについては，国家政策にかかっている場合が多いであろう[70]。政府が中国のすべての土地を所有し，その土地がどのように利用されるべきかを決定しているが故に，いかなる土地紛争も裁判所ではなく，政府が解決しているという指摘もある[71]。

(2)　公共利益の概念の法的実践

1.　立法動向

　中国国内において，「わが国の土地収用と補償制度の構造は，憲政と法治の要求にはるかに及ばず，土地収用の実践の需要も満たせない」[72]，「国家は，収用権の発動は公共利益に準ずることを前提とすると明確に規定しているが，現実には，公共利益の名の下で建設用地が無制限に取得され，収用権は頻繁的に濫用されている」[73]など批判の声が耳元に絶え間なく伝わっている。2004年の憲法改正をきっかけに，旧来の土地収用制度を見直し，全般的改革が呼びかけられている。土地収用紛争の多発を背景として，公共利益の認定についての論争は，法理論の分野のみならず，既に政治体制や土地制度などの国家の根本に

触れてしまった。

[1] 民法典草案（学者提案）

　王利明，梁慧星，徐国棟の学者が作った民法典提案は，私有財産を保護する憲法理念を唱えるとともに，徴収・徴用の要件である公共利益の重要性を強調する。ところが，その中に問題点が指摘されている[74]。まず，王利明，徐国棟の草案には，公共利益に関して概要式の立法方法を採用して，憲法の関係規定を具体化，類型化させていない。明確な行政規定もなく，収用に関する特別法もない現状には，概要式と列記式を結合する立法方法を採用してよいと思われる。また，商業のため徴収・徴用を行うことについて，王利明の草案は，商業のため個人・法人の財産を「徴用」することを禁止すると強調するが，「徴収」制度には言及していない。一方，梁慧星の草案は，商業のため個人・法人の財産を「徴収」することを禁止すると規定する。

　中国特有の土地制度でもあり，都市部の土地は国家所有，農村部の土地は集団所有，一般的にいう都市部の土地収用は「土地の収用」ではなく，土地の使用権及びその上の家屋の徴収・徴用である。厳密にいえば，そもそも，都市部には日本法で一般的にいう「土地収用」は存在しない。なぜなら，所有権は収用により移転されないから，収用の対象は家屋である。一方，農村部の土地収用の場合には「土地徴収」といい，この「徴収」の概念が日本法にいう「収用」に当たる。上記の草案間の違いについて，都市部と農村部を区別して考慮しようとしていると推測できるが，「徴収」と「徴用」のどちらの場合も，憲法に規定される公共利益を守るために，実務において，「商業のためにはできない」という原則と同一視するのが一般的である。

　ところで，世界各国において，土地収用制度の発展につれて，実際に国家は経済・社会へのコントロールを強化する一方である。アメリカを含めて，世界では，公共利益の認定範囲が拡大され，認定措置が緩和される傾向がある。収用実態において，功利主義がある程度で認められはじめ，例えばアメリカにおいて，「商業のために」収用を行う事例は土地収用事例の 80％以上を占めているという[75]。

第2章　中国の土地収用制度における公共利益
──公共利益認定の制度と学説に関する比較法的考察　　63

［2］「物権法」

　「物権法」は，公共利益の必要のために，法律の規定に基づき集団所有の土地と，団体・個人の家屋及びそのほかの不動産を収用することができると規定しているが，公共利益の判定基準に言及していない。これに対して，確かに公共利益の特性により判定基準を定めることが物権法にはできないかもしれないが，現有の立法技術の下に，必要な程度で物権法に規範条文を規定することは不可能ではない。物権法には，公共利益の濫用に対して一切の制度や手続を設置しない以上，物権法の法律解釈と関係法規に補足の規定を定めるべきであると，胡鴻高は主張している[76]。具体的にいうと，まず，徴収・徴用の要件と手続を厳格に確定すること。先進国では，土地収用の場合，法に基づき，民主的手続により「公共利益」に一致するかどうかを確定する。収用の決定は政府が一方的に行うわけにはいかない。県級以上の人民代表大会は公共利益の判断を行うべきである。

　社会主義国の中国では，私有財産は憲法上で保護されるが，国家利益と公共秩序を保つために強く規制されている。公共利益の名の下で公権力の逸脱・濫用により私益が損害されるケースは多く存在すると公認されるが，学界では，すべての学者が私有財産の保護を強調する論調を持つわけではない。その一つの論点は「物権法草案違憲説」である。

　中国の物権法草案の「徴求意件稿」（正式に物権法を公布する前に，全人代常務委員会が全国に公開し修正意見を求める草案である）に対して，鞏献田（北京大学法理学教授）は下記のように公表していた。「我々と物権法草案起草者との根本的対立は，私人の財産権を保護するかどうかということにあるのではなく，また国家，集団と個人財産権を保護するかどうかということにあるのでもない。問題と対立はどこにあるか。それは，いわゆる平等に三者の財産権を保護することにある。」「そこで試みに問うが，これ（憲法13条1項，2項）を根拠として私有財産と社会主義公共財産の法的地位の平等を推断できるのか。絶対に否である。」[77]

　物権法の性質を巡る論争は，中国では一時的に強く注目を呼んでいた。その

経緯は以下のようである。2005年8月に，（鞏献田は）審議中の「物権法（草案）」が社会主義の原則に背離した違憲的なもので，資本主義への後退であるという主旨の意見書を発表した。その論拠として，「物権法（草案）」に「社会主義公共財産を侵害してはならない」のではなく，資本主義国の憲法を思わせる「国家，集団，個人財産を平等に保護しなければならない」と規定していることを挙げた。この意見書は，当局に重視され，鞏氏は全国人民代表大会法律工作委員会に招かれ，意見を求められた。2005年12月に開かれた全人代常務委員会では，「草案」は提出されなかった。これに対し，同月7日に広州で開かれたセミナーでは，120名余の民法学者が鞏氏の意見書を「文化大革命的な発想である」と批判し，「物権法」の審議を直ちに再開するよう当局に求めた。このように，経済学者に限らず，法学者も論争に巻き込まれるようになった[78]。

　なお，近年の学界において，土地私有化の声も徐々に動いている一方，中央政府は，公有制を断固として堅持したままである。中国共産党の機関誌『求事』が，「土地公有制が中国の発展奇跡を創造した」と高く評価するのは，その党政策を貫徹しようとする意欲を明らかに表明している。

2. 土地収用の範囲の確定

　「憲法」「土地管理法」「物権法」などに明確に規定されるように，国家が土地収用権を行使するのは「公共利益」を前提とするが，「公共利益」の概念と範囲は確定されていない。現実には，土地収用は，既に各類の建設用地を提供する主要な手段になった。収用権の濫用により，「公共利益」ではなくて，様々な利益の主体にも利用されたケースが少なくない。いかに土地収用の範囲を確定するかは，現在中国の土地収用制度の改革が直面している難題であろう。

　以下，徐鳳真による整理を参考にしながら学界の代表的な主張を紹介する[79]。

[1]「中国土地観勘測計画院課題組」の主張

　中国土地観勘測計画院（土地勘定・測量・計画を担当する研究機構，国土資源部に所属）所属の土地収用を課題とする研究組が，主に鎮江市・紹興市両市の範囲で土地収用の実態について調査を行った。その調査結果を根拠として，土地

第2章　中国の土地収用制度における公共利益
　　　──公共利益認定の制度と学説に関する比較法的考察　　65

収用権を制限することを改革の原則として，「土地収用範囲に関する三つの改革方案」が提出された[80]。

　①　「公共利益」を「営利のためではなく，社会公衆にサービスを提供し，生じた効益がすべての社会構成員に享受される公共施設及び公益事業項目」に限定すること。具体的には，軍事施設，及び国家が重点的に投資する交通運輸のための道路・エネルギー・水利・市政等の公用事業施設，政府庁舎と政府・公共団体が投資した文化・教育・衛生・科学技術などの公共建築。それ以外の用地項目のためには，土地収用を行うことができない。

　②　土地収用の範囲を国家レベルの重点的なエネルギー・交通・水利などの基礎施設用地及び都市部（鎮を含む）の建設用地に限定すること。それ以外の非公益用地の事業（特に鎮を含む都市部の建設用地）のためには，土地収用を行うことができない。

　③　土地収用の範囲を国家レベルの重点的なエネルギー・交通・水利などの基礎施設用地及び都市部（鎮を含まない）の建設用地に限定すること。それ以外の非公益用地の事業（特に鎮の建設用地）のためには，土地収用を行うことができない。

　同研究組は，上記の三つの方案を総合的に分析し，鎮江市・紹興市の土地収用に関するデータを測定したうえ，以下のような提案を出した。

　まず，段階的に土地の収用範囲を縮めること。改革方案③は最もメリットが大きいとされる。すなわち，土地収用の範囲を国家レベルの重点的なエネルギー・交通・水利などの基礎施設用地及び都市部（鎮を含まない）の建設用地に限定すること。「改革を深化し土地管理を厳格化するための国務院決定」（2004年）は，「土地計画に適合する上で，村・郷・鎮における農民集団所有の土地の使用権を法律に基づいて流通させる」と定める。改革方案③を採用するのは，憲法の改正に触れずに，中国東部・中部・西部の典型地域から農村の建設用地の流通を試行させるパイロット地域を選ぶことを通じて，集団建設用地を市場モードに転化させる方法を検討できるし，「土地管理法」「画撥用地目録」の改正にも参考となるであろう。

次に，パイロット地域の経験を積むとともに，更に広い範囲で農村の集団建設用地を流通させ，「土地管理法」「画撥用地目録」の改正の根拠とする。

第三に，改革方案①を採用する。憲法 10 条は，「国家は公共の利益の必要のために，法律の規定に基づき土地に対して徴収または徴用し，あわせて補償を行うことができる」，「都市部の土地は国家に所有される」と規定している。改革方案①は憲法 10 条の修正に及ぶゆえに，着実に実行されるのは多難であろうが，前段階の経験を積むとともに，更に広い範囲で農村の集団建設用地の流通を試行させ，「土地管理法」「画撥用地目録」の改正の参考になると考えられている。

[2] 靳相木の主張

靳相木によると，中国の土地収用制度の改革では，国外の「公益目的説」をそのまま適用するわけにはいかない。なぜなら，土地公有の採用を前提とする中国に，私有制をとる国家の土地収用の経験は必ずしも適用されるとはいえないからである。将来，土地収用制度の改革原則は，「農民に利を譲る」を重視することから，徐々に「農民の土地の物権を尊重する」に着眼することになるであろうと考えられる。換言すれば，「補償方式と補償額の改善」から「徴収と徴用の方式を区別して収用活動を行う」に転換するという。さらに言うと，集団所有土地の所有権が収用の対象となると同時に，土地の用益物権も収用対象とみなさなければならない。土地請負経営者・建設用地使用権者・宅基地（農民が住宅を作るために使用する集団所有の土地）の使用権者などにも補償を受ける権利を与えるべきだと主張される[81]。

靳相木は，「土地徴収」と「土地徴用」を両立させるとともに，「逢転必徴」という原則を守るべきだと主張する。「逢転必徴」とは，都市計画の地域内で，農地を建設用地に転換する際に，例外なく「徴収」手続きを適用して，集団所有土地を国有土地に転換する方式を取らなければならないという土地取得の方式である。この場合に，憲法 10 条 3 項に規定する「公益のため」の概念を広げることができる。すなわち，「都市化の必要のため」という目的を集団土地徴収の「公益的目的」とみなすことになる。

第2章　中国の土地収用制度における公共利益
　　　——公共利益認定の制度と学説に関する比較法的考察　　67

　それに対して，都市部の場合は，土地所有権は国家所有で，論理的には土地
収用権の行使は実は所有権の「回収」のはずである（収用される対象は土地上の
家屋である）。しかし，現実には，国家が公権力により強制的に国有土地の用
益物権を消滅するとともに，家屋の取壊しまたは立ち退き措置を行うのは，そ
の本質が私有財産の収用とほとんど変わらない。

　筆者の理解では，要するに，農村部における集団土地の収用の際に，「公益」
の認定は広い範囲で取り扱い，都市部における土地使用権が回収される際に，
「公益」の認定をできるかぎり厳格的に制限すべきだと理解することが，靳相
木の観点であろうと考える。

［3］張文栄の主張

　張文栄は，中国の建設用地は「公益性建設用地」と「経営性建設用地」に分
けられると主張する。「公益性建設用地」は，その営利性により，「純公益性」
と「准公益性」に分けられる。「純公益性建設用地」は，①国家機関用地と軍
事用地，②国家が重点的に投資するエネルギー・交通・水利などの施設用地，
③洪水・地震などの避難用地，④義務教育・公共衛生用地，⑤農地開発・環境
保全用地などである。「准公益性建設用地」は，①都市の基礎施設の建設用地，
②大学などの教育用地，③公営住宅用地などである。そのような分類を前提と
して，土地収用の方策案が提出された[82]。すなわち，三種類の土地権利に照ら
し合わせて徴収・徴用の範囲を確定することである。

　①　土地所有権徴収（回収）の範囲

　純公益性建設用地は，営利性がなく，国家の安全に直接関わるがゆえに，そ
の絶対的な所有権は国家しか持っていない。この場合に，国家は所有権の回収
を通じて土地のすべての権利を永久的に獲得するしかない。国家が全国統一の
補償基準を制定すると同時に，市場価格を参照して補償する。純公益性建設用
地は，全国における被収用土地の量から見れば多くはない。政府は土地所有権
の徴収を実施させる際に，厳格に制限を受けなければならない。

　②　土地使用権徴収（徴用）の範囲

　准公益性建設用地は，経営により費用を得ることができるが，営利性が強く

ないから社会の平均水準より低くなっている。また，直接に国家安全・社会安定に関わっていないから，一般的な公共事業項目のように収用を適用できる。

③　土地使用権を市場流通に適用する場合

非公共事業項目の用地は，土地利用計画に基づいて直接に「出譲」（有償で譲与）市場価格で建設用地の使用権を取得できる。行政強制力がないゆえ，民法上の規則に制限されるだけである。それは，行政契約と類似する方式である。また，国家は土地を取得し，インフラストラクチャーの改良，居住環境などを付け加えた価値を通じて社会利益を実現できる。

以上，靳相木，張文栄の主張は，「徴収・徴用両立論」を前提として出したものである。徴収・徴用両立論は，憲法改正案（2004 年）の制定の際に初めて提出されたのである。その理論によれば，絶対的な所有権を収用する場合は徴収に適用する。一方，土地使用権を収用する場合は徴用に適用する。「徴収・徴用両立論」自身は多くの学者に指摘されているが[83]，中国の土地二元制を背景にして，現時点で土地権利の多元性・複雑性に対応する一方法にもなると考える。

[4]「土地収用制度改革課題組」の主張

広東省土地学会と広州市番禺区国土資源局所属の「土地収用制度改革課題組」は，国内改革の情勢分析を踏まえて，「珠三角地区」における調査研究を行ったうえ，「公益性用地」と「非公益性用地」の分類により土地の収用範囲を縮めるのは困難だという結論を出した[84]。なぜなら，「憲法」「土地管理法」は，「公共利益のために，国家は土地を徴収・徴用することができる」と規定するが，「公共利益のため」というのは「公益性」とは違う概念であるからである。また，実務では，多くの事業と建設用地の性質は確定できない状態になっている。

その観点によれば，2005 年に「個体経営等非公有制経済発展を促進させる国務院の若干意見」が公布されて以来，私営経済は迅速に発展している。今後も，都市建設に参与する私人資本は益々多くなるであろう。これらの建設項目には，公益性を持つものもあるが，営利性を持つものも私営経済の発展につれてより多くなるであろうと考えられる。農村の集団建設用地の使用権の自由流

通の進展が順調に進んでいる以上，農村の集団土地は徐々に市場に流通するとともに，土地の収用はより制限されるようになるであろう。「公益性用地」と「非公益性用地」の分類により土地の収用範囲を強いて確定しても，各利益間の調和は困難である。そもそも，土地収用の最大の問題は，収用対象の範囲の確定ではなく，補償基準の確定及びそれを着実に実現させることであると考えられる。

　同課題組は，大量の調査研究を踏まえて，結論を出した。すなわち，厳格かつ詳細な土地利用計画を制定し，それに基づいて，各地域の農地転用の指標に照らし合わせて土地収用の範囲を確定すること。その観点は，「土地計画」と「耕地保護」を原則に公共利益を確定しようと主張する。しかし，現有の土地計画制度のみを通じて，いかに行政権力の逸脱・濫用を制限するかは言及されなかった。

[5] そのほか

①　厳金明の主張

　厳金明は，「中国の基本国情と現実を考慮した上で土地収用制度を確定すべきだ」と主張する。一般の公共事業項目，すなわち，政府機関用地，非営利的国家教育衛生文化用地，都市基礎施設用地，エネルギー・交通（公路・鉄道・空港）・水利等基礎施設用地は，「徴購性」徴収・徴用をすることができる。特殊な公共利益用地，例えば，軍事施設・戦争支援のため，外交，防災等公共用地に対して，「補償性」徴収・徴用をすることができる[85]。ここにいう「徴購性」と「補償性」をいかに区別するかといえば，集団土地を低額な補償を通じて用地取得するという従来の方式では，農民の権利利益により侵害を招くから，一般の公共事業である以上，公共性が比較的に弱いから，農民に現有の補償額よりもっと高い対価を譲与しなければならない。

②　劉俊の主張

　劉俊は，中国における土地収用の公共性目的は「国家建設需要」とされる以上，「国家建設需要」は土地収用権を生じる「公共目的性」と完全に一致すると主張する。中国の建設用地の公共性目的は建設項目の性質によって違う。そ

れは「公共目的性」の段階性を表している。

　公共目的性は，以下のように三段階に分けられる[86]。

　①最高段階の公共目的：国家級の固定資産投資項目用地。国家レベルの重点建設項目用地は例である。②中間段階の公共目的：省級の基本建設固定資産投資項目用地。地方各級政府の決定する地方重点建設項目用地は例である。③低段階の公共目的：他の基本建設項目用地。企業の生産・非生産建設項目用地，及び政府が批准した，または都市計画により計画された都市住宅建設用地は例である。第③段階の建設用地は団体・個人の利益を目的とするが，国家用地計画に編入されれば，社会経済の不可欠な一部となるはずである。

　劉俊によれば，上記の三段階の公共目的の中では，第③段階は土地収用権の強制性が最も弱い。したがって，企業の生産・非生産建設項目用地，及び政府が批准した，または都市計画により計画された都市住宅建設用地の収用に対して，手続上より厳格に制限されるべきだと主張する。

　そのほか，集団土地の収用にあたって，公共利益の認定段階には「調査－公告－意見聴取－認定－結果公告」というような詳細な手続を定めるべきだという主張がある[87]。これらの学者は，「申請－公益認定－収用決定－補償方案の確定」というような収用手続の流れを法律で明文化させ，手続の改善を優先して具体的な解決策を提出すべきだと主張する。

第4節　結　　び

　いかに土地収用の範囲を確定するかについては，上記のように学界の代表的な主張を踏まえて，以下の注意点があると考える。①中国の基本国情と現実を考慮した上で範囲を確定すべきである。参考となる他国の経験があるが，そのまま適用するのは不適切である。中国土地観勘測計画院，広東省土地学会と広州市番禺区国土資源局の「土地収用制度改革課題組」の調査結果は，それを証明することができたであろう。②現在の法律制度及びその特徴を考慮する上で，

第2章　中国の土地収用制度における公共利益
——公共利益認定の制度と学説に関する比較法的考察　　71

政治・経済の体制に適合させるように，土地収用の範囲の確定と収用制度の改革を促進させるべきである。浙江大学の靳相木の主張は，その原則を遵守しているであろうと考える。③土地収用の範囲を確定する際には，現在の法律制度の関係規定を充分に考慮することは重要である。現在の制度の中で，その合理性を否定せずに最大限に機能を発揮させるのは，劉俊の主張の出発点であろうと考える。

　公益認定の本質は，過大な行政収用の権限を制限するものである。しかし，中国の土地収用制度において正式な公益認定手続はまだ確立されていない。問題の本質は，中国政府が「公益のための収用」原則をとらない点であろうか。むしろ，「法による統治」原則が貫かれていなくて，行政権の膨大なパワーが常に立法と司法の監督・制限の外に逸走する。土地収用における公益認定は，元来行政裁量に委ねられる面が強い。現行法上は収用に係る事項と権限が，行政機関，特に地方政府に委ねられる部分が多い一方，このような現状を変える法的根拠が存在しないからである。

　中国の土地収用制度は歴史・政治・文化など自らの国情に基づいて定められたものである。土地収用制度における公益認定の不備は，収用手続全般の不備を反映している。収用事業の公共性審査制度は未だ確立しておらず，学説上にも制度上にも多くの難題が存在する。それらの難点は，「二元的土地制度」と「行政権主導」の党政制度に集中して反映されている。

　中国と比較して，日本の土地収用制度は，私有制の確立を前提として発展したものである。土地収用法をはじめとする統一された法制度が確立され，事業認定の段階で厳しい公益認定の手続を定めている。また，土地所有制度は「一元制」であるため，収用法制は明瞭・鮮明である。中国と日本とでは所有制度が根本的に異なるため，土地収用の法体系も両国の歴史に基づいて発展してきた。公共利益の認定の関連制度と学説は，中国特有の国情を背景としており，今後の土地収用制度の再整備と緊密な関係にある。近年，土地収用制度における公共利益の確定は，中国特有の財産・土地制度の下で，土地収用の手続の中で最も議論されているが，公益認定制度の創設はおろか，これらについての法

文も学説も共通の認識には達していない現状にある。

　ところで，平松弘光は，中国の土地収用制度の経済面での成果を客観的に評価している。「中国は……2010年にはGDPが日本を抜き，世界第2位の経済大国となり，世界の工場の地位を確固としたものにしたが，その背景には，人口増による都市化の拡大と活発な経済活動のために農地を大量に工場用地や商業施設用地に転換する動きがあったといわれている。その動きに大きな役割を果たしたのが，中国の土地収用制度である。」[88]

　筆者も同じ意見である。土地は最も重要な生産資材として，それをいかに公平・公正かつ有効的に利用するかは，中国，日本ないし世界各国が直面している課題であろう。経済面から見れば，土地の収用事業が世界的に進んでいる今の時代に，社会主義国家か資本主義国家かにかかわらず，経済の活発化を実現させるため，土地収用を通じて農地転用または都市計画の再整備は積極的に進められているという共通性がある。私有制国家においても，土地収用制度は「土地所有権に対する公権的規制の一環としてとらえることができ，環境整備などの推進のためには，不可欠の手段を提供するものとなっている。」[89]その観点から見れば，法体制の確立には「遅滞性」という性格をもち，都市化及び経済発展につれて「まずは問題が生じてからそれを掴まえて解決しよう」という規律的なものが存在するといえるであろう。1956年土地改革により中国の土地公有制が確立されてから現在までわずか数十年である。しかもその期間中に，都市用地・不動産制度の改革，農村農地の改革は何回も行われ，法律条文と地方条例も改廃されていた。歴史上，イギリスの「新土地囲い込み運動（The Enclosure Movement）」も日本の農地改革も，その過程の中に，いずれも旧来の利益階層が巨大な代価を払わなければならなかった。ある意味で，時代の流れの中で，土地収用問題が深刻な時代は発展途上にある中国が経験しなければならない一段階であろう。

　ところで，中国法学界は，近年，「物権法違憲の是非」「憲法学の方向」などについての大論争を以って，改革派と保守派に分けられたといえよう。保守派は，旧来の制度に合理性があり，しかもこのような制度の存在を今後とも維持

第2章　中国の土地収用制度における公共利益
——公共利益認定の制度と学説に関する比較法的考察

すべきであると主張する。土地収用については，「外国の経験を適当に参考すればよい」「政治制度も土地制度も何も共通点もない」という発想は，長期にわたって有力な説となっている。現行の土地制度は土地収用制度の基盤である。民法学界から土地の私有化改革を支持する声があるが，短期間での中国の土地公有制の大きな変動はほぼ不可能であろう。土地収用における公益認定は，旧来として行政裁量に委ねる面が強い。完全な体系となる公益認定制度を確立させるには，まだまだ険しい峰々を越えなければならない。

しかし，中国では現在，急速な社会変革に伴い，一連の法の整備が緊急な課題となっている。近年，経済発展のため，大規模な収用事業や土地開発が全国的に盛んに行われている。不当な土地収用により生じた社会矛盾は，旧来の制度下における「権力の配置」，「人権保障」に係る根本的な問題を集中して反映している。現在，中国経済の発展がようやく安定的軌道に乗った以上，新たな社会情勢に応じて旧来の施策を改善しなければならない。土地収用の問題は行政・司法・土地制度などの様々な分野と関わっているが，旧来の制度には「問題」それ自体が存在する以上，変革を求めても問題がないと考える。強力な収用権を制限せずに発動するのは大きな弊害をもたらすと考えられる。中国では公益認定制度の創設は急務となっており，収用権を発動する行政機関（政府）の権限を制限し，収用事業の公共性の審査手続を強化することが緊急な課題である。

「立法機関判定説」，「手続判定説」などの学説は，基本理論の視野を拓いている。また，法文の中に収用適格事業を「限定列挙」するという方式，及び収用適格事業の規制を主張する見解などが重要視されつつある。それは，いずれも外国の学説・経験を参考にしたものである。土地制度に触れないとしても，私有制国家の理論としても，公有・私有の固有な偏見を捨て，外国の有益な経験を参考しながら，公益認定の制度を改正するのは，土地収用制度の改革への第一歩として踏み出さなければならない。その手段として，公益認定制度の明文化，収用手続の合理化・透明化が挙げられる。

マスコミは，一方的に「人権保護」などの名目で中国の土地収用制度を猛烈

74

に批評・非難する傾向がある。その背景には，強権的な土地収用のほか，法体系の不備，所得格差の拡大と腐敗問題に対する不満などがある[90]。最近の悲惨な事件を取り上げると，2013 年 11 月に，河南省鶴壁市籍の巩進軍氏は，当市政府の都市住宅改造計画により住宅が収用される予定であり，補償額に対し不満を持ち，北京に苦情陳述（中国語で「上訪」という）に行く途中，暴力で阻止された際にナイフで阻止者を殺害した。都市部における老朽化住宅の持ち主は，貧困農民とともに社会の最下層にある。格差問題の深刻化という背景に，地価高騰の現状もあり，収入が低い民衆は，安心立命を頼る場所が奪われると，あるいは補償額に不満を持つ場合に，行政救済に頼れない現状に加えて，相当強い反発をするのは当然であろう。土地収用制度への非難は，そのような社会問題を集中して反映しているといえる。このような社会情勢の中，行政収用権に制限を加えると主張する学説は益々有力となっている。

　また，この「巩進軍事件」の経緯に関して，土地収用の比較法的観点からいくつかの注意点を指摘しておきたい。その一：都市再整備計画それ自体の公益性認定が行われていない。その二：損失補償が着実に保障されていない。その三：被収用者への救済制度が不備である。それに，上記の事件は数多い収用紛争の一例にすぎない。益々深刻化する中国の土地収用問題は，土地の二元制，中央と地方のありかた，財政統制の不備などに関わっているが，平松弘光の指摘したように，「収用手続の整備不足」と「正当な補償がなされていない」という重要な事実をも認識しなければならない[91]。土地収用から生ずる社会問題を解決するには，単なる収用範囲の合理的な基準の確定だけでは足りなく，以上の三点に同時に着手して収用手続全体の再整備を推進しなければならないと考える。

　公共利益の認定の関連制度と学説は，中国特有の国情を背景として，今後の土地収用制度の再整備に緊密につながっている。近年，土地収用制度における公共利益の確定は，中国特有の財産・土地制度の下で，土地収用の手続の中で最も議論されているが，公益認定制度の確立はおろか，これについての法文も学説も，定論に達していない現状にある。公益認定制度の確立は一刻の猶予も

第 2 章　中国の土地収用制度における公共利益
　　　──公共利益認定の制度と学説に関する比較法的考察　　75

ないほど緊要とされている。事業認定で蓄積された日本の経験は，中国に思考
の筋道を提示している。

　2013 年 11 月に北京で開かれた共産党第 18 回中央委員会三中全会は，習近
平政権の改革に取り組む意思表示として内外で注目を集めたといわれる。中国
の改革派，有識者が，収用問題の解決を目指してすでに改革の推進に着手して
いる。一連の行政改革・土地改革の措置につれて，中国の土地収用制度とりわ
け公益認定制度はいかなる影響を受けるのか，今後の動向を注視していきたい。

　なお，平松弘光は，日本の土地収用の現状をこう評価した。「日本では……
現在は，土地収用に対して農民が大規模に反対することはほとんどない。これ
は，何も事業の公共性の認定がうまくいっているからだというのではない。公
共性が正面から問われる事業が少なくなったこと，そして，日本農業の不振と
いう社会的背景があるが，なによりも事業対象地の所有者である個々の農民に
正当な補償がなされているからである。」[92]

　公益認定は，土地収用制度の中での単なる一環にすぎないので，土地収用に
よる損失補償，及び行政救済についての比較研究と併せて，今後の課題にした
いと考える。

1　美濃部達吉『公用収用法原理』（有斐閣，復刻版，1987 年）48 頁参照。

2　平松弘光「日本における都市の再開発・土地収用・損失補償法制の概要（3）―中国人民
　大学（北京）での講演録」Evaluation No.24（2006 年）83 頁参照。

3　集団所有土地に対する収用の他，土地管理法 58 条は，「公共の利益のために土地を使用
　する必要があるなどの場合には，土地行政主管部門は，元の土地の使用を許可した人民
　政府または許可権限を有する人民政府に報告し，その許可を受けて，国有土地の使用権
　を回収することができる」，また，65 条は，「村の公共施設と公共事業建設のために土地
　を使用する必要があるなどの場合には，農村集団経済組織は，元の土地使用を許可した
　人民政府の許可を受けて，土地使用権を回収することができる」「国有土地や農民集団所
　有土地の使用権を回収する場合には，土地使用権を有する者に対して適当な補償を支払
　わなければならない」と規定している。このような回収は，日本の土地収用法 5 条に定
　められた「権利の収用又は使用」に類似し，一般的に土地収用の一つと認められるが，「た
　だ土地所有者の所有権の行使にすぎなく，土地収用ではない」という意見もある。一方，
　近年の中国民法学界に，土地私有化を主張する動きもある。

4 中国の土地収用制度についての日本語作成の著作には，「収用」という表現がほとんど使われているが，そもそも中国語では「収用」という言葉は存在しないため，「徴収」「徴用」「回収」などの表現が精確であろう。一方，美濃部達吉によれば，日本では，「徴収」という語は例えば租税の徴収などという場合のごとく，金銭または部品の給付義務を負わしめ，その義務の履行を受ける場合に用いるのが普通である（美濃部達吉・前掲注(1)6頁参照）。

5 角松生史「土地収用手続における『公益』の概念─ 1874 年プロイセン土地収用法を素材として」社会科学研究 48 巻 3 号（1997 年）201 頁。

6 角松生史・前掲注(5)164 頁以下。

7 「国有土地上家屋徴収及び補償条例」8 条：国家安全の保障，国民経済の促進及び社会発展など公共利益の必要のために，下記のいずれかの場合に当たる上で，家屋の徴収に必要が確認されれば，市・県級人民政府は，家屋徴収の決定を行うことになっている。①国防と外交の必要，②政府から行われたエネルギー・交通・水利などの基礎施設の建設の必要，③政府から行われた科学技術・教育・文化・衛生・体育・環境と資源保護・防災減災・文物保護・社会福祉・市政公用などの公共事業の必要，④政府から行われた福祉住宅建設の必要，⑤「城郷計画法」により老朽家屋が集中する，またはインフラが遅れる区域を建て替える必要，⑥法律，行政法規の規定するそのほかの公共利益の必要。

8 斎藤淳子「中国の直面する土地問題─農地転用による地方開発の狭間に立つ農民」土地総合研究 13 巻 1 号（2005 年）1 頁。

9 符衛民「中国の土地所有制度」社会文化科学研究 12 号（2006 年）99 頁。

10 ジェトロ上海センター：進出企業支援センター『中国の土地制度及びトラブル事例』（2008年）2 頁参照。

11 王家福『中国の土地法』（成文堂，1996 年）30 頁参照。〔符衛民・前掲注(9)102 頁引用〕

12 王小莉『土地法』（法律出版社，2003 年）50 頁。〔符衛民・前掲注(9)102 頁引用〕

13 平松弘光「日本法からみた中国の土地収用制度」総合政策論叢（島根県立大学総合政策学会）24 号（2012 年）90 頁。

14 ジェトロ上海センター・前掲注(10)2 頁以下参照。

15 平松弘光・前掲注(13)90 頁。

16 「国有土地上家屋収用及び補償条例」1 条：「国有土地上の収用及び補償活動を規範する，公共利益を守る，被収用家屋の所有者の法的権利を保証するために，本条例を制定したのである。」2 条：「公共利益の需要のため，国有土地上の団体または個人の家屋を収用するには，被収用家屋の所有者（被収用者）に公平な補償を行わなければならない。」

17 斎藤淳子・前掲注(8)1 頁。

18 戦憲斌（永松正則訳）「第 2 章：中国」〔小高剛編『アジア太平洋諸国の収用と補償』（成文堂，初版，2006 年）所収〕82 頁参照。

19 平松弘光・前掲注(13)87 頁。

20 平松弘光・前掲注(13)87 頁。

21 平松弘光・前掲注(13)88 頁。

22 ジェトロ上海センター・前掲注(10)2 頁参照。

第 2 章　中国の土地収用制度における公共利益
──公共利益認定の制度と学説に関する比較法的考察　　77

23　平松弘光・前掲注(13)86 頁。

24　東南大学経済管理学院名誉院長・華生の「中国青年報」でのインタビュー〔華風新聞第
　　685 期（2013 年 6 月 21 日）所収〕参照。

25　張千帆「公共利益とは何か─社会功利主義の定義及びその憲法における制約」法学論壇
　　2005 年第 1 期（2005 年）30 頁以下。邦訳については，梶田幸雄・後掲注(26)参照。張千
　　帆：北京大学憲法学教授，現・中国憲法学会副会長など。

26　梶田幸雄「公共利益の概念は？」http://www.chinavi.jp/kkoramu57.html（「コラム『チャ
　　イナウォール』─中国人の法意識─」，2015 年 1 月 31 日現在）参照。

27　張千帆『憲法学導論』（法律出版社，第 1 版，2004 年）7 頁以下。

28　http://wandara.net/blog/blog.php?key=45647（2015 年 1 月 31 日現在）参照。

29　胡康生『中国人民共和国合同法釈義』（中国法制出版社，1999 年）92 頁。〔後掲注(31)7
　　頁引用〕

30　馬徳普「公共利益，政治制度と政治文明」教学与研究 2004 年第 8 期 73 頁。〔後掲注(31)
　　7 頁引用〕

31　韓大元「憲法文本の中で公共利益の規範分析」法学論壇 2005 年第 1 期（2005 年）7 頁。
　　韓大元：中国人民大学憲法学教授，現・同大学法学院院長など。

32　韓大元・前掲注(31)同頁。

33　閻学通『中国国家利益分析』（天津人民出版社，1996 年）4 頁。

34　韓大元・前掲注(31)8 頁参照。

35　張千帆・前掲注(25)30 頁。

36　張千帆「公共利益の困境及出路」中国法学 2005 年第 5 期（2005 年）45 頁。

37　中国における土地収用に関する法体系は主に以下のような法律を含める。①憲法：10 条
　　3 項：国家は公共の利益の必要のために，法律の規定に基づき土地に対して徴収または徴
　　用し，あわせて補償を行うことができる。13 条：国民の合法的私有財産は侵害を受けない。
　　国家は法律の規定に基づき国民の私有財産と相続権を保護する。国家は公共の利益の必
　　要のために，法律の規定に基づき国民の私有財産に対して徴収または徴用し，あわせて
　　補償を行うことができる，②制定法：「土地管理法」「房地産管理法」「城郷計画法」，③
　　政府条例：「国有土地上家屋徴収及び補償条例」，④地方政府規則：「山東省土地収用管理
　　弁法」等。

38　韓大元・前掲注(31)8 頁。

39　胡鴻高「公共利益の法律判定を論じる」中国法学 2008 年第 4 期（2008 年）64 頁。胡鴻高：
　　複旦大学法学院民商法教授。

40　胡鴻高・前掲注(39)67 頁。

41　美濃部達吉・前掲注(1)48 頁。

42　竹村忠明『土地収用法と補償』（清文社，第 1 版，1992 年）1 頁。

43　今村成和（畠山武道補訂）『行政法入門』（有斐閣，第 9 版，2011 年）55 頁。

44　西村幸次郎『グローバル化のなかの現代中国法』（成文堂，初版，2003 年）20 頁以下参照。

45　童之偉「与時倶進，完全憲法」法学 2003 年第 1 期（2003 年）6 頁。

46　西村幸次郎・前掲注(44)22 頁参照。

47 韓大元・前掲注(31)8 頁参照。

48 張千帆・前掲注(36)45 頁。

49 土地収用法 3 条：土地を収用し，又は使用することができる公共の利益となる事業は，次の各号（略）のいずれかに該当するものに関する事業でなければならない。

50 小高剛「第 4 章：日本」〔前掲(18)同所収〕152 頁。

51 小高剛・前掲注(50)152 頁。

52 藤田宙靖『西ドイツの土地法と日本の土地法』（創文社，第 1 版，1988 年）212 頁。

53 小高剛「序章」〔前掲注(18)同所収〕2 頁。

54 薛涌「土地私有権とは一体何か（土地私有権到底是什么）」http://finance.ifeng.com/opinion/fhzl/20100111/1689957.shtml（鳳凰網財経コラム，2010 年 1 月 11 日掲載，2015 年 1 月 31 日現在）参照。

55 2004 年中国憲法 13 条は，「国家は，国民の合法的収入，貯蓄，家屋及びその他合法的財産の所有権を保護する」「国家は，法律規定に基づき国民の私有財産の相続権を保護する」は，「国民の合法的私有財産を侵してはならない」「国家は法律規定に基づき国民の私有財産権と相続権を保護する」と改正された。

56 物権法 2 条は，「本法にいう「物」とは，不動産と動産を含める」「本法にいう「物権」とは，権利人が，特定的物に対して直接的に支配する，また他者を除外させる権利であり，所有権，用益物権，担保物権を含める」，4 条は「国家，集団，私人の物権とその他権利人の物権は法律により保護され，いかなる団体や個人は犯してはならない」と規定している。

57 土地私有権については，「私人が土地を所有する権利である」と主張する観点があるが，中国では土地の私有を認めないが，土地の上にある家屋の私人所有と取引を承認する中国の現状からみれば，すなわち「土地につき私人が所有する権利」（家屋の所有権と土地の使用権）が承認・保障されている。

58 季金華，徐駿『土地徴収法律問題研究』（山東人民出版社，第 1 版，2011 年）14 頁。

59 国土交通省『平成 20 年土地基本調査総合報告書（第 1 章：我が国における土地所有・利用の概況）』http://tochi.mlit.go.jp/generalpage/6632（2015 年 1 月 31 日現在）参照。

60 今村成和・前掲注(43)55 頁。

61 「釘子戸」とは中国語の新語で，「立ち退き拒否世帯」という意味である。また，一般に都市の不法占拠者，または政策・法律に反抗する者をも指す。

62 王利明「公共利益とは『皆の利益』と同じなのか」解放日報 2006 年 9 月 4 日。王利明：中国人民大学民法学教授。現在，中国法学会副会長，中国法学会民法学研究会会長など。

63 補足として，日本法の観点からみれば，土地及び土地の上にある住宅は共に不動産というが，土地だけは収用の対象となっている。土地の上にある住宅は収用事業の「支障物」として取り扱われている。一方，中国都市部の土地収用は，土地の公有制により，土地ではなく，土地の上にある不動産と土地使用権は収用対象となっている。そのため，厳密に言えば，そもそもこのような収用活動は日本法にいう「土地収用」に該当しない。土地使用権を消すために収用を行う活動であるから，むしろ「権利収用」と称した方が妥当であろう。

第２章 中国の土地収用制度における公共利益
——公共利益認定の制度と学説に関する比較法的考察　79

64 平松弘光・前掲注(13)92 頁。

65 平松弘光・前掲注(13)92 頁。

66 平松弘光・前掲注(13)92 頁。

67 「公共性が乏しいとして事業認定の取り消しを訴えた裁判が続行中であると同時に……事業が着々と進められている。」「住民参加や環境影響評価が万全でないまま，建設地の不足解消だけが優先されれば，地権者はもちろん周辺住民からの反発は今以上に大きくなる。」「公共事業の概念が拡大したという理解で無造作に対象事業に含める方向で進めれば，政治不信は高まるだけである。」と述べる（政野淳子「世論から遠い土地収用法改正を考える」法学セミナー 549 号（2000 年）71 頁）。

　　また，学識経験者の意見聴取も，公聴会の開催も，「これらの条項はいままで実質的には眠っている。」「公聴会については，公述人の選定をはじめ陳述された意見に対する対応等々，手続きの形骸化といわれ，その紛争予防制度としての実際的効用については疑問視され」，また，かつては「公聴会を開くか開かないかの決定については，事業認定庁の自由裁量に任されている」と指摘されていた（平松弘光「土地収用事業における公共性の認定」早稲田法学 64 巻 4 号（1989 年）242 頁）。

68 戦憲斌・前掲注(18)82 頁。（中国憲法（2004 年改正）10 条 3 項により，「国家は公共の利益の必要のために，法律の規定に基づき土地に対して徴収又は徴用し，あわせて補償を行うことができる。」その論文が憲法の 2004 年改正以前に作成されたと筆者は推測するが，もう一つの可能であり，戦憲斌は，憲法（2004 年改正）10 条にある「補償」と「損失補償制度」を同視していないからである。）

69 「土地収用」は日本側の言い方で，中国側は「土地徴収」，「土地徴用」という。平松弘光によれば，「日本では，徴収という用語は，「税金の徴収」とか「負担金の徴収」のように主に金銭を国家権力が召し上げる際に使っていて，土地や建物のような不動産には使用していない。不動産には収用という用語を使用している。中国の清朝は，その末期に，日本の明治時代後半の一時期，日本法を介して欧米の近代市民法を取り入れようとして，日本に大量の留学生を派遣したことがある。その頃は，まだ，日本でも徴収と収用が混用されていた時代であったため，当時の中国人の留学生達が持ちかえった徴収の用語がそのまま中国法に定着したものと思われる。」（平松弘光・前掲注(13)90 頁参照）

70 中国では，土地所有権の販売は厳禁されている。都市部の用地取得に関しては，起業者が政府側に申請を行い，一定期間に限定される土地使用権のみ（住宅用地は 70 年，商業用地は 40 年）を得るのは一般的である。すなわち，不動産市場に一般市民が金銭で取引できるのは土地使用権に限られている。個人には土地所有権がないが故に，ある意味では，そもそも土地それ自身に「価格」そのものがないといえるであろう。

71 小高剛・前掲注(53)13 頁。

72 季金華，徐駿・前掲注(58)241 頁。

73 徐鳳真ほか『集団土地徴収制度創新研究』（法律出版社，第 1 版，2012 年）149 頁。

74 董彪「土地収用中公共利益原則初論」中国国土資源経済 2005 年第 1 期（2005 年）47 頁。

75 李牧　耿宝建「我が国の土地徴収と保障制度の改善を論じる」法商研究 2005 年第 2 期（2005 年）14 頁参照。〔季金華，徐駿・前掲注(58)185 頁引用〕

76 胡鴻高・前掲注(39)64 頁。

77 小口彦太「ルビコンを渡った中国法─物権法制定をめぐって─」比較法学 42 巻第 1 号(2008 年) 122 頁以下。

78 関志雄，朱建栄，日本経済研究センター，清華大学国情研究センター『中国の経済大論争』(勁草書房，第 1 版，2008 年) 7 頁。

79 徐鳳真・前掲注(73)159 頁以下参照。

80 李珍貴ほか「中国土地徴収権行使範囲」中国土地科学 2006 年第 2 期 (2006 年) 73 頁参照。〔徐鳳真・前掲注(73)150 頁以下引用〕

81 靳相木『土地徴収改革の主流思想の解析』中国農村経済 2008 年第 2 期参照。〔徐鳳真・前掲注(73)151 頁引用〕靳相木，浙江大学公共管理学院教授。

82 張文栄「徴地模式改革枠組研究」建築経済 2008 年第 1 期 (2008 年) 56 頁参照。〔徐鳳真・前掲注(73)153 頁以下引用〕張文栄，西安市不動産開発総公司営業公司副経理。

83 例えば，「所有権を取得するのは徴収だといって構わないが，使用権を取得するのは徴用だといったら大間違いだ」「徴収というのは平和環境にある法律制度であり，徴用というのは緊急事態の場合に適用する特別措置である」という観点もある。(梁慧星「憲法改正案における徴収と徴用に関する規定を論じる」浙江学刊 2004 年第 4 期 119 頁参照)

84 廣東省土地学会，広州市番禺区国土資源局「土地徴収改革の三つの主要問題探析」中国土地 2005 年第 8 期 56 頁参照。〔徐鳳真・前掲注(73)154 頁以下引用〕

85 厳金明「土地徴収制度の改革検討」
http://www.crcmlr.org.cn/results.asp?topId=L0603&page=31 参照 (現在 2015 年 1 月 31 日閲覧不可)。〔徐鳳真・前掲注(73)155 頁以下引用〕厳金明，中国人民大学土地管理系教授。

86 劉俊『中国土地法理論研究』(法律出版社，2006 年版，2006 年) 360 頁以下参照。〔徐鳳真・前掲注(73)156 頁以下引用〕劉俊，西南政法大学教授。

87 季金華，徐駿・前掲注(58)244 頁以下。

88 平松弘光・前掲注(13)88 頁。

89 今村成和・前掲注(43)55 頁。

90 柯隆「共産党三中全会決議の評価」http://www.spc.jst.go.jp/experiences/karyu/karyu_1311.html (Science Portal China コラム＆最新事情「柯隆が読み解く」(2013 年) File No.13-11，2005 年 1 月 31 日現在) 参照。柯隆：富士通総経済研究所主席研究員。

91 平松弘光・前掲注(13)101 頁参照。

92 平松弘光・前掲注(13)89 頁。

第3章　日本の土地収用における
事業認定の制度と学説

〈目　次〉

序　言

第1節　事業認定制度の沿革を踏まえて

第2節　収用対象事業の公共性と土地収用
　　　　法20条の認定要件

　(1)　公益性の概念と比較法的意義

　(2)　事業の認定機関

　(3)　事業認定の性格と要件

第3節　事業認定における裁判統制

　(1)　裁判例の動向

　(2)　違法性の承継に関して

　(3)　小　括

第4節　事業認定制度の再検討

　(1)　いわゆる「手続の迅速化」について

　(2)　収用制度における事業認定の位置付
　　　　け

　(3)　事業認定の方向

　　　1. 情報公開と住民参加説

　　　2. 司法的行為化説

　　　3. 司法審査強化説

　　　4. 国土計画主導説

第5節　結　び

序　言

　周知のように，日本の土地収用手続は主に事業認定と収用裁決という二段階
に分けられる[1]。事業認定は，主として事業の公益性について判断される。土
地収用法16条では，起業者は関連事業のために土地を収用し，または使用し
ようとするときは事業の認定を受けなければならないと定める。また，土地収
用ができる事業は，一定の公益性のある事業（いわゆる「適格事業」）に限定さ
れている（3条）。なお，「起業者が当該事業を遂行する充分な意思と能力を有
する者であること」，「事業計画が土地の適正且つ合理的な利用に寄与するもの
であること」，「土地を収用し，又は使用する公益上の必要があるものであるこ
と」が認定の要件とされる（20条）ほか，土地収用法は，事業認定庁に事業認

定の理由などにつき公示義務を課している（26条）。

　日本の土地収用法制は，戦後のGHQによる民主化改革の強い影響を受けて
おり，上記のような，収用手続の一環としての事業認定は，公用収用による不
利益から私的財産権を保護する「最強の防衛線」といってよい。日本の土地収
用における公益性の判断，すなわち事業認定の理論・制度の構造は，基本的に
合理的かつ明瞭な姿勢を示している。しかし，このような事業認定制度は，様々
な問題点が指摘されている。例えば，①情報公開と住民参加のための民主的措
置が不十分であること，②公共事業の公益性・必要性などの確保のための措置
は不十分であること，③取消訴訟における執行停止の要件が整備されていない
ことなどが指摘されている。実際に，公益性に基づく事業認定の適否，裁判の
長期化などの問題は，地権者側と起業者の衝突の理由になっている。補償額に
対する不満はもとより，事業の公益性に対する疑惑や政治不信などの事由によ
り，民衆の反対運動は少なくない。事業認定の全面的司法的手続化を主張する
声もある。それに対して，裁判の長期化などにより公共事業が大幅に遅延して
いるという実情もあり，事業の迅速な遂行のために，事業認定の手続を廃止す
べきであるという極論までが出ている。このような状況の下，土地収用法制全
体における事業認定の位置付けを再検討する必要性が生じている。

　一方，日本の土地収用法制は，諸外国の収用制度の基本原理と法的構造から
強い影響を受けて制定されたものであるが，収用権という国家権力は，そもそ
も「日本国の実情に即するもの」として「行政権の発動による」ように設定さ
れたという。しかし，近年の市民運動の高まりとともに，事業の公益性を判断
する段階における行政計画の不透明と市民参加手続の欠如などが強く批判され
ている。訴訟の段階においても事業認定の処分性は制限的に解釈されており，
行政訴訟による権利救済についても問題が生じている。

　以上のように，土地収用に関する制度上の問題点と事業認定について近年の
学説・判例につき改めて整理していく必要がある。一方，土地収用制度の構造
上の相違にもかかわらず，土地収用における公共性の認定の問題は各国が共通
して直面する難題である。本章では，事業認定制度の沿革を踏まえて，認定機

第3章　日本の土地収用における事業認定の制度と学説　　83

関の設定と事業認定の性格を明らかにし，事業認定の手続を現行の土地収用制度の全体構造の中で，いかに位置付けるか，事業認定がいかなる発展方向に向かうべきであるか，などを再検討する。それとともに，近年の学説と判例の動向を分析し，土地収用における実質的公益性の判断の際の事業認定の制度を通じて，土地収用制度における公共利益と私的財産権の関係をいかに認識すべきかを探求する。

第1節　事業認定制度の沿革を踏まえて

　土地収用法制において，いかに事業の認定を位置付けるかを検討するためには，事業認定制度の歴史を念頭に置かなければならない。そこで，本節では，まず事業認定制度の沿革を鑑みることとする。

　戦前において，明治憲法は，法律によって公益のために私的所有権に必要な処分を加えることができると定めていた（27条）。換言すれば，明治憲法は，土地収用権の発動に際し公益に適応すべきことを要件として規定していたといえる。その下で，1889年（明治22年）に制定された「土地収用法」は，日本における初めて成文化した土地収用法として，土地収用における公益認定に関する法的規範を規定した。この法律は，プロシア土地収用法を継受したものといわれる。同法は，「公共の利益のための工事」について，「必要あるとき」は損失を補償して土地を収用または使用することができると定める（1条）。収用事業は「工事認定」の形式で，2条に概括列挙した適格工事の範囲で，内閣が「公共の利益にして必要なること」を認定した上で同法に適用される。ということで，1889年「土地収用法」では，工事認定の要件は，主として①公共の利益のために工事をする必要があること，②2条に定める適格工事に当たること，という二つである。その後，1890年（明治23年）に新たな土地収用法が制定され，収用法の適用の対象が「工事」から「事業」と改められたが，事業認定の要件については実質的に変わらなかった。明治時代の土地収用法はまた，事

業認定の手続について初めて明文で定め，現行の土地収用法にも強い影響を与えている。事業認定の要件につき，旧法と現行法とで実質的に異なるものではなく，現行法はこれを明文で明確に表現したのみであるといわれる[2]。また，用語と基本構造についても，現行収用法が受け継いだ面が強い。

　戦後，GHQ の一連の民主化改革を背景として制定された 1946 年（昭和 21 年）日本国憲法は，国民の個々の財産権を基本的人権として保障し，場合によっては私的財産権に対し制約を加えることを必要とする（29 条）。また，それらの規制目的が公共の福祉に合致していること，規制の手段が必要性・合理性を備えることが必要となると考えられる[3]。この日本国憲法の下で，1951 年（昭和 26 年）に現行の土地収用法が成立した。現行の土地収用法は，収用権の発動に明確的な制限を加えるとともに，旧法より民主的なものとして，事業の計画段階における意見聴取と市民参加などの規定を置いた。事業認定に関しては，新土地収用法は，①収用対象事業の範囲拡大と明確化とともに，公益事業を明文で具体的に規定した。②都道府県知事にも事業認定の権限を与えた。③利害関係人の意見提出権，学識経験者の意見聴取，また公聴会等に関する規定を整備した。新収用法の定める事業認定は，用語だけは旧法を踏襲するものであるが，その本質については学問上論議のあるところであり，行政手続としては独特のものであり，全く新たな手続であるといわれる[4]。現行の土地収用法の制定は，公益事業を明文で具体化するものであり，日本の収用法制史において画期的意味を有している。農地改革によって大土地所有が解体した背景の下，占領軍による一連の民主化政策の影響を受けて，事業認定の手続は正式に制度化し，現行の土地収用法の根幹となった。その後，法改正は数度行われたが，事業認定制度については根本的修正が行われなかった。

　実質的にみて大きな土地収用法の改正は，1967 年（昭和 42 年）と 2001 年（平成 13 年）との二回である。1967 年の土地収用法の改正では，土地細目公告制度が廃止され，事業認定によって起業地の範囲が確定されることになった。また，事業認定告示時の価格を基礎とする「価格固定制度」が採用された。それらの改正により，手続の面と効果の面では以前よりさらに重要な役割が事業認

定に付与された。

2001 年改正の背景として，平成期に入り，公共事業について効果の小さい事業に対する批判や，環境との調和に対する関心の著しい高まりが見られるようになったことが挙げられる。公共事業の公益性を判断する事業認定の手続においては，周辺住民の意見を十分に聴取し，環境分野の専門家等の意見を聴くといった手続がとられず，一方的に認定が行われる傾向があった。また，裁決手続においては，いわゆる一坪運動や立木トラスト運動に代表されるように，多数の反対権利者が裁決手続に参入し，収用委員会の審理において，その権限外の事項である事業認定の違法・不当を主張するという事態が多発していた[5]。以上の状況の下，2001 年に土地収用法の改正が行われた。事業の公共性と事業認定の手続について，①収用対象事業の増加，②起業者による利害関係者への事前の事業説明の義務化，③利害関係者から請求があるときの事業認定庁による公聴会開催の義務化，④事業認定庁は，第三者機関の意見を聴き，その意見を尊重すべきこと，⑤事業認定庁は，事業認定の理由を告示すべきこと，⑥土地所有者等が収用委員会の審理とは関係のない事業認定について不服に関する事項を主張できない旨が確認的に明文化（すなわち「主張の制限」）といった改正があった。

2001 年収用法改正は，ほとんどの学説から積極的な評価を与えられている。その理由の一つとして，すなわち上記①の土地収用法に掲げられる収用適格事業について，戦後 50 年の変化により，環境問題，リサイクル問題などが注目されており，公益事業の内実も大きく変わってきていることが指摘される[6]。この点は，大きく議論されているところである。もう一つは，上記②～⑤について，事業認定の迅速化・潤滑化を図り，事前手続として，十分な住民参加を保障し，行政計画の公正さ・透明性を担保することである。この点については，以前より先進的なものであると思われるから，ほとんど議論のないところであろう。

前述のように，ここで議論されているのは，上記①の収用対象事業の公共性（あるいは「公共性の判断」）及び⑥の事業認定の処分性と「違法性の承継」につ

いての問題である。そのほか，法改正が公共事業のより一層の効率化・迅速化を図ることに関しても議論がある。以下では，学説と判例の分析も含めて，この三つの問題点を中心に検討する。

第2節　収用対象事業の公益性と土地収用法20条の認定要件

(1)　公益性の概念と比較法的意義

　世界において，公共利益についての明確な定義規定をおく国はない。アメリカを代表とする英米法国家，ドイツを代表とする大陸法国家の，どちらにも公共利益に関する通説を持たない。

　世界に目を向けると，私的財産制度を採用する国が一般的であり，現代社会の収用制度の基本理論は，そもそも私有制国家において出されたものである。私有財産を保護することを基本理念として，収用活動が行われる際に公権力の逸脱・濫用を回避・制限するために，「収用適格事業」など一連の施策が定められている。世界各国の収用法制の構造において，「公共利益」「公共のために」についての判断・認定が収用権を発動するための大前提として設定されていることが普遍的に見られる。例えば，アメリカは，「何人も，正当な補償なしに，私有財産を公共の用（Public use）のために収用されることはない」と定める（合衆国憲法修正5条）。ドイツ連邦基本法は，「公用収用は，公共の福祉（Public interest）のためにのみ許される」と定める（14条3項）。公有制国家，例えば中国の場合には，国家は「公共の利益の必要のために」法律の規定に基づき国民の私有財産に対し徴収または徴用することができると規定する（憲法22条）。

　公益の概念そのものには曖昧な特質があり，普遍的に納得されるようにそれを定義づけるのは難しいのである。実際には，具体的な土地収用事例において，ケースバイケースで当該収用が公共利益に適応するか否かを判断すべきである。

世界諸国の憲法が，普遍的に「公共利益が収用の根拠である」と認めるのは，公共利益の判断それ自体の重要性を明らかに示している。しかし，行政が複雑化している現在では，普遍的な公共利益の概念を位置づけ難いのは事実でもある。そのため，公共利益に関しては，理論上の問題というより，実務上の問題として各事案の具体性を詳細かつ慎重に勘案し判断するのが妥当であると考える。さらにいえば，誰が公共利益を一次的に判断し（事業の認定機関），誰が公共利益について最終的な審査権を持つのか（事業認定の裁量統制と処分性）は，非常に重要な問題となる。

　公用収用における公益認定及びそれに関連する司法審査のあり方は，「各国により異なった制度的・理論的枠組」が成り立っており，「各国の特有の政治的・社会的条件に規定づけられた特殊性」を備えている[7]。日本の行政法学界では，国土利用事業の「公益性」に関する司法審査の比較法的検討は，主にドイツ連邦共和国の計画裁量論に関する研究を中心に行われてきたが[8]，他国と異なるのは，事業認定における収用公益事業を具体的に明文化し，強制的収用権を制限する，というような独特な制度が作られたことである。例えば，1951年土地収用法の制定をきっかけに，行政権による濫用を防ぐため，公益事業が明文で具体的に規定された。これはよい結果が出ているため，その後の改正でも，事業認定制度は確固たる制度となり，現在まで踏襲されている。これに加えて，現行収用法の制定により，利害関係人の意見提出，公聴会等に関する規定が初めて整備された。歴史的には，プロイセン土地収用法が，「利害の対立する複数当事者の存在を当然に予定し，公告縦覧の制度，計画異議申立権，損失補償における配慮等で，利害関係人の手続参加に意を尽くしてきた。」[9]日本もまた同様に近代市民国家の理念に従い，欧米諸国の経験を参考としている。

　なお，ここで注意しなければならないのは，公益性概念の変動である。社会情勢の変化により公共利益の実質内容の変動を認めるのは各国で普遍的に受け入れられた原則であり，日本の立法府も戦前から現行法までその原則を採用している[10]。もっとも，公共性に対してほとんど議論のない事業（例えば砂防施設，津波防護施設）と公共性に疑義のある事業（原子力発電事業）とは区別されており，

事業の公共性を判断するには極めて専門的な技術を要する場合もある。このような場合には，立法府は慎重な対応をしなければならない。

(2) 事業の認定機関

　日本は，現行法上，国土交通大臣と都道府県知事が事業認定の処分を行う主体であり，行政庁として公益性の判断を行うことになっている[11]。行政庁が公益性の判断を行う原則について，高田賢造・国宗正義は，「この権力の発動の形式としては，もとより立法や司法の形によることも不可能ではないが，立法は，一般抽象的な法規範を定立するのが，本来の姿であり，且つ，個々の収用の要件を一つ一つ立法によって解決することは，通常は必ずしも適当とはいえない。司法はまた，争を前提として法の適用を保障するものがその機能であるから，結局，行政権の発動によるのが，わが国の実情に即するものとし……行政権の発動によるとしても，その発動の形式は，財的権利の剥奪にふさわしい適正な手続が必要であると考えられる」と述べる。それでは，いわゆる「わが国の実情」とは一体何であろうか。

　諸外国をみると，例えばアメリカでは，公共性の認定は裁判所の権限に属するが，収用範囲の確定は立法府の権限である。私有財産の収用権は国家主権であることを前提として，立法府の排他的機能として収用の権限が行使される[12]。この「議会による収用」の原則は，独立戦争によってイギリスの植民地統治から離れるという情勢の背景の下で定立されたものである。

　戦後，土地収用手続を「衡平裁定委員会において，起業者と土地所有者その他の利害関係人とを対抗させ，準司法手続に従う」ものとするという GHQ の提案があった。南博方は，これは日本の法文化的通念と矛盾すると指摘した。彼によれば，日本では，「明治以来，行政は公益の代表者であり，行政は公益を追求・実現することを目的とし」，「私権の保護を目的とする司法との決定的差違がある」とされる[13]。

　現行法は，事業認定の処分を行う機関の公正さと透明性を確保するために，事前手続として事前の説明（15条の14），公聴会の開催（23条），第三者機関に

第3章　日本の土地収用における事業認定の制度と学説　　89

よる意見の聴取（25条の2）などを規定しているが，そのような規定には問題がないわけではない。起業者の事前説明の段階では，所有者は一方的に受動的地位に置かれる。認定庁が利害関係者につき公聴会を開催する場合，そこでの一般の意見は認定処分の判断にどの程度影響を与えているかについては以前から議論されるところである。結局，行政庁の自由裁量に頼ることになってしまい，公聴会などの設置が形骸化する可能性は否定できない。また，社会資本整備審議会などの意見を聴取する義務は，公衆縦覧の期間内に事業認定について異議があり，かつ，それを拒否しようとする場合に限られる。

　そのほか，土地収用法17条によって，認定の権限は原則として都道府県知事に委任されるが，国または都道府県が起業者である事業，施行地が二以上の都道府県にわたる事業などの場合は，国土交通大臣が事業認定に関する処分を行う。この場合，起業者と認定機関は一体となることも生じるわけであり，それは必ずしも事業認定の中立性を損なわないとはいえない[14]。

　ひるがえって，前述の論理構成を検討してみれば，それは，公共性を判断する行政庁と一般私的財産権との相互対立・制約的構造を認めることを前提とするものである。しかし，日本の行政法学では，事業認定の処分は行政行為として，妥当であるか否かを問わず，権限のある行政庁または取消訴訟により否定されない限り拘束力が認められる[15]。さらに言えば，「公共の利益の増進と私有財産との調整，及び国土の適正且つ合理的な利用」を図るという土地収用法の立法の趣旨を考量するならば，そもそも立法府は，それらの目的を達成するために行政機関に相当な権限を委ねてきたはずである。

　最高裁第三小法廷1984年（昭和59年）1月31日判決に対して，見上崇洋は，「抽象的公共性と財産権を中心とする私権一般を対立的ないしは相互制約的に捉える考え方がある」「強制的契機をともなった行政的手段の介在が認められると判示している」と述べた。見上によれば，個別法制に定められている公共性を行政活動に強制力と信用が与えられる根拠とするならば，権利の保護・付与なども当該行政活動の目的に含まれるべきであって，上記判例のように公共性と私権とが対立し，相互制約的構造を有するとみなすことは誤りである[16]。

見上の論述の中では，土地の有効利用という立場に立ち国民の義務を強調する観点と，所有権を絶対的に保護する方向に立つ観点との矛盾が明らかに提示され，行政介入，政策介入における公共性の詳細な分析が必要であると主張している[17]。

前述のように，アメリカの「議会による収用」原則は，当時の特殊な社会情勢において成立したものである。それは，独立戦争によってイギリスの植民地統治から離脱し，旧来の植民地統制の基盤が崩壊し，議会と国民との間に特別な信頼関係が築かれたことによる。一方，公共利益の増進などを行政庁に付託するのは，日本国の旧来の法的伝統であり，戦後の民主化改革はこの点を配慮して，一定の制限を加えるとともに行政庁に権限を留保してきたと考えられる。

以上のように，日本の「行政による収用」原則は古くから定立したものであり，その一定の合理性を認めざるを得ない。収用事業の場合に，公共利益と私的所有権とは必ずしも相互に対立・衝突する存在ではないという前提に立つならば，現行の制度における共同的・社会的統制の下で形成された私的所有権を保障することは，社会的利益の保障の促進に有益であると考える。

(3) 事業認定の性格と要件

認定庁が事業認定によって直接に国民の権利義務を形成し，しかも事業認定の取消訴訟が判例上認められることからすれば，事業認定が処分性を具備することについて議論はないであろう。しかし，事業認定が裁量行為であるかどうかについては学説に争いがある。例えば，事業認定の要件・効果の両面を分解し，各規定の文言の表現，目的・趣旨に照らして具体的に論ずるべきであると主張する学説がある。小澤道一は，裁判所の審査において認定庁の判断過程を分解して審査すべきであることを理由にして，事業認定の要件・効果を分解して論ずるべきであると主張する[18]。

土地収用法20条は，法による適格事業にあたること（1号），起業者が当該事業を遂行する充分な意思と能力を有する者であること（2号），事業計画が土地の適正かつ合理的な利用に寄与するものであること（3号），土地を収用

し，または使用する公益上の必要があるものであること（4号）を事業認定の要件とする。

土地収用法20条は，前記のいずれの要件も満たす場合には，「事業の認定をすることができる」と定め，認定庁に権限を与える。認定庁は，一般的には同条との適合性を基準として認定処分を行うか否かを判断する。それとともに，国土交通省は認定の理由を公示しなければならない。例えば，国土交通省告示第563号（2014年5月20日）によると，同省は事業認定の申請があった一般国道41号改築工事に対し，同条各号の要件への適合性を認めた上で認定を行った。3号の要件について，「本件事業の施行により得られる公共の利益と失われる利益とを比較衡量すると，得られる公共の利益は失われる利益に優越する」と「事業計画の合理性」を認めた。また，4号の要件について，「事業を早期に施行する必要性」と「起業地の範囲及び収用又は使用の別の合理性」がこれに該当すると解した。事業認定が裁量行為であるかどうかを論ずるためには，認定庁が事業認定をするか否かを判断する際の実質的判断基準である同条の定める要件に照らす必要がある。

上記の条文は，「充分な意思と能力を有する」，「土地の適正且つ合理的な利用」，「収用し又は使用する公益上の必要」という表現を用いており，一定の裁量権を行政庁に委ねる意図は明らかである（実際上にもそうである）。前述したが，事業認定制度の沿革を鑑みれば，そもそも，戦後の土地収用制度の設計において事業認定の権限を行政庁に付与するのが立法上の原意であることがわかる。さらに言えば，日本では，立法権と司法権はいずれも事業認定についての一定の判断の余地を行政庁に承認する。それでは，事業認定は裁量行為である以上，いかなる種類の裁量にあたるであろうか。

伝統的自由裁量論によれば，裁量行為は羈束裁量と自由裁量に分けられる。羈束裁量の場合，法の予定する客観的基準が存在し，それを誤れば違法の問題が生じる。自由裁量の場合，何が行政目的または公益に適合するかの裁量，すなわち，その判断が誤っても当・不当の問題が生じるにとどまり，違法の問題が生じない[19]。その区別の基準は，裁判所の統制を受けるか否かである。しかし，

宮田三郎は，覊束裁量・自由裁量の区別の相対化を強調し，そのような区別自身は「範疇的区別が成立しないだけではなく，そのような用語自体，問題の正確な理解を妨げるといわなければならない」，「今日では，裁量が法的拘束を受けることについては問題がなく，争われているのは，裁量権の存否の問題より裁量の限界の問題である」と指摘した[20]。従って，ここで事業認定処分は裁量行為か覊束行為か，それを司法統制の実際に触らず議論するならば，なかなか結論を出せないと考える。また，司法統制の手法は事案によって異なる場合もあるので，議論しても一概に言いきることは難しいであろう。

　一方，裁量を認める部分の相違に注目すると，裁量は要件裁量と効果裁量に分けられる。要件裁量の場合には，行政庁は事実を認定して法規範の定める要件に当てはめることについて判断を行う。効果裁量の場合には，時の裁量と手続の裁量も含め，行政庁は措置の適否・方式・時点などに関する判断を行う。その分類方法に基づいて，行政庁は土地収用法20条の定める認定要件への適合性を判断する上で認定の可否を決することから，事業認定は要件裁量にあたると考える。しかし，周知のように，このような分類方法はあくまで形式的なものであり，実際上の行政が複雑化した現在では，行政機関の政策的・行政的判断によって行われるケースもある。例えば，土地収用法20条要件の充足を認めた上で認定を拒否する裁量権を有するかについて，「激しい社会的な反対運動があり，事業認定をすれば極めて大きな社会混乱が予見される場合に……認定拒否をすることに合理性を認めざるを得ない」というケースが挙げられた[21]。

　ところが，土地収用法20条要件の実質を思い出してもらいたい。1951年（昭和26年）の建設省管理局長通牒によれば，行政庁は「3号の要件の審査に当つては，例えば他により適当な地点がありや否や，当該特定の土地等が必要なりや否やを具体的に事案に即し，判定すること」，「4号の要件の審査に当つては，「公共のための必要」の有無に特に留意すること。即ち，収用の要件である事業の公益性は，申請に係る事業の個々について判断すべきもの……具体的事案に即し慎重に公益性の有無を判断すること」，すなわち事業認定についての裁

量は「行政内部的統制」を受けている[22]。また，前述したように，立法上，「土地の適正且つ合理的な利用」，「収用し又は使用する公益上の必要」という表現を用いるのは，収用を発動する権限を行政機関の政策的・行政的判断に委ねる立法上の意図を明らかに示している。上記のケースにおいて，認定拒否をすることに合理性を認めるのは，3号と4号の要件は実質的に立法的統制として働いているからである。さらにいえば，認定が拒否される理由は，「土地の適正・合理的な利用」，「公益上の必要」という要件該当性の判断に包含されるからである。ということで，私見では，事業認定は要件裁量にあたる。そのような認識は，立法上の原意に忠実な解釈であると考える。とりわけ行政が複雑化した現在では，公共事業自身の公益性が議論されるといった実態を反映しているものである。もちろん，公益性の概念を一方的に拡大解釈することを通じて収用権を恣意に発動するのは財産権の侵害を招致しかねないから，それを防止するため重要な役割を果たす司法的統制を無視してはいけない。現在の判例・学説によれば，要件裁量について，裁判所は，①事実誤認の存否，②手続的審査，③客観的経験則と他事考慮の存否を基準として審査する[23]。それらの審査基準は，後述する事業認定における裁判所のコントロールの手法と基本的に一致する。ということで，事業認定は要件裁量にあたるという認識は，裁判の実際を反映できるものである。

　ところで，見上崇洋によれば，事業認定は，収用適格事業性と事業の公益性を認定する「行政性」がある。すなわち，収用事業の公益審査は，「形式的適格」とともに「事業の実質的な公共性」の判断を含めるものである[24]。実際に，認定庁は，「事業の実質的な公共性」を判断する際，認定の理由に関して利益衡量論をとる場合が多い。国土交通省による事業認定は，1号と2号の要件を形式的適格とみなし，3号と4号の要件を公益性判断とみなしており，利益衡量論は，事業認定庁の認定処分のみならず，事業認定に対する司法審査の統制方法にも強い影響を及ぼしている。従って，利益衡量論は，「事業の実質的な公共性」の判断における最も重要な手法になっているといえよう。

第3節　事業認定における裁判統制

　前述のように，現行法上，国土交通大臣または都道府県知事によって事業計画の公益性に対し判断がなされる。この土地収用法上の権限行使をめぐる私的権利救済のルートとして，現行制度上，行政庁に対する不服申立てと行政訴訟の提起の二通りの方法が認められる。都市計画事業の場合には，行政不服審査法の不服申立ての対象適格，抗告訴訟の対象性など処分性における取扱いが異なるものとされるから，ここでは，これらについてはとりあえず検討を行わないこととする[25]。

(1)　裁判例の動向

　まずは，近年の裁判例の動向に着眼しなければならない。以下，2001年の土地収用法改正以後における三つの裁判例を取りあげることにする。その三つの裁判例は，いずれも事業認定の実質的判断に対する司法的統制の範囲・方式に影響を及ぼすものであり，近年の判決の動向を十分に反映できる典型的事件であると考える。

　①　徳山ダム事業認定取消請求訴訟［2003年（平成15年）12月26日・判例時報1858号19頁］

　岐阜地裁は，当該事業計画全体の合理性の有無の判断は「極めて政策的，専門技術的なものであるから，事業認定権者の裁量を尊重すべきもの」と解し，本件起業地が本件事業の用に供されることによって得られる公共の利益は，本件起業地が本件事業の用に供されることによって失われる利益に優越していると判断して，本件事業が土地収用法20条3号の要件を満たすとした国土交通大臣の判断に裁量の範囲の逸脱及び裁量権の濫用はない等として，請求を棄却した。

　②　静岡空港建設事業認定取消請求事件［2011年（平成23年）10月13日・

訴務月報 58 巻 11 号 3746 頁]

　控訴審で，東京高裁は，本件事業により得られる利益が失われる利益を上回り，本件事業計画が土地の適正かつ合理的な利用に寄与するとした認定庁の判断が，その判断の基礎とされた重要な事実に誤認があること等によりその判断が全く事実の基礎を欠く場合，または事実に対する評価が明白に合理性を欠くこと等によりその判断が社会通念に照らし著しく妥当性を欠くことが明らかである場合に該当するということはできず，その判断に裁量の範囲の逸脱及び裁量権の濫用はないとして，控訴を棄却した。上告審で，本件上告理由は，理由の不備をいうが，その実質は事実誤認または単なる法令違反を主張するものであって，明らかに上記各項に規定する事由に該当しないとし，上告棄却及び上告不受理の決定をした（最高裁 2013 年 10 月 1 日）。

　③　圏央道八王子ジャンクション建設事業認定取消請求事件 [2005 年（平成
　　　17 年）5 月 31 日・訴訟月報 53 巻 7 号 1937 頁]

　東京地裁は，本件起業地の周辺地域に居住するにとどまる者や起業地を訪れるにすぎない者等その他起業地内の不動産等につき財産上の権利を有しない者については，事業の認定の取消しを求める訴えの原告適格を否認し，また，本件起業地が本件事業の用に供されることによって得られる公共の利益は，それによって失われる利益に優越しているというべきであるなど，土地収用法 20 条 1 号から 4 号の要件に適合するなどとして，原告らの訴えを却下ないし請求を棄却した。本件は，控訴審（東京高裁 2008 年 6 月 19 日），上告審（最高裁 2009 年 11 月 13 日）で支持された。

　そのほか，東北横断道新設工事事業認定取消請求事件（判例地方自治 164 号 76 頁）では，事業認定にあたり代替案の検討と環境影響評価をしなかったことが違法ではないとされた。

　以上の判決は，いずれも事業認定取消しの請求を棄却したものである。収用事業の違法性を認める，または事業認定の取消しを認める裁判例の数は決して多くはないが，過去の日光太郎杉事件や首都圏中央道事件などをめぐる判決において土地収用法 20 条に定める要件は示され，私人的権利への行政救済は裁

判において基本的に保障されていると評価できる。しかし，2001年の土地収用法の改正によって仲裁委員による仲裁の制度（15条の7），起業者による説明会の開催義務（15条の14）などが導入されたが，それらはほとんどが事業認定が正式に行われる前の「事前措置」のみとして扱われる。実際には依然として，計画事業それ自体の公共性が問われる場合，もしくは公共事業によって周辺住民の権利侵害に至る場合には，原告適格の制限と，事業の公共性を判断する権限を行政裁量に委ねる面が強いことなどから，事業認定の取消しまたは執行の停止を請求することによる権利救済は，このような前提条件で厳格に制限されているといえよう。

小澤道一は，判例における司法審査の態度を三つの類型に分類する[26]。①「判断過程統制型」，すなわち，事業認定庁の判断過程に過誤があるかどうかという見地から司法審査を行うものである。例として，日光太郎杉東京高判，二風谷ダム札幌地判，圏央道あきる野IC東京地判，日の出町廃棄物処分場東京地判がある。②「実体的判断代置型」，すなわち，裁判所が事業認定庁と同じ立場に立って判断を行う類型である。例として，日光太郎杉宇都宮地判，圏央道八王寺南JT東京地判，静岡空港静岡地判などがある。③「裁量権逸脱・濫用型」，すなわち，裁量権の逸脱・濫用の有無を判断するものである。例として，静岡空港静岡地判，圏央道八王寺南IC東京地判などがある。なお，②と③の両方の判断方法を使用する判例がある（静岡空港静岡地判など）。

行政事件訴訟法は，行政庁の裁量処分を取り消すことができるのは，「裁量権の範囲をこえ又はその濫用があつた場合」のみに限定する（30条）。前記の分類方法によれば，「裁量権逸脱・濫用型」は30条によるものである。既述したが，事業認定の性格は裁量処分にあたるかどうかが問題となる。裁判統制は認定庁の判断過程（①判断過程統制型）と実体的判断（②実体的判断代置型）を審査する場合は，一見すると30条に定める「裁量権の範囲をこえ又はその濫用があつた場合」という要件を準用していないように見える。しかし，学説上は，裁量権の逸脱・濫用にあたる場合は，主に事実誤認，目的違反・動機不正，平等原則違反，比例原則違反などが認められる。例えば事実誤認の場合，すな

わち法律要件に該当する要件がないのに処分を行い，また要件事実の認定が全く条理を欠く場合は，前記の分類方法によれば，①「判断過程統制型」または②「実体的判断代置型」に必ずしも当たらないとはいえない。従って，たとえ③「裁量権逸脱・濫用型」にあたる裁判例だからといって，裁判所は，事業認定庁の判断過程に過誤があるかどうかという見地から司法審査を行い，または事業認定庁と同じ立場に立って判断を行う，といった審査手法を採用する可能性が十分にあると考える。

このような分類方法によれば，前記の事例の中，①徳山ダム事業認定取消請求訴訟は「裁量権逸脱・濫用型」，②静岡空港建設事業認定取消請求事件（控訴審）は「判断過程統制型かつ裁量権逸脱・濫用型」，③圏央道八王子ジャンクション建設事業認定取消請求事件は「実体的判断代置型」である。また，小澤道一も指摘したように，「判断過程統制型」の場合，事業認定庁の判断について，実質的内容に対し審査を行った上で判断過程に過誤があるかどうかを続いて審査する事例もある（日光太郎杉事件東京高裁）。静岡空港静岡地判は，「実体的判断代置型」かつ「判断過程統制型」である。理論上はもとより，実際にも「実体的判断代置型かつ裁量権逸脱・濫用型」の裁判例は多数あり，三種類の司法審査は並存し得ないとは必ずしもいえない。事業認定における裁判統制は，まさに各手法が交錯している状況にある。

日本の土地基本法及びこれに関連する土地利用規制関連諸法においては，「土地の計画的利用や土地の有効利用に関する国民の義務などが示されているなかで，土地利用における公共の福祉が強調されている。」[27]首都圏中央自動車道土地収用事件（2004年第205号事業認定取消請求）判決で，執行停止決定や処分取消し判決など一連の判断が示されていた。見上崇洋は，その判決の概要を踏まえて，土地収用法20条3号に定める要件の判断について，三つの前提的な理解が示されたと述べる[28]。すなわち，①公益性要件は，起業地が事業のように供されることによって得られる公共の利益と失われた利益とを比較衡量し，前者が後者に優越することを要する，とする。②黙示的な前提条件として，公共事業（道路自体）に公害などが発生し瑕疵があると認められる場合には，認定

庁に裁量の余地はなく，違法である，とする。③土地収用法 20 条各号の要件認定において，いわゆる判断過程の過誤の統制が働く，とする。

比較衡量論は，もともと憲法の解釈論として人権と公共の福祉が対立する問題を調整する方法である。しかし，比較衡量論それ自体には問題が指摘されていたため，小澤道一は，比例原則，各種の計画との整合性，個別法による施設基準，代替案の検討などを総合的に判断する考え方を提示した[29]。

また，事業認定取消し訴訟における周辺住民の原告適格について，近年の裁判例は一貫して否定している。裁判例は，土地収用法 20 条 3 号の趣旨が，付近住民に対して環境利益を個別的・具体的に保障する趣旨を含むものではないと解するという。これに対して，秋山義昭は，「土地収用法は，元来，「公共の利益の増進と私有財産との調整」を図ることにその目的があり，上述の社会的価値を考慮すべき点について規定はやはり抽象的であって，起業地周辺の住民の利益を個別的・具体的に保障しているものと解することが困難であろう」と述べている[30]。

行政事件訴訟法 31 条は，処分または裁決が違法ではあるが，これを取り消すことにより「公の利益に著しい障害を生ずる」場合において，「公共の福祉に適合しない」と認めるときは，請求を棄却することができると定める。いわゆる「事情判決」である事業認定に異議の裁判の長期化問題は 2001 年の土地収用法改正の理由の一つでもあるが，これについては，「公共性が乏しいとして事業認定の取消しを訴えた裁判が続行中であると同時に……事業が着々と進められている」という事実を否定できない。それは「裁判技術の問題」であるという意見もある[31]。執行停止申立事件においては，却下事例が大部分であるという。秋山義昭は，事業認定「それ自体が公共性の高い事業の実施のために行われるものであるから」，行政訴訟法 25 条によって「何かよほど大きな「回復困難な損害を避けるため緊急の必要」がなければ，執行停止が認められることが難しい」と述べる[32]。

事業認定における裁判統制について，亘理格は，「日本の判例の現状を前提とする限り，様々な問題とレベルにおいて制約されている」と指摘した[33]。具

体的にいうと，①処分性及び原告適格の厳格な制約の下で，「公益性」に関する判断の可能性自体が，多くの場合は排除されている。②個別処分等の後続行為に対する取消訴訟の局面において先行の事業計画が生じた違法性を主張することができるか，しばしばその可能性が否定されている。③土地収用の事業認定のような「公益性」に関する判断が可能とされる事案に関しても，行政庁の自由な裁量の余地が相当広く認められ，司法審査の射程が裁量権の踰越・逸脱・濫用の審査程度に限定されている。その他，収用手続よりも任意買収により用地を取得しようとする際立った嗜好が行政実務に定着しており，事業認定の適法性が裁判所において争われ，「公益性」の判定に関する確固とした準則ないし基準が判例により形成されるための前提条件が欠けている。

これに対して，宮田三郎は，「日光太郎杉事件控訴裁判決は，同じく行政庁に裁量を認めて実体的判断を自己抑制し，裁量統制については裁量判断の方法ないし過程の過誤があったかどうかだけを審査して，実体的統制の不足を手続の統制によって埋め合わせる」と述べる[34]。静岡空港控訴裁判決も，その場合である。

(2) 違法性の承継に関して

2001年の土地収用法の改正により，同法63条3項において，収用委員会は事業認定の適否を審査する権限がないと明記された。このような改正は，改正前に，収用裁決の段階で事業認定の違法を争う事案が多く，収用委員会での審理の遅延を招き，収用委員会の負担が過重となったことなどが背景にあると思われる[35]。

「違法性承継」の視角から見ると，事業認定における違法性が土地収用法上の裁決手続の段階で遮断されるか否かについては，戦前は遮断を否定する見解が主流であった。美濃部達吉は，「事業の認定が違法であり，法律上収用の許されない事業のために事業の認定が与えられた場合には，それに基づいた裁決も当然違法であり，当事者は事業の認定の違法なことを以って裁決を求める理由と為し得なければならぬ」と述べ，収用裁決の段階で事業認定の違法性の承

継を認めるということである[36]。実際に，事業認定の違法が収用裁決に承継されることを認める裁判例も多かったという[37]。

　近年，2001 年の土地収用法の改正と 2004 年の行政事件訴訟法の改正の事情を踏まえて，違法性の承継を認めない学説が多くなっている。例えば，池田公隆は，「現行法上，収用裁決手続において，土地所有者等が事業認定に対する不服に関する事項を主張することを制限する明文の規定が存在しないため，収用委員会の審理等において土地所有者及び関係人が事業認定に不服に関する事項を主張することが多い」，「これにより，本来収用委員会が審理する必要のない事項のために審理が著しく遅延することになり，結果的に事業に遅れが生じ，公共の福祉に反する結果となっている」と述べる。池田の論点は，土地収用法に定める収用手続の役割分担を強調する視点に立つものである。それを前提として，池田は，事業の早期実現は「結果として公共の福祉の実現に資することとなる」，「この措置は，収用委員会の審理において元々意味のない主張を行わせないというだけのこと」を理由として，「被収用者の権利を何ら縮減することとはならない」という意見を述べた[38]。

　南博方によれば，「先行行為に対する訴訟手段が認められているのに，それを提起しないで後行行為の違法を争うことができるとすれば，争訟期間を定めた意味がなくなる。不可抗力が与えられることによる行政の利益と不可抗力を甘受させることによる原告の不利益とを比較考量して，違法性の承継の許否を決すべき」であるとする[39]。福井秀夫は，「事業認定の早期法的安定」及び「事業認定後に形成される法律関係及び事実関係の安定性」を考慮すべきだと強調し，被収用者の権利救済と社会的便益の観点から違法性の遮断を主張する[40]。

　著者は肯定説に賛成するが，「早期法的安定」と「出訴期間」を強調して違法性の承継を否定する見解については，裁判の長期化による公共事業の遅延や，事業反対運動による社会安定への影響などを考慮した上で，収用事業の円滑化と迅速化に有益であろう。しかし，今回の土地収用法改正による 63 条 3 項の「主張の制限」は，収用段階で収用委員会の審理において事業認定の違法性を主張できないという制限のみとされる。収用裁決に対する不服の取消訴訟を提起す

る場合における，事業認定の違法性を理由とする請求は，その限りではない。

(3) 小　括

事業認定について異議を主張するとき，とりわけ国土整備・開発行政で「公益性」が直接的に問題となる場合に，取消訴訟の訴訟要件に関して極めて制限的な運用が判例上確立しており，その結果，事業計画の「公益性」に異議を唱えることを通してその取消しを求める訴えについては，その本案判断の可能性自体が多くの場合閉ざされていると指摘されている[41]。従って，「公益性」が本格的に論じられた事例は，極めて僅かな数に限られている。

第4節　事業認定制度の再検討

(1) いわゆる「手続の迅速化」について

現行の土地収用法が制定されてから，日本における収用の増加と公共事業の増加は明らかである。高度成長期に入って以降，地価の高騰と用地取得の困難などの事情があり，収用の件数が急増していたといわれる。2001 年の土地収用法の改正は，「手続の迅速化」という要請の下で行われたという認識をしなければならない。

高度成長期以降，緊急に整備の必要がある公共施設の整備について，事業認定に時間がかかるため順調に行われない弊害が出てきたことから，事業の円滑な遂行を図るために，「公共用地の取得に関する特別措置法」（1961 年）が公布された。この法律では，緊急裁決制度を設けたとともに，事業が公共の利害に特に重大な関係があり，かつ，緊急に施行する必要があることを特定公共事業として認定する要件に設定しており（7 条 4 項），当然これは「公益上の必要がある」（土地収用法 20 条 4 項）ものとみなされる。

これらの状況に対し，「シビアな形でひずみが出た土地収用法の改正のみに

とどめる」,「住民参加や環境影響評価が万全でないまま,建設地の不足解消だけが優先される」,「公共事業の概念が拡大したという理解で無造作に対象事業に含める方向で進めれば,政治不信は高まるだけである」という批判があった[42]。このような状況の下,現行の事業認定制度について,手続の迅速化を趣旨として改正を進めるのが妥当か否かが問題となる。

「妥当説」の理由として,まず,現在,世界各国では収用事業が大幅に展開されており,事業の迅速化への要請は,これらの諸国に共通する課題であることが挙げられる。認定手続の煩雑化により,都市計画などの事業計画が中断し,または著しく遅延することは十分に生じ得る。また,日本の厳しい財政事情を背景として,公共事業のより一層の効率化・迅速化の要請が強まっている。これに対し,「不当説」の理由として,事業認定を争うことによる「裁判の長期化」に対して,「公共性が乏しいとして事業認定の取消しを訴えた裁判が続行中であると同時に……事業が着々と進められている」,「裁判技術の問題」であるという意見がある。「事業の公共性に対する疑問を広く議論し,第三者によって客観的に審査する場を作る前に,土地収用法自体の改正を先行させるのは本末転倒」という反対運動を展開する人々の声もあるという。この見解からは,法改正に対し,「シビアな形でひずみが出た土地収用法の改正のみにとどめる」という批判がある[43]。

事業反対運動に参加する民衆の真意について,既に平松弘光が指摘したように,その原因は,ほとんどが補償額に対する不満と,公益性について議論する場が与えられていないという二点である[44]。これに対して,藤田宙靖は,「今回の改正で行われたのは,あくまでも……公益性の認定のあり方はどうあるべきか,という問題についてのぎりぎりの解決であったに過ぎない。しかし,問題は本来……一定の公共事業を計画し実施するに当たって,地域の住民の利益等の関係諸利益との間の調整をどう行うか,という問題」と指摘した[45]。近年,事業計画の透明性と充分な市民参加への要請はより一層強まっている。

(2) 収用制度における事業認定の位置付け

第 3 章　日本の土地収用における事業認定の制度と学説　　103

　前述したように，世界では，政府の収用権について主に「保留権利説（Reserved rights）」と「内在権力説（Inherent powers）」との二つの理論がある。保留権利説によれば，個人が財産を占有する前に，国家がすべての財産の絶対的所有権を持つ。国民が財産を占有・使用するには国家の授権を得なければならない。しかも，その授権にある条件として，国家が公共目的のためにいつでもその財産を回収することができる。その意味で，政府の権利に対して，私人が持つのは所有権ではなく，ただ占有権と使用権にすぎない。これに対し，内在権力説によれば，政府からの授権を得なくても国民がすべての財産権を持てるという。この学説によれば，政府は財産を収用できる権力を持つが，憲法上それを制限する条件を加えられている。もっとも，この二学説では財産権の所有者がそれぞれ違うが，政府に絶対的な収用権力を付与する点において共通である。John Locke の学説の影響で，アメリカの憲法制定者は保留権利説を受け入れなかった[46]。日本は戦後，その影響を受けて実際に内在権力説を立法・学説上受け入れてきた[47]。

　では，現行の事業認定の制度を土地収用の全体的構造においていかに位置付けるのか。これについて，渡辺宗太郎は，「事業認定の意義は，先に当該起業が法の列挙する起業にあたるか否かを決定し，続いて当該起業の遂行のために他人の土地所有権を侵害するに足る現在における公益上の緊急性の有無を決定することに存する。従ってこの場合はいわゆる自由裁量の範囲は第二の点に限界せられ，事業認定の主なる作用はこの点に集注せられる」と述べる[48]。

　日本は，土地の私的所有を認めているので，「私有財産不可侵」の観点から，私人から国家や地方政府や土地開発業者などによる土地の強制取得を厳格に制限している。一般的に，民法の法理により「売買契約」を通じて土地所有者から所有権を取得するのが基本である。契約締結の斡旋を通じてどうしても合意を達成できない場合にだけ，強制収用による土地取得の段階に入ることが可能とされる。すなわち，強制的な土地収用は土地を取得するために，だれでも簡単に発動されるものではなく，土地所有者と起業者との間で契約の合意が達成できない場合にやむをえず法によって採用される手段にすぎない[49]。それゆえ，

収用手続が実際に利用されるのは，日本の行政実務では極めて希な現象といわれる[50]。

　急速な発展によって，旧来の事業認定制度が新たな社会・経済状況に不適応となる事例が度々発生し，事業認定手続の廃止を主張する声までも上がるようになった[51]。2000 年 11 月 30 日に，国土交通省建設経済局の主催した「土地収用制度調査研究会」では，事業認定の改正方向について激しく論議された[52]。

　任意買収については，「土地所有者との間に合意が成立するならば，土地収用法による収用に伴う一切の煩雑な手続を必要とせず，公共事業に必要な土地の取得が行われ得ることになるし，そもそも国民の自由と財産を基本的人権として保障する近代法治国家においては，国家公権力の一方的な行使は必要最小限度に抑えられるべきことが原則である」と藤田宙靖は評価する。しかし同時に，藤田は，現行の土地収用法は，任意買収を収用手続の一部と見なさないから，それについての明文がないため，どのような要件の下で，どのような基準に従って任意買収と土地収用を選択し利用して行くべきなのかについては，何らの法的規律も存在しないと指摘している[53]。いかに事業認定を位置づけるかについて，それを任意買収，事業計画，そしてその後の収用裁決を含める収用法制の全体像において再検討しなければならないと考える。それは，今後の事業認定制度の発展方向に緊密に関係する問題である。

(3)　事業認定の方向

　事業認定制度の今後の発展方向について，概ね次の四つの学説に分けられる。

1.　情報公開と住民参加説

　近年，市民運動の高まりとともに，行政計画の透明性と十分な市民参加の要請が強まっている。秋山義昭は，土地収用法は「公聴会の開催」，「公衆縦覧」，「意見書の提出」などの内容を規定することから，「事業認定の裁量統制と侵害発生の予防的機能を期待したものと解せられる余地がある」と強調している[54]。南博方は，「土地収用の抱える様々な問題は，……公共事業一般の計画策定段

第3章　日本の土地収用における事業認定の制度と学説　105

階での情報公開や住民参加を中核とする手続きの整備に帰する」と主張し，迅速かつ適正な「計画策定手続の整備」と各関係官庁の「政策統合」の必要性を強調する[55]。

　2001年の土地収用法の改正は，この発展方向を明らかに示している。しかし，前述したように，「行政庁による収用」という原則の下で，認定機関と裁判統制などの実質的内容に触れず，いわゆる情報公開と住民参加を図ることのみを趣旨とする改革の効果は，おそらく限られているであろう。

2.　司法的行為化説

　平松弘光は，事業認定手続の司法的行為化への転換を事業認定制度の改革方向として挙げた。その理由として，事業認定の司法的行為化が法定され，認定機関が組織として一般行政機関から独立するならば，公正な第三者機関として機能を発揮できるということである[56]。また，足立忠夫は，事業認定制度について，明確に事業認定の司法的行為化を試みるか，あるいは公共事業の推進を第一義として事業認定を廃止するかのいずれかという重大な選択の岐路に立っていると指摘した[57]。

　前述のように，事業認定の司法行為化の主張は，そもそも戦後のGHQの土地利用構想の趣旨と一致するものである。しかし，その発想は当時の建設省の強い反対を招き，結局破棄されたといわれる。事業認定制度の沿革に鑑み，従来の行政主導の体質と，事業認定の司法行為化が順調に融合していくのかは疑問である。

3.　司法審査強化説

　亘理格は，収用事業の「公益性」に関わる行政訴訟の潤滑化を目指して，それについての審査はより厳格・慎重に行うべきであると主張する。亘理によれば，国土利用事業の「公益性」に関する司法審査の比較法的検討は，「主にドイツ連邦共和国の計画裁量論に関する研究を中心に」行われてきたという。亘理論文には，ドイツの新たな判例理論として「費用便益理論」が解説されてお

り，また，「より厳格な裁判的統制の行使を承認する」方向への判例の転換が明らかにされた[58]。また，見上崇洋は，「事業認定手続においてどう影響があるかの説明責任を，法改正までして盛り込んだのであり，事業の影響につき，専門行政庁のみが判断でき，裁判所ができないという性格のものではない」，「法治主義の一要素である法律の優先原則……行政活動は法に違反しえない……に基づき，行政活動の法規適合性を判断することは，裁判所の当然の権限であり義務である」と指摘した[59]。

　そのほか，宮田三郎は，日本では，「権利保護の肥満といわれるような，裁判所によるコントロール密度の緩和を要請しなくてはならない情況は存在しない」と指摘して，行政裁量における司法審査を強化する説を支持する[60]。

4. 国土計画主導説

　藤田宙靖は，今後必要なのは公共事業の立案・実施計画手続の整備であり，すなわち総合的な国土計画手続と土地利用計画手続であるはずとして，この意味において，2001年の土地収用法の改正は，こういった手続の整備が進むまでの暫定的な措置としての意味しか持たない面があると指摘した[61]。

　もちろん，以上のような学説の観点は，必ずしも並存しえないわけではない。例えば，情報公開と住民参加説の主張は，そもそも近年の行政計画制定手続の方向とも合致し，ほとんど受け入れられた。

　司法的行為化への主張は，今後の事業認定制度の改革にとって有益な発想を提示しているが，政治的構造の面及び市民社会の基盤からみれば，大きな制度改革が必要であろうし，現在の日本の実情との適合性を欠いているので難しいであろう。最近の動向として，行政計画の公正さ・透明化を図ることを目的とする市民参加の内容は立法・学説上ともに確固としたものとなっている。また，学説上，司法審査強化説は有力となっている傾向がある。しかし，実際の司法統制が各方面で制限されている限り，いかに現状を突破していくのかは課題となり，今後の裁判に注目していきたい。要するに，事業認定の制度は，行政改革の方向と土地利用計画全体の中で位置付け，政治的構造及び市民社会の基盤

など情勢の変化に基づいて考量しなければならない。

第5節　結　び

1967年の土地収用法の改正によって，土地細目公告制度が廃止され，事業認定によって起業地の範囲が確定されることになった。その後現在まで，この日本にしかない「独特」な「事業認定制度」に対する異論は少なくない状況にある。本章では，日本の土地収用における事業認定の制度と関係の学説を踏まえて，収用法制全体における事業認定制度の位置付けを再検討した。

収用事業の違法性を認める，あるいは事業認定の取消しを認める裁判例の数は決して多くはないものの，日光太郎杉事件や首都圏中央道事件などをめぐる判決において土地収用法20条に定める要件は示され，私的権利への行政救済は基本的には裁判例の面でも保障されていると評価できると考える。

一方，公益性に基づく事業認定の適否，裁判の長期化問題，意見聴取と公聴会制度の形骸化が指摘される。起業者が国土交通大臣である場合，行政庁が事業の申請者と認定者である（起業者＝認定の申請者＝認定庁）から，その中立性が問われている。事業認定の処分についての行政庁の裁量は一層強化され，「専断的」，「官僚的」といわれるような行政処分が存在することは否定できない。現実には，公益認定についての取消訴訟における原告適格の制限などの下で，収用事業の違法性を認める，または事業認定の取消しを認める裁判例は非常に少ない。行政庁による事業認定に対する司法審査について，自由裁量事項とする規定は多く，司法機関による判断を行うのは困難である。見上崇洋の指摘のように，公共事業の公共性については，訴訟以外の場合では，公共事業について各種の評価がなされており，推進状況や現地の事情などによって見直しが必要とされるそれぞれの制度が，行政の主導で動いているのである[62]。このような現状も，日本の公益認定の特徴の一つであると考える。

結論として，①「行政による収用」原則は古くから定立しており，事業認定

の沿革を踏まえて日本の実情を勘案すれば，一定の合理性が認められる。事業認定は要件裁量に当たるという認識は，立法の原意に適合し，司法統制の現実を反映するものである。②「専断的」，「官僚的」行政処分などの問題が存在することについては，むしろ公共事業の迅速化と潤滑化を趣旨とする 2001 年の土地収用法の改正によって，事業認定の処分についての行政庁の裁量はより一層強化されている。また，実際の裁判では，原告適格の制限などの下で，事業認定における裁判所の司法統制が曖昧化している。③最近の動向として，行政計画の公正さ・透明化を図ることを目的とする市民参加の内容は立法・学説上に確固としたものとなっているが，事業認定の制度は，行政改革の方向と土地利用計画全体の中で位置付け，政治的構造及び市民社会の基盤などの情勢の変化に基づいて考量しなければならない。一方，バブル崩壊以後，経済の停滞と財政の困難という背景の下，公共事業の遅延などが度々発生する。それらの状況をめぐって，いかに市民の権利と公共の福祉とのバランスをはかるかという問題は，都市計画と土地収用法制全体の改革のなかで決定されるといえよう。

　土地収用における公共利益と各私益との調和は各国の難題でもある。土地収用における公益の認定は収用法制の改善と社会的安定とに緊密につながり，社会・経済の発展によって生じる新たな社会情勢に対応しなければならず，更なる法整備と一連の実務問題は各国が共通に直面している課題であろう。今後は，土地収用手続の再整備を念頭にして損失補償と権利救済を中心として比較研究に取り組むこととする。

　他方，中国は日本と同じように，「行政による収用」原則の下，アメリカのように立法機関に収用権を委任することは難しい。また，現行の収用手続が不備である以上，手続上の確保を頼って収用権を制限することも困難であろう。そのため，公益認定の「列挙主義」を採用し，公益条項を明確に条文化し，具体化することは，現時点で唯一可能な解決策であろう。本章では，日本の学説と法改正を踏まえ，現在の収用制度全体において，いかに事業認定を位置付けるかを検討し，その発展動向を解明した。適格事業の条項につき「列挙主義」を採用した上，多様な司法審査手法により収用事業の公共性を審査する日本の

事業認定制度の経験は，中国の参考に資すると考える。

　前述したように，中国は公有・私有といった旧来の偏見を捨て，他国の有益な経験を参考にしながら，公益認定の制度を修正することは，土地収用制度の改革への第一歩として踏み出さなければならない。すなわち，公益認定制度の条文化，そして公益認定手続の合理化・透明化である。具体的にいえば，訴訟の段階で，収用決定の処分性を確定し，司法審査を加えることが必要である。土地計画と収用決定の段階で，いかに十分な情報公開と市民参加を確保するかは日中共通の課題であるが，中国においては，公益認定制度の創設と「行政手続法」の制定を通じて，前記の対応・措置を強化し，行政収用権を規制することは現在の中国の緊急な課題となっている。

1　これについて，南博方は，「事業認定機関と収用裁決機関とを別個にし，権限の分配を図っていることは，外国でも多くの国で採られているところであり，わが国でも，そのような考えに立脚して法制化されている」と述べる（南博方「私権と公用収用―公正・透明な収用手続の視点から」自治研究81巻4号（2005年）48頁）。
2　小澤道一『逐条解説土地収用法』（ぎょうせい，第3版，2012年）上巻332頁参照。
3　稲本洋之助，小柳春一郎，周藤利一『日本の土地法―歴史と現状』（成文堂，初版，2004年）57頁以下参照。
4　高田賢造『公用収用制度論―比較法的研究』（日本不動産研究所，第1版，1963年）8頁以下参照。
5　小澤道一・前掲注(2)13頁以下。
6　村上武則「行政改革の中における土地収用法改正と収用委員会」阪大法学52巻（2002年）567頁。
7　亘理格「公益と行政裁量―行政訴訟の日仏比較」（弘文堂，初版，2002年）61頁参照。
8　亘理格・前掲注(7)59頁以下参照。
9　角松生史「土地収用手続における『公益』の概念―1874年プロイセン土地収用法を素材として」社会科学研究48巻3号（1997年）201頁。
10　例えば，戦前，①1889年土地収用法は「国防そのほか兵事に要する土地」を収用対象事業とした（2条）が，現行土地収用法は日本国憲法の要請の下でその条項を廃止した。②1900年土地収用法の改正（1927年）では収用対象事業を追加した。戦後，①土地収用法の改正（1964年）によって，海底事業または埋立て事業の用に供する場合に漁業権などが収用・使用可能の対象となった。②自然環境保全法（1972年）による自然環境保全事業が収用適格事業として追加された。③2001年改正では，廃棄物の再生・処分施設が収

110

用適格事業として追加された。④独立行政法人水資源機構法（2002 年）による水資源開発施設などが収用適格事業として追加されたなど。

11 高田賢三，国宗正義『土地収用法』（日本評論新社，第 1 版，1963 年）78 頁以下。

12 アメリカの「議会による収用」原則の確立の経緯について，中村孝一郎『アメリカにおける公用収用と財産権』（遊文社，初版，2009 年）8 〜 14 頁が詳しい。また，収用手続についてのアメリカと日本との比較研究では，高田賢造『公用収用制度論—比較法的研究』（日本不動産研究所，第 1 版，1963 年）77 頁以下が詳しい。

13 南博方・前掲注(1)39 頁以下参照。

14 南博方は，既にこの問題点を指摘している。南博方は，「当事者である国土交通大臣が事業認定を行うことは，その掌に携わる人はいかに公正中立の立場で行なっているつもりでも，国民の目からみれば，公正性・信頼性に対する疑惑を払拭し切れないものがある」と述べる（南博方・前掲注(1)44 頁）。

15 いわゆる行政行為の「公定力」，「取消訴訟の排他的管轄」である。大場民男『土地収用と換地』（一粒社，第 2 版，1993 年）108 頁参照。

16 見上崇洋『行政計画の法的統制』（信山社，第 1 版，1996 年）91 頁以下参照。

17 見上崇洋・前掲注(16)94 頁参照。

18 小澤道一・前掲注(2)273 頁以下参照。

19 宮田三郎『行政裁量とその統制密度』（信山社，第 1 版，1994 年）5 頁参照。

20 宮田三郎・前掲注(19)12 頁以下。

21 小澤道一・前掲注(2)335 頁。

22 「土地収用法第 3 章事業の認定の規定運用に関する件」1951 年（昭和 26 年）12 月 15 日付け建設省管発「第 1220 号建設省管理局長通牒」参照。

23 宮田三郎・前掲注(19)26 頁参照。

24 見上崇洋「土地収用における公益性判断の裁量統制」政策科学 13 - 3（2006 年）166 頁参照。

25 大場民男『土地収用と換地』（一粒社，第 2 版，1993 年）105 頁参照。

26 小澤道一・前掲注(2)358 頁以下参照。

27 見上崇洋・前掲注(16)91 頁。

28 見上崇洋・前掲注(24)178 頁。

29 小澤道一・前掲注(2)347 頁以下参照。

30 秋山義昭「土地収用法における訴訟上の問題点」商学研究（1991 年）126 頁参照。

31 政野淳子「世論から遠い土地収用法改正を考える」法学セミナー 549 号（2000 年）71 頁。

32 秋山義昭・前掲注(30)131 頁以下参照。

33 亘理格・前掲注(7)58 頁以下。

34 宮田三郎・前掲注(19)44 頁。

35 南博方・前掲注(1)48 頁参照。

36 美濃部達吉『日本行政法（下巻）』（有斐閣，1940 年）948 頁以下。

37 この点に関して，南博方は，「戦前において，内務大臣の事業認定に対しては行政訴訟が許されなかったので，当事者の権利救済の必要から」と述べる。南博方・前掲注(1)48 頁。

38 池田公隆「二一世紀型公共事業の実現に寄与する土地収用制度の確立に向けて」時の法

第 3 章 日本の土地収用における事業認定の制度と学説 111

令 1658 号 26 頁以下。

39 南博方・前掲注(1)49 頁。

40 福井秀夫「行政事件訴訟法三七条の四による差止めの訴えの要件―土地収用法による事業認定を素材として」自治研究 85 巻 10 号 52 頁以下参照。

41 亘理格・前掲注(7)54 頁。

42 政野淳子・前掲注(31)71 頁。

43 政野淳子・前掲注(31)69 頁以下。

44 平松弘光「土地収用事業における公共性の認定」早稲田法学 64 巻 4 号 (1989 年) 232 頁参照。

45 藤田宙靖・日本不動産鑑定協会第 19 回不動産鑑定シンポジュウムにおける特別講演(2001年 9 月 28 日)。

46 John Locke, Two Treatises of Government, Peter Laalett (ed.), Cambridge University Press (1967), p.378-380。彼の学説によると，人間の労働に価値を加える上で，財産権が生じる。彼は「財産権は国家と法律に依存するものではない。財産権は国家と法律の生まれる前に既に存在していた」と主張する。

47 渡辺宗太郎は，「起業者が土地収用請求権を取得しうるためには，自己の起業が土地収用法の要求する一定の公共性を具備することを，国家によって認められることを必要とする」と述べる。渡辺宗太郎『土地収用法論』(弘文堂書房，第 3 版，1935 年) 45 頁。

48 渡辺宗太郎・前掲注(47)47 頁以下。

49 任意買収については，「収用手続の一部ではないので，土地収用法には何らの定めもないが，公共事業用地の取得において重要な役割をはたしており，そのために同法もその存在を当然の前提としていると考えられる。」(小高剛『損失補償研究』(成文堂，初版，2000 年) 39 頁参照)

50 亘理格・前掲注(7)56 頁。

51 「事業認定手続の全面的な司法的行為化を断念して，サービスの給付，すなわち，いわゆる公共事業の遂行を重視し，事業認定手続の廃止を主眼とする土地収用制度の根本的修正への道，換言すれば，さきに述べた後者の方向に我々は向かうべきであろうか。」(足立忠夫『土地収用制度の問題点―行政学から法律学へ』(日本評論社，第 1 版，1995 年) 70 頁)。また，足立は「この方向を代弁すると思われる，行政の第一線の実務家の多くは，これを主張する」と指摘した (前掲同 64 頁)。

52 2000 年 11 月 30 日建設省建設経済局第 5 回土地収用制度調査研究会の議事要旨
http://www.mlit.go.jp/pubcom/01/pubcom03/ex5.html (国土交通省ホームページ，2015年 1 月 31 日現在) 参照。

53 藤田宙靖『西ドイツの土地法と日本の土地法』(創文社，第 1 版，1988 年) 212 頁以下。

54 秋山義昭・前掲注(30)125 頁以下参照。

55 南博方・前掲注(1)50 頁参照。

56 平松弘光・前掲注(44)249 頁参照。

57 足立忠夫・前掲注(51)66 頁以下参照。

58 「この理論 (「費用便益理論」) によれば，個々の開発事業によって実現されるべき公益と，

それによって私的または公的な諸利益に対して生じた侵害，つまり「私的所有権に対する侵害，財政上の費用，そして場合によって社会的な諸々の支障」あるいは「公益的な支障」とを比較衡量し，前者に照らして後者が過剰なものである限り，当該開発事業に対する公益性認定は違法と判定されるのである。」（亘理格・前掲注(7)61頁）。

59　見上崇洋・前掲注(24)178頁。
60　宮田三郎・前掲注(19)29頁。
61　藤田宙靖・前掲注(45)。
62　見上崇洋・前掲注(24)166頁。

第4章　土地収用手続の日中法制度の比較考察

〈目　次〉
第1節　日中比較研究の動向
　(1)　収用制度の背景である中国土地制度の変革
　(2)　比較研究の動向
　　1.　小高　剛
　　2.　平松弘光
　　3.　江　利紅
　　4.　日中法学交流の動向
第2節　比較研究の注意点と関連概念の整理
　(1)　土地制度の相違と個々の特徴
　(2)　概念の再整理
　　1.　土地・家屋・不動産
　　2.　収用・権利使用・土地使用権
　　3.　収用・回収と徴収・徴用
　4.　土地徴収と立ち退き・家屋徴収・使用権回収
第3節　日本の土地収用手続
　(1)　土地収用手続に関する法の変遷―土地収用法を中心として
　(2)　土地収用法による収用手続
　　1.　事業認定手続
　　2.　収用裁決手続
第4節　中国の土地収用手続
　(1)　土地制度の概要
　　1.　都市部の家屋収用手続
　　2.　農村部の土地収用手続
　(2)　土地収用の実際例―山東省を例として
第5節　結　び

第1節　日中比較研究の動向

(1)　収用制度の背景である中国土地制度の変革

　中国は改革開放により，徐々に計画経済体制から自由市場経済に転換する道を踏み出した。その過程で，社会主義経済下で形成された一部の法制度は新たなニーズに応えられず，次第に経済発展を拘束するものとして捉えられるよう

になったことから，一連の制度改革（上層建築）が急速に進展した。そのなかで特に脚光を浴びたのが土地制度の変革である。

　建国以来，「全民所有」，「土地公有」という大原則は社会主義中国の前提となっている。また，都市部の土地は国家所有，農村部の土地は集団所有といった土地公有制度が採用されている。すなわち，土地は国家所有（または集団所有）の財産であり，土地の売買は禁止されている。

　しかしながら，近年，旧来の制度が継続する中で，経済・社会上の変化は大きな変遷を遂げた。1990年代に入って以来，急速な都市化につれて，不動産業もこれに比例するスピードで発展した。きっかけは，土地使用権譲渡制の創設と不動産取引に対する法的規制の緩和である。

　1988年憲法改正により，中国は初めて土地の使用権の譲渡を認めた。同年，土地基本法である「土地管理法」は，それに応じて国家所有の土地と集団所有の土地の使用権を譲渡できることを規定した（1988年「土地管理法」改正）。1990年に国務院が公布した「都市国有土地使用権譲与と譲渡暫定執行条例」は，都市部における土地使用権の取得について政府条例との方式で使用権の期限など具体的な執行方法を定め，現在まで有効な政令である。1995年に実施された「都市不動産管理法」は，都市部における土地使用権の取得方式（有償で譲与の「出譲」と無償で割当の「画撥」との二種類に分けられる）を初めて成文法の形式で規定した。不動産管理法は，「国家は土地使用権と家屋所有権登記制度を実施する」（60条）と定め，都市部において使用権登記と家屋所有権登記の二種類の区別登記を行う不動産登記制度を正式に確立させた。

　憲法10条4項は，いかなる組織または個人も土地を不法占拠，売買，またはそのほかの形式で不法譲渡してはならないと規定し，土地の取引を禁止するが，以上のように，1988年憲法改正などの一連の法整備によって，土地の所有権と使用権を分離するという土地権利の規範制度が正式に創設された。この使用権と絶対的所有権は同一視できない性格をそれぞれ有しているが，これをきっかけに土地は実質的に市場で流通可能な財となり，「土地使用権の私的所有」，すなわち使用権の方式で実質的に土地を所有することが可能となった。

農村部における土地使用権の譲渡は別問題として後述したいが，「都市不動産管理法」,「都市国有土地使用権譲与と譲渡暫定執行条例」などに基づいて，土地使用権の譲渡と土地上の家屋には市場価格が加えられ，不動産取引市場もそれをきっかけに形成されてきた。

(2)　比較研究の動向

　日中両国には，土地・財産制度を課題とする相互研究が数多くあるが，比較法学の観点からの研究は質量ともに充分な水準には達していない。さらに細かく述べると，所有制度を基盤とする土地収用制度の比較研究は，実体法の面でも手続法の面でも僅かな成果しかあげることができていない。

　筆者はかつて中国でのある報告会で日本の土地収用制度を紹介しようとした際に,「あれはさすがに資本主義国家の制度だから。私有制国家なら「(私宅には)風が入ってもよく，雨が入ってもよく，国王は入ってはならない」[1] という諺の意味を充分に理解できるが，中国とは制度の基盤も論理も全然違うのだ。法の適用も通用できない」，というような漠然とした態度を示す法学教授がいた。これは単に個人的な体験にすぎないが，土地収用法の分野における比較法学からのアプローチに対する無関心さの縮図ではないであろうか。

　根本的な所有制の相違はいうまでもないが，その他の理由としては，中国の収用制度は二元的土地所有制によって生じたものであり，制度の創設当初からの複雑な性格にも起因している。そして，収用制度が確立されてから僅か20年余りの年月しか経過しておらず，この過程で法律・法規，そして司法解釈は何回も改廃された。損失補償制度も未だ正式には成立していない状態である。中国の土地収用法制は，このように法整備・実務の両面に渡って不安定な状態にある。

　しかしながら，近年の中国法学界において，それらの課題を中心とする研究は進んでいる。その背景には，先進国の経験を吸収して自国の制度の改善に資するために，欧米・日韓・台湾など諸国（地域）の収用法制の研究に暫時注目が集まっていることがある。とはいえ，全面的かつ詳細な比較法に基づく作業

が多いとはいえないであろう。一方，学説間の激しい異論をよそに，学界の論調は，国家政策にはどの程度の影響力を持っているのか，というよりも，まさに一部は乖離していく状況にあると考える。収用法制の変革は国家の根本である土地制度，行政制度，中央と地方のあり方などと緊密に絡んでいることから，国家の指導層は今後の長い時期にも，政策を実行するに当たって非常に慎重な態度をとるであろう。

近年における収用・補償制度に関わる日中比較研究の動向をまとめると次のようになる。

1. 小高　剛

小高は，アジア太平洋圏の国の基本的な土地収用及び土地利用規制の体系について共通性と相違性を明らかにするのを目的とし，それらを要約した[2]。その中で，中国の損失補償制度に焦点を当てて，補償対象・内容・標準などが論じられている（戦憲斌）。しかし，中国は，急速な市場経済の発展につれて，近年の土地収用に関する立法作業も速やかに進んでおり，改廃される関係法文は多岐に渡っている。そのため，小高の同書における論述は，最新の動向を反映したものとは言えない。また，農村部の土地収用による損失補償に焦点を当てており，損失補償の枠外にある収用決定の手続，及び都市部の家屋収用については触れていない。

2. 平松弘光

平松は，中国の土地収用制度の基盤である土地制度の沿革とその関係の立法を踏まえ，土地収用制度の確立への経過をまとめた。その中で，都市部の土地の「使用権の財産化」との概念を提示しており，それは収用法制についての日中比較研究の理論にとって大きなイノベーションであると考える。そして，農村部の土地収用による損失補償法制の概要も含め，上海市における都市部の家屋の解体・移転の際の借家人に対する補償を論じた[3]。

また，二元的土地制度に立脚し，農村部において対価補償はとられていない

こと，都市部における現物補償の際に「利便性」が配慮されていないことなどを指摘した[4]。また，中国法における収用法制が，手続を統一して適正な手続と正当な補償により安定するという指針を述べた[5]。一方，日本の収用実務における非財産的損失補償に消極的な点に対して，中国の都市部では損失補償法制により，一部の地方では安置補償（日本でいう生活再建補償）によって保障が手厚い点を挙げ，日本の損失補償法制を検討するうえで参考になると述べた。

3. 江　利紅[6]

　江は，比較研究の視点から，日中収用制度の相違点を指摘した[7]。①近年，中国では各地方の政府による収用権の濫用，及び腐敗の問題が指摘されている。それらの状況を踏まえ，江は，土地収用に適応する事業を判断する際に「公共利益」の拡大解釈を指摘した。中国では，営利を目的とする土地収用も公共利益を有するとされている。②日本では，私人の土地を取得するために，土地売買と土地収用の二つの手続を利用する可能性がある。江によれば，中国では，土地収用は建設用地を取得するための唯一の手段である。すなわち，起業者が農村の集団所有の土地を取得するため，すべて土地収用という手続を利用しなければならない。江は，中国の実情に即して，土地に関する違法事件，「失地農民」問題，補償額の低下などを論述し，「適切補償」の原則から「完全補償」の原則に，「生産高」基準を「市場価格」基準に転換し，また十分な情報公開と国民の参加を確保するなどの必要性を強調している。

4. 日中法学交流の動向

　2000年代に入って以来，中国の都市化過程はますます進んでいった。それとともに，不動産業は盛んになり，不動産価格の高騰につれて不動産投資・投機を通じて財を築いた民衆が多く存在する一方で，収用額に不満を持つ民衆が各地において反対運動を起こし，強制的収用をめぐる反発・抵抗事件が多発し，多くの死傷者を出した。このような状況に対応するため，国務院，最高法院，全人代は一連の規定・司法解釈・法改正を施行した。学界においても土地収用

という論題は高い注目を集めており，収用法制については先進国の経験を重要視すべきであると主張する学者が増えている。一方，日本からの途上国への法整備支援の一環として，中国の立法作業に重要な役割を果たした日本の学者や実務家も増えている。このような背景の下，土地収用と損失補償を中心とする日中間の法学交流も以前より急速に進んだ。例えば，　①長崎大学・日本土地法学会（2005年，『転機に立つアジアの土地法』），②日中公法学シンポジウム（見上崇洋報告），③中国政法大学・名古屋大学主催の日中土地収用及物権登記研究会（2007年，北京），④2010年5月，中国の全国人民代表大会常務委員会の法制委員会が日本の土地収用の実態を調べるための調査団を派遣した[8]。

第2節　比較研究の注意点と関連概念の整理

　従来の研究は，形式的には日中両国の収用・補償法制を制度面で整理したとはいえ，数多い問題をより一層深く検討する必要があると考える。例えば，収用手続についての詳細な比較分析の作業は現時点ではまだみえない状況にある。収用適格事業にかかる法制度については表面的にしか触れられていないのが従来の研究の状況である。その中で，意見聴取・事前的情報公開などについての関連を規定しているが，当該条文の形骸化が両国ともに直面している問題である。また，収用・補償を中心とする行政救済・訴訟について，とりわけ損失補償の場合に，日本には憲法条文の直接適用にあたるか否かにかかる論争がある。中国では，訴訟救済について，行政不服申立て法と行政訴訟法に明文が欠け，そして一連の法解釈・条例・法規が改廃されたゆえ，立法の経緯・動向を整理し，訴訟提起の可能性について詳細に検討する必要がある。

　以下，先行の研究成果を踏まえて，論述を展開する。まず，比較研究の際の注意点と関連概念の区分を指摘したい。

(1) 土地制度の相違と個々の特徴

　社会主義国家である中国は，公有制をとるため，都市部の土地は国家に所有するとする通念が一般的となっている。しかしながら，農村部における土地の「集団所有」は，本来のマルクス主義理論に立てば，社会主義体制における異物である。渠涛によれば，「中国革命は，農村を根拠地として展開され，政権奪取の主な支持者は農民であった。農民が革命を支持した主な理由は，中国共産党が打ち出した農村土地問題の徹底的解決という方針を信用したからである。この点からみれば，革命の成功と農民の支持とは不可分の関係にあり，また，この関係成立の裏には一種の契約関係の存在を看て取ることができる。したがって，社会主義中国において土地の私有を認めたのは，中国共産党と農民の間で革命時代に締結された政治的契約によるものであり，また，集団所有に帰着したのは政治的に妥協した結果である。」[9]

　しかし，「集団所有」制度は，農民に所有権を付与するわけではない。農民集団の所有する土地の経営・管理は，村民小組，村民委員会，村集団経済組織または郷鎮農村集団経済組織によって行われる（土地管理法 10 条）。集団所有の土地は個人の農民が経営を請け負い，農業等の生産に従事することができる。

　中国では，土地制度の「二元制」によって，都市部と農村部の土地収用は，その対応方法が違う。したがって，手続上も実務上も公益認定の措置・手法が異なる。土地収用全体の法制は統一されておらず，複雑な構造になっている。歴史上の要因もあるが，従来，中国の法的観念では「義務履行」，「国家・集団の利益」などが常に重要視され，それに対して個人権益または私的利益を保護する観念は比較的薄いという実態は現在まで変わらず存在している。このような文化的背景は，土地収用の公益認定にも深く影響を与えていると思われる。中国の土地収用における公益認定には，「行政権主導」という特徴がある。司法権はより弱体化するとともに，強い行政権力による収用手続の透明度が日本より低い。これは，三権分立を認めない共産党による強固な集権支配を中心とする中国法制度の全体像に位置づけなければならない。「私有財産権を保護す

る」という条文が2004年憲法改正で挿入されて以来，全国的に近代国家の国民意識が強くなる一方で，同時に，各地で立ち退き事件，そして補償額についての収用紛争などが益々深刻化することによって，土地収用権を行使する政府の公信力・合法性が疑われるまでに至っている。土地収用における公共利益の取扱いは，中国では政治的な意味を有している。

(2) 概念の再整理

そもそも，日中両国の法制度は各々の国情と歴史によって形成したものであり，漢字が同じでも概念が異なる場合が少なくない。これに加えて，収用法の研究は，憲法・行政法・民法などの多数の分野にわたって，表現が同じでも各実定法の概念が異なる場合もある。比較研究の際に，予め関連の概念を整えることが必要である。ここで改めて整理してみたい。

1. 土地・家屋・不動産

「都市不動産管理法」は，「家屋」，「不動産開発」，「不動産取引」などの概念を定義付けている（2条）。同法によれば，「家屋」とは，土地の上にある家屋などの建築物及びその他構築物である。「不動産開発」とは，同法に基づいて国有土地の使用権を取得した上で，土地上にインフラ施設，家屋建設を行う行為をいう。「不動産取引」には，不動産の譲渡，不動産の担保と家屋の賃借を

含める。換言すれば，中国において一般的にいう「不動産」には，土地使用権
とその土地上にある建築物（家屋）の両方を含める。

「物権法」2条は，「本法にいう「物」とは，不動産と動産を含めること」，「本
法にいう「物権」とは，権利人が，特定物に対して直接的に支配する，また他
者を除外させる権利であり，所有権，用益物権，担保物権を含めること」をい
い，4条は，「国家，集団，私人の物権とその他権利人の物権は法律により保
護され，いかなる団体や個人は犯してはならない」と規定している。土地私有
権は，狭義での「私人が土地を所有する権利」であると主張する観点もあるが，
筆者は，中国の現状の立場から，広義での「土地を私人が所有する権利」であ
るという論点を採用する。

中国では，土地所有権の販売は厳禁されている。都市部の用地取得に関して
は，起業者が政府側に申請を行い，一定期間に限定される（住宅用地は70年，
商業用地は40年）土地使用権のみを得ることが一般的である。すなわち，不動
産市場において一般市民が金銭で取引できるのは土地使用権に限られている。
法によって個人には土地所有権が認められていないため，ある意味では，そも
そも土地に「価格」そのものがないといえるであろう。すなわち，土地の取引・
譲渡が禁じられる代わりに，土地使用権の譲渡は認められている。実際には，
不動産市場において，一般に，家屋は不動産としてその取引・譲渡は認められ
ている。

2. 収用・権利使用・土地使用権

それでは，その「土地使用権」の実態は何であろうか。中国では土地の私的
所有を認めないがゆえに，住居・工業・商業などの実際に土地を利用する権利
を「土地使用権」といい，その概念を法律用語として採用した。これに対して，
平松弘光によれば，土地使用権という用語は，「日本法では公用制限の土地使
用を権利として表現する際の用語である」，「日本の民法学で使う地上権や借地
権のような土地利用権に近い概念」である[10]。

日本の土地収用法5条は，「所有権以外の権利を消滅させ，又は制限するこ

とが必要且つ相当である場合においては……これらの権利を収用し，又は使用することができる」と定める[11]。平松弘光によれば，「土地使用は「公用制限」といい，事業主体はその土地の所有権を取得する必要までもないが，その土地の使用の期間，土地所有者等の権利行使が制限されることが必要とされる。期間が終了すれば土地が返還される。」[12]

権利収用は，平松弘光によると，「事業主体が対象地の土地所有権を有しているにもかかわらず，その土地に借地権等が付着しているために所有権行使の障碍となっている場合に，その障碍となっている借地権等の権利を剥奪・消滅させるだけの効果を有するものである。」[13]

3. 収用・回収と徴収・徴用

「土地収用」は日本の言い方で，中国では「土地徴収」，「土地徴用」という。中国の収用制度についての日本語による論文では，「収用」という表現が多く使われているが，そもそも中国語には「収用」という言葉は存在しないため，「徴収」，「徴用」，「回収」などの表現が使われる。

美濃部達吉によれば，日本では，「徴収」という語は，例えば租税の徴収などという場合のごとく，金銭または部品の給付義務を負わしめ，その義務の履行を受ける場合に用いるのが普通である[14]。

平松弘光によれば，「日本では，徴収という用語は，『税金の徴収』とか『負担金の徴収』のように主に金銭を国家権力が召し上げる際に使っていて，土地や建物のような不動産には使用していない。不動産には収用という用語を使用している。中国の清朝は，その末期に，日本の明治時代後半の一時期，日本法を介して欧米の近代市民法を取り入れようとして，日本に大量の留学生を派遣したことがある。その頃は，まだ，日本でも徴収と収用が混用されていた時代であったため，当時の中国人の留学生達が持ちかえった徴収の用語がそのまま中国法に定着したものと思われる。」[15]

中国における土地収用は，「収用」という用語がほとんど使われず，徴収・徴用に分けられている。その区別というと，土地所有権が消滅した場合は「徴

収」といい，土地所有権が変わらなくて，一時的に使用権を占有してから所有権者に帰還した場合は「徴用」という。この徴用は，日本法にいう公用制限の土地使用に類似するものと理解できるといわれる。

中国特有の土地制度でもあり，都市部の土地は国家所有，農村部の土地は集団所有，一般的にいう都市部の土地収用は「土地に対する収用」ではなく，土地の使用権及びその上の家屋の徴収・徴用である。厳密にいえば，そもそも，都市部には日本法で一般的にいう「土地に対する収用」は存在しない。

「国有土地上家屋収用及び補償条例」は，「国有土地上の家屋収用及び補償活動を規範する，公共利益を守る，被収用家屋の所有者の法的権利を保証するために，本条例を制定したのである」（1条），「公共利益の需要のため，国有土地上の団体または個人の家屋を収用するには，被収用家屋の所有者（被収用者）に公平な補償を行わなければならない」（2条）と規定している。

土地管理法58条は，「公共の利益のために土地を使用する必要があるなどの場合には，土地行政主管部門は，元の土地の使用を許可した人民政府又は許可権限を有する人民政府に報告し，その許可を受けて，国有土地の使用権を回収することができる」，また，65条は，「村の公共施設と公共事業建設のために土地を使用する必要があるなどの場合には，農村集団経済組織は，元の土地使用を許可した人民政府の許可を受けて，土地使用権を回収することができる」，「国有土地や農民集団所有土地の使用権を回収する場合には，土地使用権を有する者に対して適当な補償を支払わなければならない」と規定している。このような回収は，日本の土地収用法5条に定められた権利の収用・使用と類似し，一般的に土地収用の範疇に含まれると思われるが，実質的には土地所有者（国家）が所有権を行使することにすぎなく，日本法にいう土地収用に当たらない。むしろ，「権利収用」に相当する。

4．土地徴収と立ち退き・家屋徴収・使用権回収

農村部の土地は集団所有されるので，国家は収用活動によりその土地の所有権を剥奪・消滅することを土地収用（中国語で土地徴収という）ということに対

して異論はないであろう。しかし，都市部の土地の所有権はそもそも国家にあるため，別の話となる。前述のように，都市部の計画範囲では住宅・工業・商業などの用地を実際的に利用する権利，いわゆる「土地使用権」は，収用の際に権利としてそれに制限が加えられるという前提で，都市部において収用活動を実行する場合に，「土地収用」，「土地徴収」ということではなく，家屋の解体・移転または「立ち退き」（いわゆる中国語でいう「拆迁」）または「家屋徴収」（家屋収用）という用語を用いるのが一般的である。

　1991年及び2001年に国務院に制定された二部（新と旧）の「都市家屋立ち退き管理条例」は，20年間にわたって都市部の不動産収用を規制する主な法規であった。この期間において，都市部不動産の収用は主に「房屋拆迁」（「家屋立ち退き」）という用語を使うままであった。中国語でいう「拆迁」とは，都市計画により旧来の家屋を取り壊して移転させるということを意味し，日本語の「立ち退き」に当たる。一方，1982年に制定された土地管理法は，農村部の集団所有土地を収用することを「土地徴収」（土地収用）というままである。

　2004年憲法改正をもって私有財産の保護が明文化され，都市部の土地所有権は依然として国家にあるが，土地使用権と家屋の所有権は不動産として私有財産となった。2011年に「国有土地上房屋徴収（家屋収用）及び補償条例」が制定され，初めて「房屋徴収」（家屋収用）という法律用語が確立した。

　前述のように，不動産管理法2条によって，土地上にある家屋も土地使用権も不動産の範囲に含まれる。「土地管理法」，「都市国有土地使用権譲与と譲渡暫定執行条例」，「都市不動産管理法」に基づいて設定される土地使用権は，土地使用権設定金の支払いによって土地利用者に付与されることとなっている。一方，「土地管理法」58条によれば，政府土地行政管理部門は，原使用地を批准した政府または批准権を有する政府の批准に基づいて，国有土地の使用権を回収することができる。「国有土地上家屋収用及び補償条例」13条に基づいて，「家屋は法によって収用されると同時に，国有土地の使用権は回収されることとなる」ということで，都市部において行政収用が発生する場合に，まず，一般的に家屋，すなわち土地上にある建物は実体化している私的財産として収用

対象となるのである。また，事前に交付された土地使用権は，家屋が収用されるとともに手続により回収される。その回収によって，使用権は民法の法理により剥奪・消滅することとなる，というように理解できるであろう。

　それに対して，日本では，「土地と建物を別個独立の不動産としていること（民法86条1項）から，収用の対象は事業の用に供する土地のみで，その土地にある建物等は土地とともに事業の用に供する場合（収用法6条）を除いて，収用の対象とならず，事業の遂行に支障となる物件として扱われる。」[16]

　以上のように，日中両国の収用法制は，そもそも各々の民法法理の上に形成されるものである。それに加えて，この数十年における急速な政治・経済変革によって，中国の土地法制の比較研究をする際には，それらの概念を厳格に区分することが重要である。

第3節　日本の土地収用手続

(1)　土地収用手続に関する法の変遷——土地収用法を中心として

　大日本帝国憲法は，「公用収用についても規定（27条2項）し，その憲法上の根拠が与えられることになった」が，同規定は，日本国憲法に比べれば，「土地収用について公益適応性の要件を示しているものの，補償については言及せず，単に，法律によることを規定しているのみである」，「戦前の学説においても，大日本帝国憲法は損失補償を憲法上義務付けているわけではないというのが通説であった。それ故，明治憲法の下においては私有財産の保障もまだ不十分であった」といわれている[17]。

　1889年に明治政府は，「土地収用法」を定めて，「公用土地買上規則」を廃止した。同法は日本国で初めての土地収用法である。収用手続としては，起業者は「工事認定」の形式で内閣に求めた後，土地収用審査委員会（知事等の地方長官を委員長とする）は収用の区域，時期，補償金等の事項を決定するとさ

れた。その後，1890年に新たな土地収用法が制定され，「私法上の権利関係を明確にしたこと」，「収用法の適用の対象を「工事」から「事業」と改めたこと」などが特徴であった。

1946年日本国憲法は，国民の財産権を基本的人権として保障するとともに，社会全体の利益を考慮して財産権に対して制約を加える必要性を認めた。また，規制目的が公共の福祉に合致した上で規制手段が必要性・合理性を備えることが必要となるとされた。

それを背景に，1951年に新しい土地収用法（現行法）が成立した。事業認定に関して，新法は，①「収用対象事業について範囲を拡大しつつ明確化」し，「公益事業を法文で具体的に規定して，行政権による濫用を防いだ」，②原則として建設大臣（現国土交通大臣）または都道府県知事を事業の認定者とした，③利害関係人の意見提出権，公聴会等に関する規定を整備した。

戦後の高度成長期に，事業認定に時間がかかり，緊急を要する公共施設の整備が順調にできないという弊害が出てきたため，「事業の円滑な遂行」などを図り，「公共用地の取得に関する特別措置法」（1961年）が公布された。

1967年の土地収用法の改正によって，それまでの土地細目公告制度が廃止され，事業認定によって起業地の範囲が確定されることになったという[18]。また，事業認定告示時の価格を基礎とする「価格固定制度」が採用された。土地収用法が定める事業認定制度は，「事業認定という用語だけは旧法を踏襲するもの」であるが，「その本質につき学問上論議のあるところ」であり，「行政手続としては独特のものであり，全く新たな手続である」といわれる[19]。

「平成期に入り，公共事業について効果の小さい事業に対する批判や，環境との調和に対する関心の著しい高まりが見られる」，「公共事業の公益性を判断する事業認定の手続においては，周辺住民の意見を十分に聴取したり，環境分野の専門家等の意見を聴くといった手続がとられず，一方的に認定が行われる傾向があった」，また，「裁決手続においては，いわゆる一坪運動や立木トラスト運動に代表されるように，多数の反対権利者が裁決手続に参入し，収用委員会の審理において，その権限外の事項である事業認定の違法・不当を主張する

という事態が多発していた」[20]，そこで，2001 年に土地収用法の改正が行われた。

2001 年の法改正における事業認定について，①起業者による利害関係者への事前の事業説明の義務化，②利害関係者から請求があるときの事業認定庁による公聴会開催の義務化，③事業認定庁は第三者機関の意見を聴き，その意見を尊重すべきこと，④事業認定庁は事業認定の理由を告示すべきこと，とされた。

(2)　土地収用法による収用手続

日本の土地収用手続は主に事業認定と収用裁決という二段階に分けられる。

〈日本の土地収用手続の流れ〉

任意の用地取得が困難 ⟹ 土地収用手続

事業認定手続 ⟹ 起業者による事前説明会の開催・事業認定申請 ⟹
国土交通大臣・知事による事業認定 {※公聴会の開催要求があった場合に公聴会の開催
　　　　　　　　　　　　　　　　 ※意見書が提出された場合に第三者機関へ意見聴取
⟹ 認定理由の公表 ⟹ 起業者による土地調書・物件調書の作成 ⟹

収用裁決手続 ⟹ 起業者による権利取得裁決の申請，明渡し裁決の申立 ⟹
収用委員会による審理・現地調査等 ⟹ 権利取得裁決・明渡し裁決
補償金の払渡し ⟹ 権利取得・明渡し

1.　事業認定手続

事業認定とは，国土交通大臣または都道府県知事が事業の公益性を認定し，起業者に収用権を付与することである。事業認定手続の流れは主に以下である。

事前説明会の開催（起業者）⇨事業認定申請（起業者→国土交通大臣・知事）⇨公聴会の開催（公聴会開催要求があった場合）⇨第三者機関への意見聴取（意見書が提出された場合）⇨事業認定（認定理由の公表等の周知措置）⇨土地調書・物件調書の作成（起業者）⇨調書への署名・押印及び異議の付記

事業認定の主体について，国土交通大臣または都道府県知事は土地収用法

17条により事業認定を分担する。事業認定の事務は，「起業者に収用権を付与する事務で，元来，国の事務と考えられてきた」，「だが，地方自治法の改正に伴う機関委任事務制度の廃絶に伴い事務の性質が変更され……都道府県知事の権限とされる事務は都道府県の自治事務であるとされた。」[21]

収用適格事業について，土地収用法3条は公共・公益事業を限定列挙して規定する。これは，「現憲法下の現行法においては，行政主体が直接に公的目的を有し」という理念の下で設定されるものであろう。しかし，「現在は住宅団地経営事業など，団地造成後は最終的に私用に帰する場合にも土地収用が認められている」（収用法3条30号）都市計画事業の場合は，事業認可または承認があれば，事業認定を受けずに裁決の申請をすることができる。平松弘光によれば，「都市計画事業や市街地開発事業の土地区画整理事業，市街地再開発事業は収用適格事業とみなされている（都市計画法69条）が，専ら営利を目的とする株式会社が再開発会社として都市再開発法による都道府県の認可を受けた場合は，土地収用権を背景にした市街地再開発事業を進めることが認められるようになった（都市再開発法50条の2）。」

それに対して，中国では，事業認定のような手続が存しない。なぜなら，中国の土地は概ね都市部の国有土地と農村部の集団所有土地に分けられるが，すべての土地は実質的に国の管理下にある。起業者は起業しようとする際に，土地の権利者との任意契約によらず，直接国に土地収用の申請を行うことになる。そのため，中国では，起業者による事前説明会の開催は定められない。日本の国土交通大臣・知事による事業認定の実質は，公共事業の公益性を確保するためであると思われる。それに対して，中国では，①農村部の場合に，収用権を発動するのは政府の権限にあり，いかなる収用事業を展開するか，あるいは収用される土地をいかに利用・開発するかは，政府の政策による部分が多い。上記の日本の事業認定手続の流れの中で，「土地調書・物件調書の作成」以前の手続はほとんど課されない。②都市部の場合に，現行法上，政府は，主に家屋収用と建設事業に対して，「家屋収用補償条例」8条の適格事業に当たるか，及び各「城郷計画」に準ずるか否かを中心として事前の審査を行う。しかし，

第4章　土地収用手続の日中法制度の比較考察　129

現行法上，このような事前審査を規制する制度が欠けているため，審査は非公
開の形式で政府内部で行われる場合が多い。

2.　収用裁決手続

　収用裁決とは，収用委員会が収用すべき土地の所有者・補償金額等を確定す
ることである。収用裁決の流れは以下の通りである。
　権利取得裁決の申請及び明渡し裁決の申立（起業者→収用委員会）⇨審理，
　現地調査等（収用委員会）⇨権利取得裁決及び明渡し裁決（収用委員会→起業
　者・土地所有者）⇨補償金の払渡し（起業者→土地所有者）⇨権利取得・明渡
　し（起業者）
　日本の収用手続は，明らかに収用事業認定と収用裁決との二段階に分けられ
る。収用事業認定では，収用事業の公共性を確保することが行われ，収用裁決
では，収用委員会によって補償を確定することが行われる。日本に比べて，中
国は，収用事業審査手続と補償確定手続の二段階に明確に区分されておらず，
収用の決定と補償の決定とが一体として混在する形である。また，独立の第三
者機関（社会資本整備審議会）への意見聴取も課されていない。権利者の意見
聴取と公聴会の開催は義務付けられるが，その論議の中心は「収用事業の要否」
ではなく，「補償の確定」に設定されており，そもそも，民衆には収用事業の
公共性を問う場は与えられていないのである。そのほか，土地・物件の立入調
査，土地調書・物件調書の作成について，日本は，事業認定をそれらの前提条
件に設定しているが，一方，中国において，政府は，唐突に土地調査を行った
後，収用事業を審査する場合がほとんどである。
　収用裁決の手続は，事業認定の段階で収用権が付与された起業者の裁決申請
により，独立性を備える行政機関の審理・判断・裁決を通じて，権利者に正当
な補償が確実になされるために設置されるものである。事業認定の告示後は，
関係者は，収用委員会の裁決前であっても，土地に関する補償金の支払いを請
求することができる。しかし，中国では収用裁決手続を設置していない。日本
に比べて，前述のように，収用の決定と補償の決定の両者は一体化する傾向が

130

著しく，地方政府が，①収用補償方案の制定と②収用補償協議の締結を通して，収用の実施段階に入るのが，現在の中国における土地収用手続の大筋である。

なお，日本では，上記の手続と並行して，起業者は，任意取得に向けた地権者との協議を締結する場合がある。日本のほとんどの用地取得は任意契約を通じて実現される。一方，中国では，土地の売買は禁止されているので，起業者にとって，民法の規定のみにより土地を任意取得することは難しい。このような現実は，中国特有の土地公有制に根差している。しかし，都市部では，土地の上にある家屋の売買は市場価格により認められている。また，農村部における集団所有土地の開発利用の前提として，農地転用手続と収用手続は定められているが，近年の学説上，農地転用手続の廃止を主張する声が現れた。国家の政策上，農地の経営権の自由流通に対する規制も柔軟化している。以上，理論的には，将来，任意取得の実現は必ず不可能ではないと考える。

第4節　中国の土地収用手続

(1)　土地制度の概要

中国では，土地収用手続及び土地利用規制に関わる法体系は，主に：①憲法[22]，②個別法（「土地管理法」，「都市不動産管理法」，「城郷計画法」，「物権法」，「農村土地請負法」）とその司法解釈，③政府条例（国務院「国有土地上家屋収用及び補償条例」，「土地管理法実施条例」），④国務院の各部門の規則（例えば，国土資源部「土地登記弁法」，建設部（住房及び城郷建設部）「国有土地上家屋収用補償弁法」），⑤地方規則（例えば，山東省人代常務委員会「山東省実施土地管理法弁法」，山東省政府「山東省土地収用管理弁法」）などが組み合わされている。ということで，中国特有の土地・政治・立法制度の背景の下，土地・不動産に関わる法体系は非常に膨大であるにもかかわらず，上位法の規定に従い，各級の政府・人代委員会には地元の状況と結合して一定の立法権限（地方法規のみにとどまるが）が

付与され，そのような各省・市・県の立法も含めて全体的にみればさらに膨大な体系となる。そのほか，国務院に直属する部門（例えば，国土資源部）の指導意見，各級の共産党委員会による条例・政策も，実質的に土地の管理と利用に大きな影響を与えている。以上，中国の土地立法は，「縦向き」の態様を示している。すなわち，関連立法の全体像は，上の中央による原則的な規定から，下の各地方による具体的な規定まで分散する，放射線のような体系になっている。そのため，地方政府は大きな権限を持つことになる。

国家所有の都市の土地について，憲法及び土地管理法（1988年第一次改正）は，土地使用権という土地を利用する権利を法定し，家屋の私有を明文で認めたが，収用については明確に規定していなかった。しかし，現実には収用活動は行われていた。そこで，1995年制定の「都市不動産管理法」は，土地使用権について補償付きの回収制度を規定したが，補償額の算定基準については黙したままであった[23]。

現行土地管理法（1998年第二次改正）は，国有土地使用権の回収には「適当な補償」を与えなければならない（同法58条2項）と規定したが，「適当な」という中身は明らかにされていなかった。

2004年には憲法が改正され，「補償収用」の原則が定められ（13条2項），収用の際に必ず補償することが憲法の中で法定化された。その後，激論の末，2007年に制定された物権法において，「家屋，その他の不動産を収用する場合には，法に基づき，立ち退き補償を与えなければならず，被収用者の合法的な権益を擁護しなければならない」と規定したが，詳細は未定であった。

そして，2011年1月に国務院が公布した「国有土地上家屋収用及び補償条例」は，収用対象家屋の所有権者に公平な補償を行わなければならないとする公平補償の原則をうたう（条例2条）とともに，「家屋が収用された場合に，国有土地使用権も同時に回収される」と規定した（条例13条3項）。

現在の土地政策は「憲法」を基礎にした「土地管理法」（2004年修正）と関連条例を中心にした法体系からなる。土地の所有権は，都市部においては「国有」，農村部においては中国特有の「集団所有」になっている。集団所有とは，

国有と私有の中間にある第三の所有形態で，農村部の場合は村の住民からなる村組織の集団所有を指している。しかし，この「集団所有」概念自体の不明確性が現土地制度の盲点となっていると指摘されている。また，中国の損失補償条項は，日本国憲法29条3項に相当するように規定されておらず，個別法によって規定されている。

1．都市部の家屋収用手続

中国では，立法上は行政機関に相当な権限を委ねている。全体的土地利用は基本的に行政的判断・政策に委ねており，土地の収用と補償は，国務院と各部門の法規・規則と，それらに応じて作られた地方規則を根拠とする。現行法上，都市部の家屋収用手続を規制する最も重要な法文は，2011年に国務院が公布した「国有土地上家屋収用及び補償条例」である。

「国有土地上家屋収用及び補償条例」の制定は，地方政府の家屋収用と補償活動を規範することと，被収用家屋の所有者の合法的権利・利益を保障することをその目的とする（条例1条）。換言すれば，地方政府の家屋収用と補償活動に対する規範の不備，被収用家屋の所有者の合法的権利・利益が十分に保障されていない実状がある。その条例は，都市部の収用法制の混乱，収用による地方政府の権力濫用と腐敗問題が多発するという背景の下に制定されたものである。

本条例によれば，都市部における家屋の収用手続は，基本的に「収用の決定手続」と「補償手続」との二段階に分けられる。家屋の収用を必要とする適格事業には以下のような種類が含まれる（8条）：①国防と外交の必要，②政府から行われたエネルギー・交通・水利などの基礎施設の建設の必要，③政府から行われた科学技術・教育・文化・衛生・体育・環境と資源保護・防災減災・文物保護・社会福祉・市政公用などの公共事業の必要，④政府から行われた福祉住宅建設の必要，⑤「城郷計画法」により老朽家屋が集中する，またはインフラが遅れる区域を建て替える必要，⑥法律，行政法規の規定するそのほかの公共利益の必要，がある場合である。また，家屋の収用とそれによる建設活動は，

第4章　土地収用手続の日中法制度の比較考察　133

国民経済と社会発展計画，土地利用総合計画，都市・農村の土地利用計画と専門計画に適合しなければならない（9条）。

　起業しようとする組織は，市・県級の政府に建設項目を申請する際に，家屋収用部門は，条例8条，9条に基づいて，家屋収用と建設事業が適格事業に当たるか，そして各項の計画に準ずるか否かを中心に，収用項目の事前の審査を行う[24]。家屋収用部門は，収用補償方案を制定し，それを市・県級の政府に送達する（10条）。その後，市・県級の政府は，家屋収用部門及び発展改革・計画・国土資源などの関係部門とともに，収用補償方案を審議，公開公示し，民衆の意見を聴取した上でそれを修正，公布する。そのほか，老朽家屋が集中し，またはインフラが遅れる区域において家屋を建て替える必要を認め収用する場合に，収用補償方案に対し異議を持つ被収用者が半数を越えた場合は，公聴会を開催しなければならない（11条）。市・県級の政府は，各級の土地利用計画，家屋の調査登記，収用補償方案につき意見聴取の結果，社会安定リスク評価の結果，補償金・代替家屋の確保という一連の要素を考慮した上で，家屋収用の決定を下す。

　中国では，都市の土地はそもそも国家に所有されており，家屋が収用されると同時に国有土地使用権は回収される（13条）。それに対し，日本の土地収用では，土地は収用の対象となり，土地にある家屋は収用の支障物とみなされている。この点については比較法上厳格に区分する必要がある。

　以上のように，都市部における家屋収用は基本的に「行政主導」を原則とし，市・県級の政府に非常に強力な権限が付与されている。収用権の発動には，「形式的要件」と「実質的要件」が課せられる。形式的要件としては，①収用事業は条例8条に定める公益事業に当たること，②国民経済と社会発展計画，土地利用総合計画，城郷計画と専門計画に適合すること，③収用方案の審議・公示，がある。実質的要件としては，①収用事業は公共利益に適合すること，②社会安定リスク評価結果に基づいて，収用により社会安定への影響が小さい，もしくは当局の控える範囲にあること，③補償金または代替家屋の確保，がある。

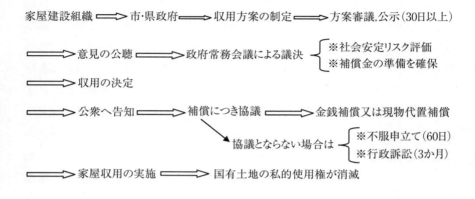

2. 農村部の土地収用手続

　中国の場合に,「国家やその行政機関は,土地所有者と起業者の間に立ち,双方の利益を中立的に考慮することではなく,直接に権利主体として,一定の補償金を支払い,農村の集団所有地を収用した上で,起業者から土地取得費用を受け取り,その収用された農地を起業者に譲渡する」と指摘される[25]。農村部の土地収用手続については,法文の中に詳細な専門規定がないが,「土地管理法」とその実施条例及び近年の行政立法に基づき,主に以下の流れに従う。

　　事業者による申請⇨土地状況の調査⇨市・県級政府が収用補償方案を制定⇨権利者の意見聴取と公聴会の開催⇨国務院または省級政府による審査・批准⇨市・県級政府が収用決定・補償安置方案を公開告示⇨収用の実施

　中国では,土地売却が禁止されているので,起業者が農地を取得するためには土地収用の手続きを利用しなければならない。「土地管理法」43条は,いかなる組織,個人であっても建設のために土地を使用するには,法により国有土地の使用を申請しなければならない,と定める。事業者は,国有土地の上のみにしか事業の建設ができないため,農用地用途転換の申請手続によって政府の許可を取得してから,本来の農用地から建設用地に転換された土地に事業を建設することが可能となる。

第 4 章　土地収用手続の日中法制度の比較考察　　135

　中国政府は，食糧自給を確保するため，「耕地保護」という国策を実施している。土地管理法は，耕地を収用する際に制限を加えている。例えば，耕作物がある農地を収用するには，国務院の批准を取得しなければならない（45 条）。しかし，土地管理法は，農用地収用の手続の中で，収用事業について公共性の認定手続を定めていない。江利紅によれば，農用地に対する土地収用の適用範囲について，特定の公共事業のためのみに土地収用が行われるということではなく，いかなる事業のためであっても国家による土地収用という手続を行うことができる[26]。すなわち，実際には，合法的な農用地用途転換の手続きを履行した以上，事業の公共性も営利性も問わずに収用活動を行うことができる。このような制度が実施される過程では，事業の公益性審査が厳格に行われないことから，数多くの農民の権利・利益の侵害事件が生じていた。

　土地収用における地方政府の権力濫用を防止するために，2004 年，国務院は，各部・委員会，下級政府に「厳格な土地管理の深化改革についての決定」という通達を下達した。決定は，土地の現状調査の結果は農村集団経済組織と農民個人に公開告示し，承認を取得すべき，と規定している。また，公聴会は手続上では政府の国土資源部門に義務付けられている。その後，国土資源部は，「土地収用補償安置制度の改善についての指導意見」を下達した。意見は，地方政府による補償額の算定基準について指導意見を提供し，安置補償の方式を具体的に規定した。

　実際には，政府が一方的に収用決定を出すことができる一方，政府の収用補償政策に対する監督，制限する制度が欠けている。不合理な補償政策や政府の権力濫用などにより，収用補償の問題は既に全国範囲で深刻な社会問題となった。2004 年の国務院の「厳格な土地管理の深化改革についての決定」は，農用地転用の批准手続により厳格な制限を加える，被収用者の生活水準を確保するための安置補償，生活補助，補償金の支払い保障，収用手続の改善などの政策・指針を表明している。しかし，地方政府により補償額を一方的に確定するという仕組みは変わらないまま，現在の問題を根本的に解決できないと考える。

　2010 年 4 月に会計監査署に公開された審査結果公告（2010 年第 6 号）によれ

ば，一部の地方政府は法律，法規に違反して土地利用の権利の給付を批准し，または土地を違法的に利用しているケースがある。11省に対する抽出調査の結果，①7市は批准によらず土地を収用し，実際に集団土地3.9万畝を占有した，②4市は「以租代徴」を通じて，高級ホテル，観光など非農業建設事業のために集団土地1.01万畝を占有した，③5市は審査・批准によらず開発区の拡大建設との名目での違法な土地利用19.1万畝，④7市は土地利用の許可批准を取得する前に規定に違反して利用した土地3.18万畝，などが分かった。

　また，各地において，「以租代徴」という社会現象が普遍的にみられた。「以租代徴」とは，起業者が法による農用地転用手続によらず，農民と借地契約を締結することを通じて直接に集団所有の農地を利用・開発する行為である。現行法では，「以租代徴」につき明文の規定はないが，実際的には農民の権利利益が侵害される場合が多く存在すると思われる。

　農村部の土地は公式的に集団所有であるが，その「集団所有」との土地所有制度には曖昧性を備えている。集団所有の土地は名目で村民全体が所有しているが，実質は村民委員会の管理の下にある[27]。村民委員会の一部有力な幹部が土地の管理権を把握した結果，補償金は村民個人に支払われないで，補償金の配分の権限はその幹部達にある。村民委員会は法により村民の自治組織であり，国家機関はその自治事務に干渉する権限を持たないため，村民委員会の権限を監督する制度が欠落している。各地において，補償金が直接に村民個人の手元に支払われない収用補償紛争が多発する一因ともなっている。

　農村土地の収用は「土地管理法」とその実施条例により実施されるが，その土地上にある家屋（宅地）の立ち退きと補償の条項については明記されていない。この部分の立法が欠けているため，各地方の行政機関に関係条項を規定する立法の権限が委ねられる。各地方の関係規定は主に三種類に分けられる：①集団所有土地にある家屋の立ち退きにつき具体的な規則を制定する（例えば浙江省，南京市）。②土地管理法と部門規則・規範性文書に従い対応する（河北省）。③都市部の家屋の立ち退きの規定を参照して対応する（雲南省）。

(2) 土地収用の実際例——山東省を例として

　中国では，集団所有土地の収用補償手続を規定する統一した実体法は存在していておらず，各地方政府が地元の社会・経済の発展状況を結合して土地収用に関する行政立法を制定する場合が多い。例えば，2011年1月に山東省政府が実施した「山東省土地収用管理弁法」（以下「省弁法」）は，山東省における集団所有土地の収用補償の手続を規定した。「省弁法」は，土地収用手続を収用段階と補償・安置段階との二段階に分ける。収用段階では，手続の流れは主に以下である。

　①市・県級政府は収用公告を制定（土地の位置，範囲，用途），公開告示⇨②土地状況の調査⇨③土地収用補償安置方案の制定（土地の状況，補償の方式・基準・数額など）・公示⇨④申請による公聴会の開催⇨⑤土地収用補償安置協議の締結（土地の状況，補償方案，補償金の支払いと権利譲渡の日時など）⇨⑥方案につき政府の批准・公開告示⇨⑦補償金の支払い⇨⑧収用の実施（土地権利の譲渡と家屋の立ち退きなど）

　以上，山東省の収用手続は，基本的に土地管理法など関係立法の規定に従い規定されるが，①権利者の申請による公聴会の開催を義務付けること，②土地収用の実施は補償金の事前支払いを前提にすると明記すること，という特徴がある。補償基準に不服があり協議とならない場合には，市・県級政府が斡旋・調停を行う。それでも協議の合意が成立しない場合には，山東省政府によって裁決する。

　各市の収用手続については，基本的に「土地管理法」とその実施条例に基づき山東省の関連規定を参照して定められる。2010年9月に済南市政府が実施した「済南市土地収用管理弁法」（以下「市弁法」）は，土地を収用する主体を国土資源局と市徴地弁公室とする（5条）。「市弁法」によれば，済南市の収用手続の流れは主に以下である。

　①国土資源局が収用事項を農村集団組織に告示⇨②徴地弁公室が区・郷（鎮）・街道政府（弁事処），農村集団組織（村民委員会）とともに土地調査登

記を実施⇨③権利人による土地調査の確認⇨④村民委員会の申請による公聴会の開催⇨⑤土地収用補償安置協議の締結⇨⑥国土資源局が土地収用方案を制定，市政府が批准⇨⑦土地収用方案の公開告示⇨⑧補償基準につき異議の提出と方案の修正

以上，現行の済南市の収用手続は，旧来の「済南市統一収用土地暫定弁法（2003年）」，「済南市国有土地回収購入貯備弁法（2008年）」と比べれば，より進んだものと考えられる。例えば，土地状況調査の段階では，以前では，徴地弁公室は，農村委員会と土地の権利人からの確認によらず，一方的に土地調査を行い，報告を作成する仕組みであった。現在，農村委員会の調査参加，土地の権利人の最終確認が義務づけられており，手続上では権利利益を保障することに有益である。しかし，このような収用手続では，民衆には，収用事業そのものの公共性を問う場は与えられていない。公聴会の改正と意見提出の段階においても，権利者は，補償基準と安置補償の事項のみについての意見を提出するしかできない。政府は，十分な住民参与によらず，かつ監督・審査を受けずに，一方的に収用権を発動する場合がほとんどである。

また，「市弁法」によれば，補償事項に異議がある場合に，収用主体である国土資源局と徴地弁公室には，民衆の意見と建議を参照し収用補償安置方案を修正する義務が課され，最終の方案は市政府の批准を申告しなければならない。しかし，国土資源局と徴地弁公室は市政府の直属部門であり，その担当の公職員の間に利害関係が決してないとは言えない。独立した行政審査部門が存在しないため，結局，収用安置方案の決定は政府役員の内部で出されるものとなる。農民個人の意見がどの程度を尊重され受け入れられるのかは疑問となる。

そのような状況は，決して済南市だけではない。それは，全国各地に多く存在するものと断言できる。

農村地区の社会保障制度の不備を補填する性格を反映しているが，農民の生活水準の向上のため，山東省は，多様な補償・安置方式を採用する原則を規定した。具体的には，①被収用農民を対象とする社会補償制度を確立した（「省弁法」23条）。被収用者を対象とする社会保障制度については，政府，農村集

第4章　土地収用手続の日中法制度の比較考察　　139

団組織，農民個人が共同して資金を出すという仕組みである。②被収用農民を対象とする就職保障制度を確立した（「省弁法」24条，25条）。就職保障制度については，政府は被収用者に就職指導を提供し，就職の優待政策を制定する。

　農産物と立木補償の基準は，区がある市の政府によって制定する。家屋（宅地）の立ち退きに対する補償は，省は住居条件の確保を原則とするが，具体的な補償基準は明記されていなく，基準を制定する権限を下級政府に委ねる。

第5節　結　び

　本章では，日中両国の土地収用手続を中心に，比較考察を加えた。比較法的研究とはいえ，根本的な土地制度の相違はもちろん，そのほか，中国の収用制度は二元的土地所有制によって生じたものであり，複雑な性格を有している。そして，収用制度が確立してから僅か20年余りの期間中に，法律・法規そして司法解釈が何度も改廃された。中国の土地収用法制は，立法の面でも実務の面でも不安定な状態にある。また，日中両国の収用法制は，各々の歴史，法理の下で成立したものであり，基本の概念と用語を十分かつ慎重に区分することが重要である。

　以上にみたように，日本と比べれば，中国の土地収用の手続は以下の特徴を持つといえよう。

　①　立法上は行政機関に相当な収用権限を委ねる。全体的土地利用は基本的に行政的判断・政策の下にあり，土地の収用と補償は政府（国務院）の条例と部門（国土資源部・住居及び城郷建設部等）の法規と規範性文書を根拠とする。

　②　具体的な収用手続と補償額の確定についての権限は各地方の政府に委任されており，地方政府の政策・法規などによってそれらを規定する。

　③　全国的にみれば収用法制は統一されておらず，成文の土地収用法も存在しない。二元的土地制度の下，都市部と農村部の土地収用制度も二元化している。土地収用全体の法制は統一されておらず，複雑な構造になっている。

④　歴史的背景に由来する側面も看過できず，中国の伝統的な法的観念には「義務履行」，「国家・集団の利益」が常に重視され，それに対して個人権益または私的利益に対する保護の観念は比較的薄い，という実態は現在まで続いている。中国の土地収用手続には，「行政権主導」という特徴がある。司法権はより弱化するとともに，強い行政権力による収用手続の透明度は日本より低い。これは，党に執政力を高度に集中させた中国法制度の性格を反映している。

⑤　土地収用への取扱いは，中国では政治的な問題を誘発しやすい。「私有財産権を保護する」という条文が 2004 年改正で憲法に導入されて以来，全国的に近代国家の国民意識が強くなる一方である。同時に，各地で立ち退き事件・補償額についての収用紛争が益々深刻化することにより，土地収用権を行使する政府の信用・合法性が疑われる事態にまで至っている。とりわけ近年の収用紛争の多発は社会の安定に悪影響を与えており，収用項目を審査する際にも，収用補償方案を制定する際にも，地方政府による社会安定リスクの評価は義務化・制度化されている，ということが中国収用手続の特徴である。

　中央政府によって建設用地の総量が制限されていることにより，積極的に農業用地を建設用地に転換して外資誘致を進めたい地方政府と農民との間にトラブルが生じるケースがあるといわれる。また，「売地財政」も土地収用問題の一因であると考える。前述したように，土地出譲金が地方政府の重要な財源であることを背景に，都市の拡張と経済成長を目指して，地方政府は集団所有土地を強力な行政権を通じて低価で収用し，国有化された土地を高価で不動産開発業者などに出譲し土地出譲金を取得して，財源に当てることがある。また，都市の拡張と経済成長が地方政府の業績を評価する重要な指標であるので，官員は，インフラストラクチャーなどの設備建設の名目で，極端な低価で集団所有土地を収用して，各地で民衆から強い反発を招くケースもある。それにより，政府は本来の行政機能と乖離し，赤字に陥ると同時に，都市化コスト（Cost of The Urbanization）も上昇し，出稼ぎの農民労働者の生活は苦しくなる一方である。

　中国では，土地収用の決定を行政機関の一方的な判断に委ねている点が批判

されている。これに対応するために，家屋収用補償条例は，国民経済と社会発展計画，土地利用総合計画，城郷計画と専門計画を制定する際に，民衆の意見を聴取する義務を行政機関に課する（9条）。また，収用補償方案について公開告示，民衆の意見を聴取する義務が求められる（11条）。日本においては，行政の公正さ・透明化を目指して事業認定の手続における十分な住民参加と意見聴取が求められている。これは立法上（2001年の土地収用法改正）も学説上も認められるものであり，収用手続の根幹である事業認定の発展方向に強い影響を与えている。

　日本と中国の土地収用制度は，各々の歴史，法理の中で発展してきたものであり，各々の特徴を示していると同時に，共通の課題も多いこと，日中両国の収用法制は，自国の歴史，土地制度と法理の上に形成するものであり，各々の特徴を示している。しかし，日中両国はともに「行政による収用」原則をとる国であり，手続上の類似点と共通課題が多い。例えば，土地調査と住民参加（公聴会の開催と意見提出など）が同一なものとしてなされている。収用決定の段階においていかに十分な住民参加を確保するか，いかに被収用者の生活権再建を確保するかなどは共通の課題である。また，日中両国は同じように収用決定段階と補償段階に分けることになっている。私有財産を保護する理念と，収用事業の公共性を確保すること，という二つの観点からみると，収用事業の公益性審査を通じて，強権的行政収用による権利利益の侵害を抑制するのは，日中両国かつ世界各国の共通課題である。また，日本では，都市計画法に定める都市計画事業については土地収用の事業認定は不要であり，都市計画事業の認可・承認をもって事業認定に代えるものとされる（都市計画法70条）ことから，中国の都市部における家屋収用の決定手続と類似する部分も多い。

　中国の収用問題は，中央と地方のあり方，土地所有権と市場経済に関する理論の本質に根ざしていると指摘されている。中国の土地収用制度の不備は明らかであり，その解決策として，統一した土地収用法の制定，行政収用権の制限と「正当な補償」原則を確立することが重要である。現在の土地制度と市場経済制度を背景とするならば，①統一した「集団土地収用補償法」を制定し，現

時点での混乱した収用立法を整理することが急務となっている。②より厳格な事業公共性審査手続を地方政府の収用権に課し，違法な土地収用・利用を規制することも，現時点では緊急性の高い課題となっている。③現在，都市部における家屋収用に対する手厚い補償がなされる一方，農村部の補償額は極めて低い価格に抑えられている。集団土地収用補償制度に，公平・正当な補償原則を確立した上で，法により補償方式を整理整備し，家屋（宅地）立ち退きなど農民が負担する財産損失に対して確実に補償を給付することが必要とされるのである。そもそも，何のために収用し，補償をするのであろうか，という究極の問題を再検討することが求められている。健全な収用手続と公平な補償制度が確立していけば，社会の収用紛争は当然に減少するであろう。党と政府の政策に依存するのではなく，規範としての収用補償立法に基づくことが最も重要ではないであろうか。

---

1 原文は「The storm may enter. The rain may enter. But the King of England can not enter」。イギリスの諺であり，私的財産神聖不可侵を唱えるものとして使われる。William Pitt（イギリス元首相）の名言だといわれる。

2 著書は，小高剛編『アジア太平洋諸国の収用と補償』（成文堂，初版，2006 年）である。

3 論文は，平松弘光「土地収用と損失補償―日中比較」日本土地法学会『転機に立つアジアの土地法』（有斐閣，初版，2005 年）である。

4 平松弘光「日本における都市の再開発・土地収用・損失補償法制の概要（3）―中国人民大学法学院（北京）での講演録」Evaluation No.24（2006 年）90 頁以下参照。

5 平松弘光「日本法からみた中国の土地収用制度」総合政策論叢（島根県立大学総合政策学会）24 号（2012 年）101 頁参照。

6 詳細は，江利紅「中国における土地収用制度とその改善に向けた課題」比較法雑誌 46 巻 4 号，47 巻 1 号（2013 年）参照。江利紅：中国華東政法大学教授，法治政府研究所所長。

7 江利紅・前掲注(6)比較法雑誌 46 巻 4 号（2013 年）184 頁以下参照。

8 平松弘光・前掲注(5)85 頁参照。

9 渠涛「中国における土地の所有と利用をめぐる法の変容」https://www.iolaw.org.cn/showArticle.asp?id=209（中国社会科学院法学研究所・国際法研究所主弁―中国法学網，2015 年 1 月 31 日現在）参照。渠涛：中国社会科学院法学研究所民法室研究員。

10 平松弘光・前掲注(3)34 頁。

11 土地収用法 5 条：土地を第 3 条各号の一に規定する事業の用に供するため，その土地に

第4章 土地収用手続の日中法制度の比較考察 143

ある左の各号に掲げる権利を消滅させ，又は制限することが必要且つ相当である場合においては，この法律の定めるところにより，これらの権利を収用し，又は使用することができる。土地の上にある立木，建物その他土地に定着する物件をその土地とともに第3条各号の一に規定する事業の用に供するため，これらの物件に関する所有権以外の権利を消滅させ，又は制限することが必要且つ相当である場合においては，この法律の定めるところにより，これらの権利を収用し，又は使用することができる。

12 平松弘光・前掲注(3)34頁。

13 平松弘光・前掲注(3)33頁。

14 美濃部達吉『公用収用法原理』（有斐閣，復刻版，1987年）6頁参照。

15 平松弘光・前掲注(5)90頁参照。

16 平松弘光「やさしい土地収用手続き [4]」用地ジャーナル2012年7月号42頁。

17 稲本洋之助，小柳春一郎，周藤利一『日本の土地法—歴史と現状』（成文堂，初版，2004年）15頁。以下も同掲注。

18 足立忠夫『土地収用制度の問題点—行政学から法律学へ』（日本評論社，第1版，1995年）42頁参照。

19 高田賢造『公用収用制度論—比較法的研究』（日本不動産研究所，第1版，1963年）8頁以下参照。

20 小澤道一『逐条解説土地収用法（上巻）』（ぎょうせい，第2版，2003年）13頁以下参照。〔稲本洋之助，小柳春一郎，周藤利一『日本の土地法—歴史と現状』（成文堂，初版，2004年）188頁引用〕

21 平松弘光「やさしい土地収用手続き [1]」用地ジャーナル2012年1月号35頁。以下同掲注。

22 2004年改正中国憲法10条3項：国家は公共の利益の必要のために，法律の規定に基づき土地に対して徴収又は徴用し，あわせて補償を行うことができる。13条：国民の合法的私有財産は侵害を受けない。国家は法律の規定に基づき国民の私有財産と相続権を保護する。国家は公共の利益の必要のために，法律の規定に基づき国民の私有財産に対して徴収または徴用し，あわせて補償を行うことができる。

23 平松弘光・前掲注(5)90頁参照。

24 家屋徴収部門とは，市・県政府によって確定される，当該行政区域における家屋徴収と補償を担当する行政部門である（条例4条）。家屋徴収部門は，家屋の徴収を実施する組織に権限を委任することができる。家屋の徴収を実施する組織は営利を目的にしてはならない（条例5条）。

25 江利紅・国際貿易投資研究所（ITI）中国拡大研究会（2014年2月13日）での報告「中国における土地制度及び土地収用制度について」レジュメ参照。

26 江利紅・前掲注(6)比較法雑誌46巻4号（2013年）176頁。

27 「村民委員会自治法」2条：村民委員会は，村民の自治組織であり，本村の公共事務と公益事業を管理する。8条：村民委員会は法に基づき本村農民の集団所有の土地とそのほかの財産を管理する。24条：土地収用補償の費用の使用と配分に関する方案は，村民会議または村民代表会議の討論により決定される。

第5章　土地収用における損失補償と救済の比較法的考察

〈目　次〉
第1節　損失補償の日中比較
　(1)　損失補償制度の法的背景
　　　1.　日本の損失補償
　　　2.　中国の損失補償
　(2)　補償の確定
　　　1.　日本の場合
　　　2.　中国の場合
　　　　[1]　都市部家屋収用の補償
　　　　　①被収用家屋価値の補償
　　　　　②移転・安置補償と営業損
　　　　　　失補償
　　　　　③補助・奨励
　　　　[2]　集団所有土地の補償
　(3)　補償金の支払い

　(4)　諸国の収用補償の動向
第2節　土地収用に関わる行政訴訟による
　　　　権利救済
　(1)　「行政不服審査法」，「行政訴訟法」
　　　の関連規定
　(2)　都市部の不動産収用の際の行政訴
　　　訟・救済
　(3)　集団所有土地の収用に関わる行政訴
　　　訟・救済
第3節　結　び
　(1)　比較法的考察の結果
　(2)　中国土地収用制度についての指摘
　(3)　立法の提案

第1節　損失補償の日中比較

(1)　損失補償制度の法的背景

1.　日本の損失補償

　日本は土地私有制度を採用する国家である。日本国憲法29条3項は，「私有財産は，正当な補償の下に，これを公共のために用いることができる」と定めていることから，補償請求権が認められるとされている。

146

　また，学説あるいは判例上も，特定の個人に「特別の犠牲」を加えることは損失補償の要件とされている。その実質的要件としては，財産権に内在する社会的制約として「受忍すべき限度」を越えることが挙げられている。美濃部達吉によれば，日本法における公用収用制度の法律的根拠を為している思想は，凡そ三つの要素に分けることができる。第一は私有財産不可侵の思想であり，第二は国家的権力が公共の福祉を図るがために発動することを正当とする思想であり，第三は法治主義の思想である[1]。換言すれば，収用による損失補償は私有財産制度の存在を必要条件とする。私有財産として土地が扱われるためには，その所有，使用，収益，処分という内容をもつ土地所有権制度の確立が不可欠である。

2. 中国の損失補償

　中国は，土地公有制度をとる社会主義国家である。「土地管理法」58条には，「公共の利益のために土地を使用する必要があるなどの場合には，土地行政主管部門は，元の土地の使用を許可した人民政府又は許可権限を有する人民政府に報告し，その許可を受けて，国有土地の使用権を回収することができる」，また65条には，「村の公共施設と公共事業建設のために土地を使用する必要があるなどの場合には，農村集団経済組織は，元の土地使用を許可した人民政府の許可を受けて，土地使用権を回収することができる」，「国有土地や農民集団所有土地の使用権を回収する場合には，土地使用権を有する者に対して適当な補償を支払わなければならない」と定められている。これらの規定は，日本の土地収用法5条に定められた「権利の収用又は使用」と類似しており，一般的には土地収用の一つと見做されることが多い。しかしながら，厳密には土地所有者（中国政府）の単なる所有権行使にすぎないことから，土地収用には該当しない。

　ところで，中国では，土地の利用に関するあらゆる基準――最も適切な土地の利用とは何か，誰により利用されるべきか等――は全て中央政府によって決定されていることから，いかなる土地紛争も裁判所ではなく政府が解決してい

く，という状況は長年にわたって継続している[2]。

　以上のように，私有財産保護の理念を下敷きとした損失補償制度は，中国では未だ公式には成立していないといえる。「国家所有制度を採用する共産主義国家である中華人民共和国においては，国家賠償制度は憲法41条によって基礎づけられるものの，損失補償制度は憲法によって根拠づけられるものではない」とするのが通説的見解である[3]。しかし，国家賠償の条項，すなわち「国家機関または公務員によって権利を侵害され，損害を被った者は，法律の定めるところにより，損害賠償を請求する権利を有する」（憲法41条3項）は，損失補償を含むものであろうか。しかし，憲法に基づいて損失補償を請求することが論理的に可能であるとしても，憲法審査制度が定立していないから現時点までにこういう事例が見当たらない。

　2004年に改正された中国憲法では，公共の利益のために，法に基づいた土地の徴収，徴用とその補償ができると定められており，新たに補償の条項が加えられた。とはいえ，憲法改正が行われても広い国土の地域間格差は厳として存在している以上，全国規模で土地価格を統一することは適切ではない。土地管理法と同法の実施条例は，補償の内容・基準を総括的に規定していると同時に，各地方（省・直轄市・自治区）の政府に相当な権限を付与している。中国には「土地管理法」，「都市不動産管理法」，「城郷計画法」という法律，または「国有土地上家屋収用及び補償条例」といった政府条例の関係規定があるが，各地方行政区は，損失補償の用途と生活再建に係る補償基準に関する規則を定めている（例えば，「山東省土地収用管理弁法」等）。

(2)　補償の確定

1．日本の場合

　日本の土地収用に基づく損失補償は，金銭による補償を原則とする（土地収用法70条）。土地収用法71条によると，収用する土地またはその土地に関する所有権以外の権利に対する補償金の額は，近傍類地の取引価格等を考慮して算定した事業認定の告示時における相当な価格に，権利取得裁決時までの物価

の変動に応ずる修正率を乗じて得た額とする。

　また，土地収用法は収用に該当する事業を定めている。ところが，土地の取得に対する補償評価と算定基準，及び賃借権・残地・移転料・営業等に対する損失補償の算定については，実務上紛争が発生するケースもみられる。用地取得に関する訴訟においては，補償金の算定をめぐり提起されるのは過半数であると見られている。補償金額について，学説は「相当補償説」と「完全補償説」の二説に分けられている。前者は，客観的な市場価格により全額を補償しなければならないとし，後者は，相当な補償，すなわち公共目的の性質にかんがみ合理的に算出された相当な額による補償であれば十分であるとする。

　判例は土地収用法に基づく土地収用に関しては，「完全補償説」の立場に立って判示している（1973年（昭和48年）10月18日土地収用補償金請求民集第27巻9号1210頁）。しかし，「土地収用補償金請求事件」（最高裁2002年6月11日第3小法廷判決）において，裁判所は，憲法29条3項の要求する「正当な補償」が完全な補償ではなく，相当な補償であれば十分であると判断した。

　なお，土地収用法は，「（土地等に対する）補償金の額は，近傍類地の取引価格等を考慮して算定した事業の認定の告示の時における相当な価格に，権利取得裁決の時までの物価の変動に応ずる修正率を乗じて得た額とする」と定める（71条）。また，1962年（昭和37年）10月12日に用地対策連絡会が決定した「公共用地の取得に伴う損失補償基準」は，取得する土地に対しては，「正常な取引価格」をもって補償するものとする。「正常な取引価格」とは，近傍類地の取引価格を基準とし，これらの土地及び取得する土地の位置，形状，環境，収益性その他一般の取引における価格形成上の諸要素を総合的に比較考量して算定するものとする。取得土地の補償以外に，移転補償，立木補償，営業補償，農業・漁業補償，残地補償など，土地の取得・利用により通常生ずる損失の補償（通損補償）も同政令に定められている。そのほか，隣接土地に関する工事費の補償，少数残存者補償，離職者補償などもある。そのほかに，土地収用法は，移転補償などの補償額算定の時期について，損失の補償は明渡し裁決の時の価格によって算定すると定める（73条）。

2. 中国の場合

[1] 都市部家屋収用の補償

　都市部の家屋収用は，「公平な補償」を原則とする（条例2条）。国務院の制定した「国有土地上家屋収用及び補償条例」は，都市部における家屋の収用による補償が，①被収用家屋価値の補償，②移転・臨時安置の補償，③営業損失の補償を含める，とする（17条）。被収用者は，金銭補償と現物代替補償のいずれかを選択することができる。

①　被収用家屋価値の補償

　「家屋収用補償条例」によれば，被収用家屋価値の補償の額は，家屋収用決定が公開告示される日につき当該家屋と類似する家屋の不動産の市場価格を下回ってはならない。本条例では，具体的数額は，不動産評価機構が「国有土地上家屋収用評価弁法」に基づいて算定すると定められる。また，家屋を建て替える必要があると認めて家屋を収用する場合に，被収用者が申請した場合に，市・県政府は家屋を建て替える当該地域またはその近傍における代替家屋を提供しなければならない（21条）。

　2011年6月に，建設部（住房及び城郷建設部）は，家屋収用補償条例20条に基づいて，「国有土地上家屋収用評価弁法」を制定した。不動産評価機構は，同弁法に基づいて，都市部における収用される家屋，及び現物補償による代替家屋の価値を評価し，被収用家屋と類似する不動産の市場価格を算定する。不動産評価機構は，被収用者の協議によって選定される。被収用される家屋の位置，用途，建築構造・年数・面積，及び土地使用権などは，すべて家屋の価値を評価する際の考慮要素となっている。

　各地方の政府に，国務院の収用補償条例に基づき，地元の実情と結合して収用補償に係る規則，章程を制定する権限が付与された。例えば，吉林省長春市の「家屋収用補償暫定弁法」は，家屋価値の補償額の算定要素を更に詳細に規定している。すなわち，被収用家屋の位置，用途，建築構造・築年数・面積のほか，不動産価格評価機構は，建築の態様，建築方向，周辺施設などの要素も含めて総合的に分析した上で評価報告を作らなければならない。新疆ウイグル

自治区は，収用する家屋が住居用ではない場合（商業，営業用など）に，将来の予想利益を評価の要素にしなければならない，と規定する。

② 移転・安置補償と営業損失補償

各地方の経済状況は地域により異なり，移転補償，臨時安置補償，営業損失補償の算定基準も，地方政府は社会・経済の状況などを総合的に考慮し確定することになっている。

「国有土地上家屋収用評価弁法」14条によれば，収用される家屋の室内における内装，設備などの移転費用，と営業損失への補償は，当事者（収用者と被収用者）間の協議によって確定される。協議がまとまらない場合は，不動産評価機構の評価によって確定される。実際には，各地方政府がそれらの補償額の算定基準につき指導意見を公布する場合が多い。収用補償条例は，収用により生産・営業が停止となる場合に生じる損失は，収用される前の営業額，停止期間などの要素によって確定される，と定めるが，具体的な算定方法の制定を省・自治区・直轄市の政府に委ねる（23条）。

例えば，北京市の場合，臨時安置費用の算定基準については，区・県の家屋収用部門が，家屋収用決定が公布される日につき被収用家屋と類似する不動産の市場の賃貸料金を基準にしてそれを確定する。その費用の支払い期間は4か月である。住居家屋を使用し生産・営業活動を行う場合に，営業のために使用する部分の面積につき，800 ～ 3,000 元／平方メートルの営業・生産損失補償の費用を給付する。広州市の場合，収用事業の迅速化のため，移転期間の奨励制度を定めている。広州市政府は，収用補償協議に定められる期限内に移転義務を履行する当事者に一定の数額の奨励金を与える。

家屋収用評価弁法，移転・安置補償と営業損失補償の数額につき，被収用者に政府との協議を通じて確定する権利を付与した。しかし，実際に被収用者が収用者である政府との間で協議を締結するのは，民法の規定によるものではない。補償額の算定基準と最終の確定につき，民衆は，政府が確定した結果を受動的に受け取る場合が多い。そのため，両者は平等な民事的関係であるとはいえない。

③ 補助・奨励

収用補償条例は，家屋収用における「補助・奨励」制度を定めている。それによって，市・県級政府は，被収用者に対し補助・奨励として一定の数額の金銭を給付する場合がある。

例えば，北京市では，被収用者は，北京市の戸籍があり，かつ個人建設の家屋に長期間居住し，ほかに正式の家屋を有しない，または障害者，社会保障給付者など住居に特別な困難がある場合に，北京市の各区・県政府は，地元の実情を結合して基準を確定し特殊補助を給付する。また，被収用者が，家屋収用決定により協議の締結期限内に移転する場合に，政府は移転奨励費を給付する。

上海市では，1人当たりの家屋建築面積は22平方メートル以下で，住居に特別な困難がある世帯に対して手厚い住居補助金を給付する。また，住居に特別な困難がある者は社会保障公宅の優先購入を享受することができる。

[2] 集団所有土地の補償

土地管理法47条によって，土地を収用する際には，被収用土地の「元来の用途」に基づいて補償を行う。土地管理法は，耕地を収用する際のみの補償内容と補償額の算定基準を定めている。管理法により，耕地を収用する際の補償は，①土地補償金，②安置補助金，及び③地上付着物と立木に対する補償金を含めるとされる。

具体的には，①土地補償金は，当該耕地の収用される前3年間の平均年産値の6倍〜10倍になる。②安置補助金は，実際に安置する必要がある人数によって算定する（「安置する必要がある人数」＝収用される耕地の数量÷収用する前に被収用単位の人の平均耕地占有量）。「安置」とは，国は土地を収用する際に，土地を主要な生産資材として暮らしかつ農村戸籍を持つ者に対し，金銭の給付などを通じて，生産・生活を継続的に維持させるための対応や措置をいう。1人当たりの安置補助金は，当該耕地の収用される前3年間の平均年産値の4倍〜6倍になる。ただし，1ヘクタール当たりの被収用耕地の安置補助金の総和は，当該耕地収用される前3年間の平均年産値の15倍を超えてはならない。また，土地管理法によって，耕地以外の土地収用による土地補償金と安置補助金の算

定基準に関しては，省・自治区・直轄市は，耕地を収用する際の補償基準を参照して，関連の基準を定める。③地上付着物と立木に対する補償基準は，省・自治区・直轄市によって定められる。

土地補償金と安置補助金の支払いを通じて，従来の生活水準と同等なレベルに保つことができない場合には，省・自治区・直轄市政府の批准に基づいて安置補助金を増やすことができる。しかし，土地補償金と安置補助金の合計額は，土地が収用される前3年間の平均年産値の30倍を超えてはいけない。

中国の土地収用は，「土地所有権の収用ではなく土地利用権の収用であるから，土地収用に対する損失補償は，土地所有権に対するものではなく土地利用権に対するものであり，したがって補償金の支払いは，国家政策に基づいてなされるものである」と指摘される[4]。しかし，補償額の算定基準は各地域により画一ではなく，実際には補償方式と補償額に関する紛争は，既に治安悪化までに至る深刻な社会問題になっていた。

2004年に，国土資源部は，「土地収用補償安置制度の改善についての指導意見」を下達した。意見は，地方政府による補償額の算定基準について指導意見を提供し，安置補償の方式を具体的に規定した。国土資源部は，被収用者の農民に対する安置補助・補償として，農業生産安置，再就業安置，株主収益安置，移民安置など新たな補償方式につき指導意見を提出した。

しかし，現行法上，集団土地上の収用補償についての規定は原則上の規定であり，家屋（宅地）の補償に関する明文がなく，各補償方式につき補償額の基準を確定する権限は地方政府に委ねられており，現実には「売地財政」と「以租代徴」といった現象が普遍的となっている。先にも述べたが，「以租代徴」とは，起業者が法による農用地転用手続によらず，農民と借地契約を締結することを通じて直接に集団所有の農地を利用・開発する行為である。また，「売地財政」を通して，地方政府はその強力な行政権を背景に集団所有の土地を安い価格で収用し，これを国有化した上でさらに高値で不動産開発業者などに売却して財源に当てることがある。現代の中国では，この過程で農民の権益が侵害されるケースが多発している。

(3)　補償金の支払い

　日本の土地収用法は，事業認定の公示があった後は，権利取得裁決がされる前であっても，土地所有者等が起業者に対し補償金の支払いを請求することができ，請求を受けた起業者は原則として法定期間内に補償金の見積り額を支払わなくてはならないとしている（46条の2，46条の4）。収用の裁決段階において，収用委員会は独立行政委員会として補償額を確定する。損失の補償に関する当事者の争いは，当事者訴訟により解決される。それに対して，中国においては，収用補償協議を審査・確認する独立した機関が存在しない上に，補償額についての争いは民法にもよらないため，現行法上，補償に不服がある場合は陳情に行くか，行政事件訴訟を直接提起するかなどのように事後に救済を求める道しかない。なお，中国の現行の行政事件訴訟法には当事者訴訟についての規定がない。

　中国においては，土地収用に対する補償額の問題のほかに，補償金の支払いそのものが問題となる。2004年5月14日の「国土資源網」の記事によると，広東省黄華華省長が2004年内に広東省の滞納補償金12億元（約180億円）の支払いを約束したとあるが，全国の未払い補償金はこれから推測しても相当な額になると思われる。

　また，農村部の土地は公式には集団所有であるが，その「集団所有」の土地所有制度には曖昧な点が多く備わっている。集団所有の土地は，名目では村落の村民全体によって所有されているが，実質的には村民委員会の管理下にある。村民委員会の一部の有力な幹部が土地の管理権を掌握したことで，補償金を配分する権限も同時に村人たちの手から離れることとなった。村民委員会は法に基づく村民の自治組織であり，国家機関はその自治事務に干渉する権限を持たないため，村民委員会の権限を監督する制度が欠落している。地方では補償金が村民各個人に支払われないケースが頻発しており，収用補償をめぐる紛争の中心となっている。

(4)　諸国の収用補償の動向

　日本と中国（都市・農村）の土地収用による損失補償の内容は，下図を参照して対照できる。

補償内容	対価補償	移転補償	生活再建補償（安置補償）	営業補償	残地補償	精神的損失補償	権利補償
日　本	◎	◎	▲	◎	◎	▲	◎
中国都市部	◎	◎	◎	◎	▲	▲	▲
中国農村部	▲	▲	◎	▲	▲	▲	▲
米　国	◎	◎	◎	◎	◎	▲	◎

◎：当該補償をする。　　　▲：当該補償をしない。

　例えば米国では，「正当な補償」原則を適用する。「改正1970年統一移転援助及び不動産取得指針法」によれば，当該財産の公正な市場価格として当局に認められた評価額を下回ってはならない[5]。移転及び再建費用に対する支払いは，二つに大別される。現実の合理的な移転費用及びその関連費用の支払い，と定額の支払い（代替的な支払い）である[6]。また，移転経費の支払いの対象は，以下の内容を含める。①移転する人と動産の輸送，②動産を梱包し，ケースに入れ，梱包を解き，及びケースから出すこと，③引越動産を，切り離し，包装を解き，片づけを行い，再び組み立て，そして再び取り付けること，④動産の保管，⑤事業または農業経営の直接的損失，⑥場所の移転に必要なライセンス，許可，料金または認証，⑦代替する動産の購入，⑧移転先の立地調査など[7]。再建経費に対する支払いは，①移転不動産の修繕または改良，②事業活動に適合させるため，または，移転した構造物を事業を行うのにふさわしいものにするため，移転財産に修正を加えること，③事業を宣伝する屋外広告のための建

第5章　土地収用における損失補償と救済の比較法的考察　155

設及び設置費用などを含める。そのほか，借家人は，移転費用の支払いを請求
することができる。

　各国の収用補償制度は，その国の歴史や文化を背景に形成されたものであり，
国により異なる特徴を備えている。例えば，フランスの公用収用法は，「事前
の補償」原則を定めており，手続上，行政手続と司法手続の二つの段階に分け
られている。人権宣言17条は，「公共の必要性」を土地収用の前提と定める。
公用収用法は，「公益性声明」（D.U.P）の関係手続を定めている。行政手続の
段階では，行政庁は事前民意調査と土地調査を行い，その調査の結果に基づい
て「公益性声明」を公開告示することになっている。当事者は公益性声明に対
し異議を持つ場合に，行政法院に訴えを提起することができる。司法手続の段
階では，普通裁判所によって補償金の確定と土地所有権の移転との手続がある。
普通裁判所には，行政裁判所の裁決を審査する権限がない。当事者の権利救済
は，主に行政庁と行政裁判所を通じて確保されている。そのほか，当事者は裁
判官の権限，職権の踰越・濫用，手続違反につき，収用の指令に対して不服で
ある場合は，最高裁判所に上訴を提起することができる。

　公用収用法は，金銭補償を原則とし，金銭補償と現物補償の二つの補償方式
を規定している。現物補償の場合は，事前に当事者の同意を得なければならな
い。フランスの収用補償事例では，収用をめぐる法廷の中で補償が確定される
ケースは全体の約1割にすぎず，ほとんどの土地収用補償は協議方式を通じて
達成したといわれている。収用補償の内容は，主に，主要補償（土地の市場価
格を基準とする），安置補償，移転補償，経営損失補償，そのほか（被収用者が
自ら提出することができる）を含める。また，残地補償，賃貸損失補償，経営移
転補償，耕作損失補償，解約補償などを含める場合もある。裁判官には，事案
により補償内容を判断するという自由裁量権が付与されている。

　収用活動の迅速化のため，公用収用法は，「緊急収用手続」と「特別緊急手続」
を定めている。国防建設，高速道路，国家道路，鉄道の建設工事など特別緊急
の必要があり，特別緊急手続に準ずる場合に，公共の利益のために，収用機関
は利害関係人に補償金を支払うとともに被収用財産の占有権を即時取得するこ

とができる。

　ドイツでは，憲法（基本法）14 条により，公用収用は，補償の方法と程度を規律する法律によって，または法律の根拠に基づいてのみ行うことが許される。補償は，公共の利益と当事者の利益とを公正に衡量して決定しなければならない。補償の額に関して争いがあるときは，通常の裁判所への出訴が認められる。また，各州の収用法は専門の規定を定めている。歴史上，プロイセン土地収用法は，事業認定，土地の確定，補償額の確定を含め，完璧な土地収用手続を制定した。収用補償の内容は，主に，実体の損失補償，それ以外の財産損失補償，生活補助との三種類に分けられる。実体の損失補償とは，収用される土地の価値に対する補償である。土地以外の財産損失補償は，営業損失補償，残地補償，移転補償，弁護士代理費用の補償などを含める。生活補助は，賃貸借人の申請による特殊な補償である。権利救済について，行政裁判所は，憲法上の財産保護に基づき，財産侵害の適法性と根拠法の合憲性を審査する。最高裁判所は，特別犠牲補償の原則に基づき，補償の内容を審査する。

　イギリスでは，収用補償の内容は，主に，土地の市場価格，侵害・侵犯（disturbance）補償，残地補償，住居損失補償，耕地損失補償を含める。侵害・侵犯補償は，移転補償，営業移転補償，営業損失補償，弁護士代理費用補償，税務負担補償を含める。

　諸外国と比べれば，中国の収用補償は，以下の特徴を持つといえる。①統一的な収用法典がなく，関係立法は単に原則規定を定めるのみとなっている。そのため，補償につき全国の統一基準は制定されていない。補償の確定基準を制定する権限は各地方の政府に帰属する。②中国特有の二元的土地制度下に成立したがゆえに，収用補償制度もこれを反映した二元的性格を持つ。具体的には，都市部と農村部のなかで，土地の権利属性により各々の補償制度が確立されてきた。③中国の収用補償は，社会保障の補塡という性格を持ち，国家政策による場合が多い。補償の方式については，厳格かつ統一的な実体法により確定するのではなく，各地方の規定により異なる場合がある。

第5章　土地収用における損失補償と救済の比較法的考察　157

第2節　土地収用に関わる行政訴訟による権利救済

　日本の土地収用法では，「事業認定及び収用裁決はいずれも行政処分であるから，行政不服申立の対象とも，取消訴訟の対象ともなる。ただ，補償に関する事項は，当事者訴訟でのみ争うことができるとされている（132条，133条）。」[8]「収用委員会の裁決に対する不服申立は，異議申立ではなく，特に，国土交通大臣への審査請求とされている（129条）。」[9]

　このような日本の現状に対し，中国では土地収用における訴訟提起の可否自体が議論されている段階にある。とりわけ収用活動が私的財産権の侵害に至っている場合，現在の行政救済のルートはいかに展開するのであろうか。以下で，土地収用にかかる法律・条例と「行政不服審査法」，「行政訴訟法」，そして司法解釈・法規などの関連規定及び法改正の動向をふまえた検討を行う。

(1)　「行政不服審査法」，「行政訴訟法」の関連規定

　1999年に施行された「行政不服審査法」により，行政機関の下した土地の所有権または使用権を確認する決定に異議がある場合，本法に基づいて行政不服審査を申請することができる（6条）。ただし，その「所有権・使用権の確認」の概念とは何かについては異論がある。行政不服審査法5条は，「行政不服審査の決定に異議がある場合に，行政訴訟法に基づいて行政訴訟を提起することができる」，「しかし，法により行政不服審査の決定が最終的裁決を規定する場合は除く」と定めている。

　行政訴訟における案件が受理される範囲について，1990年に施行された「行政訴訟法」は，「人民法院が行政案件を審理するのは，具体的行政行為が合法か否かに対し審査する（5条）」，行政機関が違法的に義務を履行させ，人身権・財産権を侵害するなど具体的行政行為に対して不服の場合に，人民法院がそれらによって提起される訴訟を受理すると定める（11条）。すなわち，行政訴

に対する司法統制は，「具体的行政行為の合法性」に限定する。一方，収用をめぐる行政訴訟の詳細は未定である。

　また，行政訴訟法 52 条（2015 年改正後は 63 条）は，「行政案件に対し人民法院の審理は，法律と行政法規，地方法規（地方人代と政府の制定したその管轄地域に準用する弁法・規則など）を根拠とする」と定める。行政法規は，国務院とその部門の制定した法令・規則などを指す。地方法規は，地方人代と政府の制定したその管轄地域に準用する弁法・規則などを含める。ということで，中央・地方を問わず，政府により制定されたほとんどの条例・規則・弁法などは審査対象から除外される。

　行政裁量に対する司法統制は，適当性・適法性の審査ではなく，合法性の審査のみにとどまっていると思われる。行政行為の違法事由に関して，行政訴訟法 54 条により，①主要な証拠の不足，②法律・法規の適用錯誤，③法定手続の違反，④職権踰越，⑤職権濫用という 5 種類の場合に分けられる。また「合法性の審査」といっても，「法」は「法律」だけではなく，行政法規と地方法規を含むことから，行政立法も裁判の際に審査基準とする場合がある。

　原告適格に関しては，2000 年の最高人民法院施行の「行政訴訟法の実施に伴う若干の問題の解釈」によって，「具体的行政行為と「法律上の利害関係を有する」国民，法人そのほかの組織」に限定される。司法実践（裁判例）において，その「法律上の利害関係を有する」に対する理解は，「具体的行政行為が実行する対象（相対人）」に制限され，そのほかの利害関係人は排除されることがある。すなわち，収用される不動産の所有者の所有権以外の権利救済は，現行の行政訴訟法によっては確保されていない。

(2)　都市部の不動産収用の際の行政訴訟・救済

　都市部の不動産収用の際，収用決定と補償形式・補償額などに関する内容について協議にならない場合に，起業者（収用者）または被収用者は，行政訴訟を提起できるであろうか。

　1991 年に国務院が制定した「都市家屋立ち退き管理条例（旧）」は，「都市

第 5 章　土地収用における損失補償と救済の比較法的考察　　159

家屋の立ち退きの過程の中に，補償形式，補償金額，安置用家屋の面積・場所，移転期間中の安置方式・期限に関して，収用者と被収用者との間で協議を設ける合意が成立しない場合に，立ち退きを批准した家屋立ち退き主管部門によって裁決される」，「当事者は裁決に対して不服がある場合に，裁決書を受領した日から 15 日以内に人民法院に起訴できる」，「訴訟期間中には，収用者が被収用者に安置措置を行った，または移行期間中の仮家屋を供した場合は，立ち退きの実施は停止しない」旧立ち退き管理条例は，訴訟内容について，補償内容のみに限定する。立ち退き決定という行政決定は訴訟内容の範囲には含まれない。

　1993 年に，最高人民法院は，1991 年「都市家屋立ち退き管理条例（旧）」14 条の適用問題について江蘇省高級人民法院に復文を下した（以下，1993 年「復文」という）。その概要は以下の通りである。

　　都市家屋の立ち退きの過程の中に，補償形式，補償金額，安置用家屋の面積・場所，移転期間中の安置方式・期限に関して，収用者と被収用者との間で協議が達成できない場合に生じた争議は，平等な民事主体間の民事権益によるものである。これに基づいて，家屋立ち退き主管部門または同級人民政府はこれらの争議を裁決した後，当事者は裁決の決定に対して不服があり，人民法院に起訴する場合には，人民法院は民事案件として受理するべきである。

　すなわち，都市部の不動産収用による損失補償に関して提起された訴訟は，1991 年に「都市家屋立ち退き管理条例（旧）」が施行された後に一時的に民事案件として扱われたことがある。

　しかし，その後，1996 年に最高人民法院は，各省・自治区・直轄市の高級人民法院に家屋立ち退き・補償・安置等の案件問題に関して，復文を下した（以下，1996 年「復文」という）。それと同時に，最高人民法院の 1993 年「復文」は廃止となった。その復文の主な内容を示した抜粋は以下の通りである。

　　①家屋立ち退き・補償・安置等問題に関して，政府または都市家屋主管行政機関が職権に基づいて下した裁決に対して不服があり，法により人民法院

に訴訟を提起した場合は，人民法院は行政案件として受理すべきである。②
収用者と被収用者が補償，安置などの問題に関して争う場合，または双方の
当事者が協議を達成した後，一方の当事者が協議に違反し，行政機関の裁決
によらずに，補償，安置等の問題のみに関して人民法院に訴訟を提起する場
合は，人民法院は民事案件として受理すべきである。③本復文を公布する日
をもって，「『都市家屋立ち退き管理条例（旧）』14条の適用問題についての
復文」は廃止となる。

1996年「復文」では，家屋立ち退き・補償・安置等について法に基づいた
訴訟を提起できる点に変更はないが，訴訟提起の時期によって，行政案件か民
事案件かを区別して受理する方針に転換した。具体的に，①「協議を達成した
か否か」，②「行政機関が裁決したか否か」などによる判断となった。

2001年に国務院施行の「都市家屋立ち退き管理条例（新）」は，「立ち退き
補償安置協議が達成した後，被収用者または家屋賃貸借者が移転期限内に立ち
退きを拒否する場合，収用者は仲裁委員会に仲裁を申請し，または人民法院に
起訴することができる」，「訴訟期間内に，収用者は法に基づいて人民法院に先
行執行を申請することができる」（15条），「収用者と被収用者，または収用者，
被収用者と家屋賃貸借者との間で補償安置協議を達成できない場合は，家屋立
ち退き管理部門は当事者の申請により裁決を行う」，「当事者が裁決に対して不
服がある場合は，裁決書が送達した日から起算して3か月以内に人民法院に起
訴することができる」，「訴訟期間中は，収用者が本条例の規定に基づいて被収
用者に金銭補償あるいは安置措置を行った場合，または立ち退き安置家屋ある
いは移行期間中の仮住宅を供した場合は，立ち退きの実施は停止しない」と規
定した（16条）。旧立ち退き管理条例と比べれば，新条例は被収用者の「訴訟
提起権」と「強制執行権」を強調する条文を加え，都市再開発の迅速化に着眼
する意図を明らかに示した。そのほかに，仲裁手続の法令化，起訴有効期間の
延長なども注目を集めた。しかし，「行政裁決前置手続」，「出訴期間中の収用
実施の不停止」などの内容は，旧条例の規定とほとんど変わらなかった。

2005年に浙江省高級人民法院により提出された指示請求に対し，最高人民

法院は復文を下した。主な内容は以下である。当事者の間で立ち退き補償安置協議が達成できない場合に、当事者が補償安置について生じた争議に即して民事訴訟を提起する場合は、人民法院はそれを受理しない。その代わりに、当事者は、2001年「都市家屋立ち退き管理条例」16条の規定に従い、行政裁決を申請することができる。

当復文に対しては、「行政裁決前置主義」に基づくものであるとの批判の声がある。その理由としては、行政行為に対して合法性審査のみにとどまる中国の司法統制は、行政裁量に頼る部分が多いことが挙げられる。2005年復文という司法解釈は、その実質が、相対的に社会的に弱い立場にある被収用者の民事訴訟権を制限することになると指摘される。

その後、強制執行権の確固化（17条）などにより、実務において収用紛争とそれによる社会問題が多く発生しており、とりわけ近年において、行政制度の全面的改革を主張する声が強くなり、2001年条例は学界から相当な批判を招いていた。

2011年国務院施行の「国有土地上家屋収用及び補償条例」は、被収用者は政府が行う家屋収用決定に対して不服がある場合は、「法に基づいて行政不服審査を申請し、または行政訴訟を提起することができる」（14条）。これまでの訴訟提起権は、補償内容のみに異議がある場合に制限されていたが、当条例は、中国で初めて家屋収用権を発動する行政決定に対して訴訟を提起する権利を明文化した。厳密に言えば、当条例の法的効力は行政規範のレベルにとどまるというが、これを以て、都市部の不動産収用における行政訴訟を提起する権利を確保する根拠とする条文が正式に成立した。

またそれ以外では、当条例は「被収用者は、補償決定に対して不服がある場合に法に基づいて行政不服審査を申請し、あるいは行政訴訟を提起することができる」と定める（26条）ことから、収用決定段階と補償決定段階との二つの段階に行政収用に対する権利救済を法文で定めた。

前述のように、都市部の不動産収用制度が1990年代に成立して以来、訴訟提起権と権利救済に関わる関係規定は何回も改廃された。異なる時期に公布さ

れた司法解釈により，法解釈の適用が混乱したことから，各地方の法院は関連案件を受理する際に最高人民法院に指示を仰ぐことが多くあった。この時期に，都市部の収用制度はまだ成立したばかりなので，関連の法整備はまさに慎重に進んでいた。その後，2000 年代に入って後，急速な都市化による大規模な都市再開発が進められ，都市部の不動産収用は盛んに行われてきた。その時期に行政収用の迅速化を目指して制定された「都市家屋立ち退き管理条例(2001 年)」と一連の司法解釈によって，「行政裁決前置主義」と「強制収用原則」はさらに確固なものとなった。関連法規が権利救済の面では欠落したと指摘され，都市部の不動産の価格高騰という問題に加えて，各地において収用補償に対する不満や行政機関の強制収用に対する反発は強まっており，政府の名望と社会の安定に相当に悪い影響を与えている。それらの問題に対して，2011 年に「国有土地上家屋収用及び補償条例」が制定され，これまでの都市部の不動産収用法制を改めて整理・整備した。

(3) 集団所有土地の収用に関わる行政訴訟・救済

1986 年に制定された「土地管理法」は，中国の土地制度を規範する基本法であり，同法は，初めて集団所有土地の収用権を確立し，その後，1988 年，1998 年，2004 年の 3 回にわたり改正されたが，農村部の土地収用制度を規定する基本法としてはそのまま変わっていない。

現行「土地管理法」16 条により，土地所有権と使用権について争う場合は，当事者が協議を通じて解決する。協議が整わない場合は政府が調整する。当事者は，政府の調整決定に対して不服がある場合は，人民法院に訴訟を提起することができる。ということで，このような「行政処理前置主義」を採用する上で，手続き上には，土地所有権と使用権にかかる紛争につき訴訟を提起する前に，政府によって処理されたことは前提とされる。また，このような訴訟提起権は，集団所有土地の収用に関わる行政訴訟・救済の場合に適用できるか否かについて，長い期間にわたって論争がある。

1991 年に国務院施行の「土地管理法実施条例」(旧)は，土地所有権と使用

権について争議がある場合は，当該土地が所在する郷，県，または県級レベル以上の人民政府により調整する（8条），「土地所有権と使用権について争議が発生することによって土地所有権と使用権を再確認する必要がある場合は，県級レベル以上の人民政府によりそれを審査・確認し，土地証書を発給する」と規定したが，土地収用による行政訴訟と権利救済についての明文を定めなかった。当条例は1999年に廃止された。

　1999年に国務院が新しく施行した「土地管理法実施条例」は，「補償基準に対し異議が発生する場合は，県級レベル以上の地方人民政府によって調整する」，「調整を通じて協議を達成できない場合は，土地収用決定を批准した人民政府によって裁決する」と定める（25条）。すなわち，農村部土地収用における救済は，行政機関の判断に頼ることとなっている。また，新実施条例は，「土地収用の方案の実施は，土地収用補償と安置争議から影響を受けない」と規定することから，土地収用という強力な行政権を強調し，土地収用による行政訴訟についての明文は定めていない。このような救済は，司法統制の範囲に含まないものと推定されている。

　以上のように，土地所有権と使用権についての紛争は，中国では，従来，行政指導・行政裁量に頼る部分が大きい。現行の土地管理法は，初めて訴訟提起権を明文化したが，この訴訟提起権は「行政処理前置主義」により制限されている。そして，土地収用における行政訴訟・救済の場合に適用できる明文も定まっていない。1999年土地管理法実施条例は，権利救済のルートを「補償金に異議がある場合」のみに制限し，収用決定・補償決定などについては具体的な規定を定めていない。現行法上は，集団所有土地の収用に関わる行政訴訟・救済についての内容が依然として欠落している。

　その他の問題点として，以下を指摘しておきたい。

　①　農村集団所有という土地制度に曖昧性があると指摘されている。農村部の土地は公式に集団に所有されるというが，この制度は，「かつて所有主体は人民公社であったが解体されたので，現在では集団経済組織としての村民小組や村民委員会が所有主体の中心となっている」，「集団所有制も相当に崩れ事実

上村の幹部達の共有やはなはだしくは有力幹部の個人所有に近い実態になっているところもある」といわれている[10]。その制度の下で，いかに村民の個々の私的権利救済を保障するのかは難題である。今後の課題として，集団経済組織の制度及び集団所有の土地制度において全面的な改革に寄与するしかないと考える。

②　二元的土地所有制度の下で，中国の収用制度もまた，都市部の不動産収用と農村部の集団土地収用という二元的性格を帯びるようになった。土地の収用に関わる行政訴訟・救済も都市と農村では内容を異にする。しかしながら，近年，農村部の都市化や農地開発によって土地権利の帰属が曖昧となるケースが漸増したことで，例えば集団所有土地が収用された後，被収用土地にある建物・家屋にかかる権利救済をいかなる手法で展開するのかといった問題が生じる。この問題に対して，2005年に，重慶市高級人民法院が最高人民法院の指示を仰いだ際，最高法院は「行政機関は農村集団土地を収用した後，被収用土地にある農村住民は依然として家屋の所有権を有する。家屋の所在地は計画された都市区域に収録される場合に，『都市家屋立ち退き管理条例（2001年)』とそのほか関連規定を参照しながら，家屋の所有者に補償・安置を行うべきである」という「答複」を下した。しかしその後，「国有土地上家屋収用及び補償条例」が制定されたことで当条例は廃止となった。この新条例が当法解釈の適用にあてられるか否かについての詳細は未だ定まっていない。

第3節　結　び

(1)　比較法的考察の結果

土地収用とは，「収用の決定と収用権の発動」であるという学説上の狭義の理解がある。本書は，「収用の決定と収用権の発動」はもちろん，収用による補償，救済も土地収用全体の範疇において広義での考え方をとるものである。

第 5 章　土地収用における損失補償と救済の比較法的考察　165

日本と中国の土地制度は根本的に異なるが，土地収用全体の手続における公益認定，収用の決定・実施，補償と救済を問題点として以下の方面について比較研究の価値があるといえよう。

①　公益の認定。公共利益とは，そもそも憲法学の範疇の概念であるが，土地収用の制度は国家の根本である国家権力と財産権及び人格権，そして，公益と私益との調和に緊密に関連する重要な制度であり，「公共利益」，「公共の福祉」など実質的利益の実現に繋がっている。ほとんどの国において，収用権の発動は公共利益に合致しなければならない。日本においては，都市計画事業や市街地開発事業が収用適格事業とみなされるが，株式会社は営利を求めて開発活動を実施する主体であるとして，公共性に欠けると指摘されることが多い。中国においても，都市化の急速化と不動産の高騰につれて，営利を目的とする不動産業者の大規模開発では，事業自体に備わる公共性の存在が問題視されている。以上のことから，実際上の問題点を踏まえた上で，関連する理論を再整理する必要がある。また，市民参加と行政の透明化への要請が強まっている状況のなか，いかに行政計画の民主化を実現するかという課題も共通している。

②　中国の二元的土地制度の下，土地収用は都市と農村により制度が異なる。日本は私有制国家であり，二元的土地制度という事情はないが，収用法制は地域により実際的なコントロールの手法は違う。例えば，都市計画の場合には，事業の認定は不要であり，都市計画事業の認可・承認をもって事業認定に代えるものとされる。

③　中国の損失補償は，都市と農村により補償の対象と補償額は違う。一部の地方の都市部において，収用される家屋への対価補償のほか，手厚い安置補償（生活再建補償）がなされている。日本の土地収用による損失補償は，被収用土地の所有者，権利者に対する財産補償以外，非財産補償への態度が冷淡である。

④　救済の面について，日本では，所有者は事業の認定に対して不服がある場合は取消訴訟を提起することができるが，補償額について不満がある場合には，当事者訴訟の形式で訴える。中国の都市部では，収用の決定と収用額に対

し異議または不服がある場合に，いずれも法に基づいて抗告訴訟を提起することができると定められている。これは，中国の行政訴訟法上，当事者訴訟について明文を定めていない事情もあり，制度上の収用権が市・県の政府に委ねられ，地方政府による土地収用の決定から実施までが独占されている状況下で生じている問題である。

　⑤　他国の経験，例えばアメリカの移転・安置補償は日中両国の参考になると考える。そのほか，中国の土地収用は，農村での土地収用と都市部での家屋収用に分けられる。日本において，郊外地域の土地収用と都市計画事業，市街地再開発事業により，それぞれの扱い方は違う。収用法制を土地利用計画全体のなかで考慮しなければならない。以上の問題点について，本書は比較法的視点から論述した。

　比較法的に考察した結果として，日中両国の共通点として次の二つが挙げられる。①日中両国は，いずれも「行政による収用」原則をとる国である。それは，アメリカの「議会による収用」原則と違い，そもそも異なる歴史背景，別の法理の下に発展してきたものである。②日中両国はいずれも，収用の決定段階には，行政機関による意見聴取と公聴会の開催が義務付けられる。事業の計画段階における住民参加，収用手続の公正・透明への要請が強まっている。

　日中両国の土地収用法制は，それぞれの特色と問題点を示している。日本において，①任意契約による土地を取得しようとする際に，原則として民事関係につき任意契約との形式をとるが，実際には強制的収用権の発動を背景にしている場合が多い。また，生活再建補償を含め，補償の面への配慮は欠けている。②事業認定による厳格な収用決定手続がなされている。しかし，問題点が指摘される。例えば，起業者が国土交通大臣である場合に，行政庁の同大臣が事業の申請者と認定者である（起業者＝認定申請者＝認定庁）から，その中立性が問われている。③近年の判例を踏まえ，公共事業それ自体の公益性が本格的に議論されるケースが極めて僅かである。実際の裁判では，原告適格の制限などの下で，事業認定における裁判所の司法統制が曖昧化している。④制度上，収用委員会，社会資本整備委員会など独立性が認められる行政委員は，重要な役

第 5 章　土地収用における損失補償と救済の比較法的考察　　167

割を果たしている。それに対し，中国の土地収用手続の中，独立行政委員会は設置されていない。

　中国の場合には，①農村部における補償額が極めて低いのが現状である。②収用決定の段階で，独立性が認められる行政委員会は設置されておらず，行政機関が独断する場合が多く，計画決定手続の不透明さが指摘される。③とりわけ農村部における救済のルートが欠けている。④都市部において，収用の決定と収用額に対し異議または不服がある場合は，いずれも不服申立て，行政訴訟（取消訴訟）を提起することができる。⑤一部の都市では，安置補償（生活再建補償）は手厚くなされており，移転補償の対象も細かく定められている。また，環境影響評価も考慮要素の一つとみなされる。しかし，それは党または地方政府の政策の裁量に依存する部分が大きく，法的安定性を欠いている。⑥借家人など権利者への補償は欠落している。

　日本と中国の土地収用制度は，各々の歴史，法理の中で発展してきたものであるが，共通点として，両国はともに「行政による収用」原則をとる国である。近年，収用事業の迅速化により，中国の経済発展は著しい成果を遂げてきた。しかし，私的財産保護の面からみれば，制度上の欠落は否定できない。現在では，一連の立法と法改正の動向は注目を集めているが，土地収用における公益認定，収用補償，及びそれらによる法的救済は，依然として中国が直面する難題である。

(2)　中国土地収用制度についての指摘

　①　「行政手続法」は存しないこと，特有の二元的土地制度などの背景の下，強力な収用権は任意的に発動される傾向がある。民主的手続が欠ける中で，行政収用に対する審査制度が欠落しているのが現状である。土地収用の手続には，公共性認定と収用裁決の手続は別個に設置されていない。制度上，収用事業の公共性審査が欠けているとともに，独立性を備える行政機関の審理・裁決を通じて，権利者に正当な補償を確保するための裁決手続は設置されていない。収用の決定と補償の決定との両者は一体化する傾向が著しく，地方政府が収用補

償方案の制定と収用補償協議の締結を通して，収用の実施段階に入ることは，中国の現在の土地収用手続の大筋である。手続上，十分な情報公開と利害関係者の参加の手続を設置し，収用事業の公共性を確保すべきである。強制収用権を制限する手続を，公益認定制度の根幹として設置する必要があると考える。

　②　強制収用をした上で，公平・公正かつ適切な補償を行っていない。現行法上，地方政府の政策により補償額の算定基準が定められる部分が多いため，地域により補償の方式と算定基準が異なる場合もある。一部の地域には手厚い補償がなされるが，それは党・政府の政策による場合が多く，地域により補償額が極めて低い場合もある。補償制度を全国的に見れば，不安定ないし混乱状態にあるといえよう。

　都市部において，残地補償と権利者補償はしないこと，現物補償が不適切（都市の中心部から遠距離の郊外に移転・移住させる例がある）であることも，また不動産価格の高騰による過剰な補償を行うこともある。農村部において，土地収用は事業者が農村土地を取得する唯一の手段である。地方政府は収用により土地を取得し，「土地出譲金」と補償金との差額を稼ぐこと，いわゆる「土地財政」現象が普遍化している。また，収用により生活の収入源（土地）を失い，都市部戸籍を持たない農民は再就職できず，死活問題になるという「失地農民」問題も深刻化している。その上で，市場価格の参考基準が存在しないため，集団所有土地の補償額は極めて低価格であり，移転補償・残地補償・権利補償をしないことによって，被収用者は元の生活を再建することが難しい。従って，集団所有土地と国有土地との土地権利間の実質的な不平等が生じ得る。これは「物権法」に定める「平等原則」に反するといえる。他方，施行手段の面では，強制執行（行政強制）の濫用により，人権侵害に至るケースが多発する。

　現実には，ほとんどの収用紛争は，不当な補償から起因すると見られる。現行の土地制度の下，農村土地の譲渡は禁止されており，市場価格も認められない。農村の土地制度をいかに改革するかは，極めて重要となる。集団所有土地を私有化するのか，または一概に国有化するのか，それとも，現行の集団所有制度をさらに強化するのか。本書は，土地管理法47条の改正を通じて農村部

第 5 章　土地収用における損失補償と救済の比較法的考察　　169

土地に市場価格の補償を与えるべきだと主張する。そうすれば，都市部も農村
部も含めて全国的に統一した市場価格に準ずる「正当な補償」原則を確立し，
収用補償に過剰も不足もない，公平・公正な損失補償制度を建立することが可
能となる。また，再就職支援・生活再建家屋などの提供を通じて，補償方式の
多様化を確実に実現させる，と主張する。それと同時に，新たな補償方式を探
索することも必要である。例えば，(a)道路建設の場合は，集団経済組織（村）
または農民個人は投資者として，土地所有権を投資することによって収益を得
ること，(b)集団土地に収用期限を設定し，国有土地「出譲」（住宅用地70年，
商業用地40年）の期限を参照して補償を行うこと，という多様な手法が挙げら
れる。このような提案は，現有の土地制度を保留し，物権の平等保護原則を遵
守する上で，混乱している二元的収用補償制度を整備し，農民の権利利益を確
保することができる，というメリットがある。

　中国現行法の下で，実質の損失補償制度がまだ制定されていないため，都市
部土地収用による補償が近年の立法により「公平な補償」原則を確立したが，
まだ不十分であり，農村部において適切な補償を確保することはさらに緊急な
課題である。その主な解決策として，「正当な補償」原則の確立，及び法によ
る訴訟の権利を確保することである。

　法治国家では，合法な権利利益を保護しなければならない。中国は土地の私
的所有を認めないが，憲法は私人の財産を保護すると明記している。都市部家
屋の所有権と市場価格を認める，そして農民の権利利益を保護すると認める以
上，土地の私有権を認めないことから公平かつ正当な補償を認めないという論
理は，そもそも成立しない。それと同時に，過剰な補償をも防がなければなら
ない。土地改革により農民の土地に対する権利の属性を明確にする必要がある。
提案として，法改正または新たな立法により「正当な補償」原則を確立し，各
地方の補償政策や補償基準を整理・整備することである。

　③　公用収用と補償に関わる救済のルートが欠けている。収用の手続が不備
である現状の下で，不当な収用補償によって損なわれた権利に対して，有効な
救済を与えなければならない。しかし，収用決定と補償額に対する不満により

訴訟を提起する権利を認めるか否かについての立法は何度も改廃されたため，長期にわたって，収用補償による救済の途が閉ざされており，収用決定も訴えられず，補償額についても訴えられなかった。収用決定の処分性を確定し，被収用者の訴訟提起権を十分に確保すべきである。

都市部では，2011年の家屋収用補償条例の制定によって，家屋収用権を発動する行政決定に対して訴訟を提起する権利が明文化された。収用の決定と収用額に対し異議または不服がある場合は，いずれも不服申立て，行政訴訟（取消訴訟）を提起することができるとされた。しかし，その運用の実態を検討する必要がある。2014年8月に最高人民法院が公表した典型的な判例は，都市部の家屋収用に係る司法審査の最新の動向を反映している。これについての詳細は後述する。

農村部において，現行法上，行政訴訟による権利救済のルートは補償基準に異議がある場合のみに制限され，収用決定と補償決定などについて法に基づき救済を求めることは難しい。日本では，事業認定に対する司法審査の実質は，収用事業の公共性に対する審査である。その意味で，中国において，新たな立法または法改正を通じて，収用決定につき行政訴訟の提起権を確保することは，正式な公益認定制度の確立にとって重大な意義があるであろう。

④　現行の収用強制執行の法制度は，基本的人権の侵害を招致しやすい。日本では，収用により土地を取得する場合は，事業者の申請により都道府県知事が「土地収用法」102条の2に基づく行政代執行を行う，という仕組みがある。1948年制定の「行政代執行法」を以って，代執行は行政強制の原則的手段とされ，直接強制と執行罰は個別法に規定される場合にかぎり認められる。「土地収用法」102条の2によって「行政代執行法」が準用される。それに対して，中国の現行「行政強制法」によれば，行政強制は「行政強制措置」（即時強制に近い）と「行政強制執行」（直接強制・「代執行」・執行罰などを含める）に分けられる。しかし，いわゆる「代執行」の執行対象は，交通安全・環境汚染・自然資源の破壊に関わる支障除去・原状回復に限定される。収用による土地取得，家屋の強制的な取り壊し，強制的な移転・移住措置などは，ほとんど対象外で

ある。換言すれば，収用取得において義務履行が実現しない場合は，原則として直接強制が主な手段とされる。その結果，現実には，特に近年，行政・司法機関の権力濫用，または一部の公職員の腐敗，職務失格により，土地収用または家屋取り壊しの強制執行による「悪性事件」が後を絶たない。現行の収用制度から見れば，収用決定，収用補償決定と強制執行（家屋の強制的な取り壊し）という中国収用手続の３段階に対して，さらなる実質的かつ有効な司法審査を加える必要があると考える。

(3)　立法の提案

以上みた上で，次のような立法の提案をしたいと考える。

①　家屋収用補償条例において，収用適格事業を更に詳細に列挙すること。公益認定の「列挙主義」を採用し，公益条項を明確に条文化かつ具体化し，市・県級政府の収用発動権をより厳格的に制限すること。

②　「行政訴訟法」の改正を通じて，収用決定の処分性を確定し，被収用者の訴訟提起権を明記すること。収用決定，収用補償決定と家屋の強制的な取り壊しに対して，さらに司法審査を強化すること。

③　「行政手続法」の制定を通じて，収用決定の段階で，十分な情報公開と市民参加を確保すること。また，土地利用計画，収用決定，収用補償方案などの行政上の政策制定を規制し，独立性を備える中立的な行政機関を設置すること。

④　現行の「土地管理法」の改正，または農村土地収用を規制する統一的な「集団所有土地収用法」の制定を通じて，確実に農村土地に対する損失補償の基準を高めること。新たな基準として，年の平均生産高を参考基準とする「適当な補償」原則を「正当な補償」原則に転換すること。

⑤　「立法法」，「行政訴訟法」の改正により，現行の行政立法を審査する体制を確立し，今後の立法作業を規制すること。地方政府の土地収用に関わる立法権限を制限し，地方によって異なる混乱した立法を整理し，安定化させることが極めて重要である。

なお，2014年の「行政訴訟法」改正（2014年11月1日に全人代常務委員会決定，2015年5月1日施行）は，注目を集めている。その改正内容の一つは，審査対象の明文化と詳細化である（改正案4条）。具体的に，行政機関による土地所有権・使用権につき確認決定に対して不服がある場合，農村の土地請負経営権・土地経営権が侵害される場合，徴収・徴用決定または補償決定に対して不服がある場合，土地・家屋の収用補償協議を不履行・違約履行または違法変更・解除する場合などは，人民法院はそれらにより提出された訴訟を受理すべきである，とされる。これを以って，収用補償に係る権利者の「訴訟提起権」は行政事件訴訟法の中で明記された。また，行政立法に対する「付帯的審査制度」の新設（改正案32条）も注目される。国務院の各部門，地方政府とその部門による制定された「規範性文書」（規章を除く）に対する審査は可能となった。

1　美濃部達吉『公用収用法原理』（有斐閣，復刻版，1987年）48頁参照。

2　小高剛「序章」〔小高剛編『アジア太平洋諸国の収用と補償』（成文堂，初版，2006年）所収〕12頁以下参照。

3　戦憲斌（永松正則訳）「第2章：中国」〔前掲注(2)同所収〕82頁参照。

4　戦憲斌・前掲注(3)101頁。

5　「Uniform Relocation Assistance and Real Property Acquisition Policies Act of 1970 as amended」「米国改正1970年統一移転援助及び不動産取得指針法」301条3項。公共用地補償機構用地補償研究所(訳)「米国収用・補償制度リロケーション・アクト関係資料和訳」4頁参照。

6　米国住宅都市開発省地域計画開発局「RELOCATION ASSISTANCE TO DISPLACED BUSINESSES NONPROFIT ORGANIZATIONS AND FARMS」「立ち退きの対象となった業者，非営利団体及び農家に対する移転の援助」公共用地補償機構用地補償研究所（訳）「米国収用・補償制度リロケーション・アクト関係資料和訳」19頁参照。

7　公共用地補償機構用地補償研究所(訳)「米国収用・補償制度リロケーション・アクト関係資料和訳」23頁以下参照。

8　平松弘光「日本法からみた中国の土地収用制度」（島根県立大学総合政策学会）総合政策論叢24号（2012年）88頁。

9　平松弘光「やさしい土地収用手続き［1］」用地ジャーナル2012年1月号35頁以下。

10　平松弘光・前掲注(8)88頁。

第6章　補論：家屋収用補償に係る中国司法救済の現状と課題
──最高法院が公表した典型的な裁判例を中心に

〈目　次〉
序　言
第1節　「家屋収用補償条例」公布以後の
　　　　立法動向
　(1)　土地収用の際の「悪性事件」を防ぐ
　　　　緊急通知
　(2)　家屋収用・補償決定の強制執行につ
　　　　いての司法解釈
　(3)　「違法な建築物」などの強制取り壊
　　　　しに関する司法解釈

第2節　最高法院が公表した典型的な家屋
　　　　収用の判例
　(1)　家屋収用決定に係る事件
　(2)　家屋収用補償決定に係る事件
　(3)　家屋の強制取り壊しに係る事件
第3節　家屋収用補償に係る立法の動向
　(1)　「行政訴訟法」の改正
　(2)　「集団所有土地収用条例」の起草
第4節　結　び

序　言

　中国の土地収用補償制度は，社会主義国特有の土地公有制度を基盤として制定されたものである。この点で，収用権力を発動する前に収用権の審査を優先するという，土地私有制度を採用する日本，欧米などの諸外国の仕組みとは大きく異なっている。日本のような事業認定制度は，中国の法制度において採用されていない。現行の中国の収用手続は主に収用決定手続，補償手続という二段階に分けられるが，収用決定の手続は，依然として「行政権主導」の特徴を持っている。

　しかし，国家は私的財産権の保護を認める以上，私人の所有する家屋を収用する際には補償をしなければならない。近年，都市化が急速に進むにつれて，

大規模な土地収用が全国各地で展開され，それに伴い収用手続や補償額の不満
をめぐる紛争が頻発している。このような現状は，「行政訴訟法」(1989年制定，
1990年施行) が制定された当時に前提とされていた社会情勢と大きく異なって
いる。そのため，迅速・円滑な土地収用を通じて継続的な経済成長を維持する
とともに，法によって私人の権利・利益を保障し，社会の安定を保たなければ
ならない。

　もっとも，経済成長を優先する国家政策を背景に，中国の収用補償制度は収
用の前に公共性などに対する「事前的審査」よりも，収用後のいわゆる「事後
的権利救済」を優先するシステムを形成した。「事後的権利救済」を確保する
には，主に①行政機関の強制執行権を規制し司法審査権を強化すること，②収
用補償に係る権利者の訴訟提起権を確保すること，③収用補償における違法な
行政行為による損害に対し賠償を求める（損害補償）権利を保障すること，な
どのルートがある。近年，とりわけ2011年の「国有土地上家屋収用及び補償
条例」をもって新たな収用補償制度が成立した以降の立法や司法解釈の動向は，
その特徴を明らかに反映している。2014年8月に最高法院は全国の収用立ち
退きについて，以上の特徴を反映した典型的な裁判例10件を公表した。現行
の司法制度上，それらの裁判例は地方法院が判決を下す際の重要な基準となり，
今後長期間にわたって，司法救済の動向に大きな影響を与えることが推察され
る。以下では，近年の立法動向の検討を踏まえて，最高法院が公表した典型的
な裁判例を中心にして，家屋収用補償に係る中国の司法救済の実像を明らかに
したい。

第1節　「家屋収用補償条例」公布以後の立法動向

　旧来の土地管理法と都市家屋立ち退き管理条例を背景に，中国の土地収用制
度には，訴訟を提起する前に政府が争いに介入する「行政裁決前置主義」と，
収用活動の迅速化を強調し強制執行手段に対する規制が弱い「強制収用原則」

第6章 補論：家屋収用補償に係る中国司法救済の現状と課題
　　　——最高法院が公表した典型的な裁判例を中心に　　　175

という特徴がある。しかし，2011年に国務院が公布した「国有土地上家屋収用及び補償条例」は，「行政裁決前置主義」と「強制収用原則」を廃止し，初めて「公平な補償」原則を確立し，被収用者の訴訟提起権を法により保護することを明らかにした。この内容は，旧来の「都市家屋立ち退き管理条例」よりも前進した法案であるとみられている。「収用補償条例」が制定される際は当時の状況に基づくだけでなく，社会事情が変われば，適時詳細な規定を追加する仕組みが想定されていた。

　しかし，中国の収用補償の問題は複雑かつ厖大であり，当条例のみをもってすべてを解決するのは難しい。二つの「都市家屋立ち退き管理条例」（1991年，2001年）により20年間にわたって形成された収用補償制度の下で，旧来の観念や制度を短期間に変えることは決して容易なことではない。また，実際の運用においても，既に旧条例に基づいて取得された強制収用権を現行法上で継続的に認めるか否かといった問題が生じる。そのほか，各地域の経済状況の不均衡による不動産価格の相違，そして長く続いた中国行政・司法の特有の態様などを取りあげることができる。

　その背景に，各地方の具体的な裁判基準は統一されておらず，司法裁量権が大幅に付与されている。一方，地方法院が上級法院に指示を要求するケースが数多く生じており，それらに対応する法改正や司法解釈が呼びかけられてきた。その中で，家屋収用補償決定の「強制執行」を中心とする法的制度の改善は最も注目されている課題の一つである。

(1)　土地収用の際の「悪性事件」を防ぐ緊急通知

　「収用補償条例」が既に規定しているが，「いかなる組織または個人も，暴力・脅威，または水・熱・ガス・電気・道路通行を中断させることなど違法方式を通じて，強制的に被収用者を移転させてはならない」（27条）。しかし，実際には，行政・司法機関の権力濫用，または一部公職員の腐敗，職務失格により，近年，土地収用または家屋取り壊しの強制執行による「悪性事件」は後が絶えず，深刻な社会問題となった。それらの事件を防ぐため，2011年9月9日に，

最高人民法院は，下級法院に「断固として土地収用，家屋取り壊しの強制執行による悪性事件を防止する緊急通知」という通牒を下達した。最高法院は，農村部の土地収用，及び都市部の家屋収用における強制執行につき，より慎重な対応をとらなければならないと，各級の法院に要求する（1項）。

　土地収用・家屋取り壊しの強制執行の形式につき，強制執行の要否を法院により審査するという仕組みが試行され始まった。しかし同時に，通知は，「収用補償条例」が定める「社会安定リスク評価」制度を再確認し，社会の安定性の維持を最も重要な目標として，党の指導の下で行政機関の協力を通じて具体案の検討を行うべきである，と強調した（6項）。

(2)　家屋収用・補償決定の強制執行についての司法解釈

　2012年2月に最高人民法院裁判委員会が制定し，4月に施行した「人民法院による国有土地上家屋収用及び補償決定の強制執行の若干問題についての規定」は，「行政訴訟法」，「行政強制法」，「収用補償条例」などの法律・行政法規を踏まえるとともに，強制施行に対する規制が弱いという欠落を補填する司法解釈とみられる。本規定は，法院に収用補償決定の強制執行を申請する際の審査基準を含める関連手続と必要書類などの規定を整備した。その特徴として，「裁執分離」という原則を確立したことが注目を浴びている[1]。「裁執分離」とは司法と行政の役割分担を指す方式であり，強制執行の要否は前者が審査し，後者はその審査結果に基づいて強制執行の可否を決定する。また，本規定（6条）は，「公平な補償」，「公共利益」，「正当な手続」などを家屋収用・補償決定の強制執行の要件として定めている[2]。

(3)　「違法な建築物」などの強制取り壊しに関する司法解釈

　「裁執分離」は，農村部の土地収用と都市部の家屋収用に準用されるが，それは土地使用権，家屋所有権が法的・社会的に確立されていることを前提としている。実際には，行政機関は司法審査を受けずに自ら建築物を強制的に取り壊す権限を持っている。

第6章　補論：家屋収用補償に係る中国司法救済の現状と課題
　　　　　──最高法院が公表した典型的な裁判例を中心に　　　177

　「収用補償条例」によれば，市・県級政府が家屋収用決定を下す前に，未登記の建築物への調査，判定と処理を行うべきとされる。一旦，違法な建築物と判定された場合，または許可期限が切れる臨時建築物と判定されると，補償はしない（24条）。

　その後，2013年の司法解釈は規定を再確認し補充した。2013年3月27日に，北京市高級人民法院が最高人民法院の指示を確認したことに対し，最高法院は「違法な建築物・構築物・施設などの強制的な取り壊しの問題に関する復文」を公布した。2013年4月3日から，本司法解釈は正式に施行された。その主な内容は以下の通りである。すなわち，「「行政強制法」，「城郷計画法」が規定する指針に基づき，「城郷計画法」違反とする違法な建築物・構築物・施設などの強制的な取り壊しに即して，その強制執行の権限は既に法により行政機関に付与された以上，人民法院は行政機関から提出される行政執行の申請を受理しない，とする」という意味で，行政機関は，家屋を収用する前に，家屋が違法な建築物に該当するか否かを事前に認定する。一旦，「違法な建築物」に該当すると判断されれば，行政機関は，司法機関の審査を受けずに一方的に家屋を取り壊すことができる。当然，この場合には補償はしない。2013年の司法解釈は，初めてこの行政機関の権限を法文で明記した。

第2節　最高法院が公表した典型的な家屋収用の裁判例

　現行の「行政訴訟法」，「収用補償条例」などの法律・法規上，行政訴訟を通じた司法的救済のルートは基本的に保障されている。それは，四つの点から具体的に示されている。①まず，家屋収用決定に不服がある場合は，被収用者は法により訴訟を提起することができるとされた。このような訴訟は，日本の行政事件訴訟法にいう「取消訴訟」に近いといえる。②次に，被収用者は補償決定に不服がある場合は，仮に補償協議が成立した後でも，訴訟を提起することができる。日本の場合には，当事者訴訟を通じて補償額が争われることになっ

ている。③また，現行法上，被収用者は収用補償決定を履行しないまま起訴も
しない場合は，行政機関が法院に強制執行を申請し，法院は，収用補償決定の
合法性と正当性を審査する上で可・不可を裁定することになっている。④その
ほか，行政機関の執行中に違法または不当な行為がある場合は，被収用者及び
利害関係人は行政賠償を求めることができる。

　旧来の「都市家屋立ち退き管理条例」が採用されていた時期は，長期にわたっ
て「訴訟提起権」を承認するか否かについての法規定が改廃されていた。その
混沌とした状態は，現在，ようやく一掃されたといえよう。近年，全国の家屋
収用に係る訴訟は，行政訴訟事件の中で最も件数が多い事件の一つであり，
2013年には約8,600件に達したといわれる。

　2014年8月29日に，最高人民法院は，地方法院の裁判の参考標準として，
全国における収用補償関係事例から10件の典型的な裁判例を選んで公表した[3]。
「収用補償条例」が制定されて以来，初めて公表された家屋収用事例を中心と
する「裁判例シリーズ」といわれる。最高法院報道官の孫軍工によれば，当該
裁判例は，それらの最終判決がいずれも2013年1月以降に下された，国有土
地上家屋の収用と違法な建築物の撤去などに関わるものである。その中には，
①家屋収用決定に係る事件（2件），②家屋収用補償決定に係る事件（5件），③
家屋収用の強制執行に係る事件（2件），④違法な建築物の強制取り壊しに係る
事件（1件）という四つの種類がある。孔慶豊事件は，名目として収用決定の
取消し事件であるが，実質として収用補償決定の取消し事件であり，これにつ
いての詳細は後述する。また，判決によって行政行為が取り消された，または
違法性が確認された事件は合計で6件ある。

　近年，家屋収用についての法律・法規は何度も改廃されたが，2011年の収
用補償条例やその後の一連の司法解釈・法規の公布・実施によって，中国なり
の収用補償制度は形成されつつあるといえよう。最高法院が公表した典型的な
裁判例は，現時点で最新の裁判例でもあり，今後長期間にわたって家屋収用補
償に係る司法救済の実像・動向をも反映している。以下，それらの裁判例を中
心として検討し，家屋収用補償に係る中国の司法救済の問題点を明らかにする。

第6章　補論：家屋収用補償に係る中国司法救済の現状と課題
　　　　　——最高法院が公表した典型的な裁判例を中心に　　179

(1)　家屋収用決定に係る事件

［事例1］楊瑞芬が株洲市政府を訴える家屋収用決定取消し請求事件

　事案の概要：2011年7月に，湖南省株洲市政府は「神農大道」という道路を敷設するため，当該区域につき家屋収用決定を公布した。当該の道路建設の土地利用計画許可書により，楊瑞芬（原告）の家屋の一部は，収用される区域の範囲に属している。株洲市政府は，工事の安全確保を理由として，原告の家屋の全体に対して収用し補償することを決した。原告は，家屋収用決定の取消しを求めて，行政訴訟を提起した。

　判決：棄却。上訴審において，中級法院は，「楊瑞芬の家屋の一部は，収用される区域の範囲に属していないため，家屋全体を収用するのは当該の利用計画許可の範囲を越えるが，その家屋を収用するのが公共利益のためであり，仮に家屋の一部のみを取り壊すとなれば，その残りの家屋は，倒壊の危険が生じ，本来の価値と効用を失ってしまう」，「政府が，楊の家屋全体を収用し合理的な補償するのは適法である」と判決した。

　最高法院は，この判決を典型的な事例として，以下の観点を強調する：「適当ではない土地利用計画により，家屋の一部が収用される区域の範囲を越える場合，実用性ならびに安全性を考慮し，政府はその家屋全体を収用することで収用活動全体を順調に進めるべきである。」

　ということで，中国は，土地収用の迅速化と円滑化を主要な目標とする姿勢を示している。また，最高法院が公表した10件の典型的な裁判例の中に，収用補償決定の取消しを求める事件は2件ある。しかし，そのほとんどの事件は補償額や補償方式などで不満を持つのは原告側の真意である。本格的に収用権の発動を決する政府決定の取消しを請求する事件は，僅かにこの楊瑞芬事件1件のみである。

　その背景には，家屋収用決定に対する司法審査では，収用決定が，①手続上重大な瑕疵がない，②社会の安定に重大な損害がない，あるいはその恐れがない，③公共の利益に適合する，という三つの条件を満たす限りでは，違法と判

断されない。収用決定に対する規制が普遍的に緩和される実態は，再び前記の観点を証明している。それは，家屋収用補償に係る中国の司法救済が，収用前の公共性などに対する「事前的審査」よりも収用後の「事後的権利救済」のルートを優先することである。中国の収用制度は，事業認定制度を採用していないため，強制的収用権に対する制限が比較的弱い。次に，行政訴訟法には，「具体的行政行為が国民，法人ほか組織の合法的な権利利益を侵害すること」を訴訟提起の要件として定める（41 条）。この法文中の「権利利益を侵害する」という中国語の表現は，日本語では「侵害した」，「侵害する恐れがある」といった表現に当たると理解できよう。しかし，現行の行政訴訟法とその司法解釈は，差止訴訟について明記していないため，正式に収用決定がなされる前に権利利益が侵害される恐れがあるとしても，法により訴訟を提起するのはほぼ不可能である。

(2) 家屋収用補償決定に係る事件

［事例 2］ 孔慶豊が泗水県政府を訴える家屋収用決定取消し請求事件

　事案の概要：2011 年 4 月 6 日に，山東省済寧市泗水県政府は，所轄地域内の某地区にある家屋に対し収用決定を下し，収用補償決定（収用補償方案を含む）を公布した。孔慶豊（原告）の家屋は収用される家屋にあたる。方案は，補償額の確定基準を規定した。方案によれば，被収用者は，金銭補償か現物補償のいずれかの補償方式を選択することができる。金銭補償の場合は，政府は，当該地域における安置住宅の優待価格を基準として補償する。現物補償の場合は，安置住宅の面積が被収用家屋を超えるなら，その超えた部分につき，被収用者は相応の金銭を払うこととなっている。原告は，補償基準に不満を持ち，泗水県収用補償決定の取消しを求め，訴訟を提起した。

　判決：認容。済寧市中級法院は，以下の判決を下した。「家屋収用補償条例 2 条，19 条に基づき，国有土地上にある組織または個人の家屋を収用するには，被収用家屋の所有権者（法により家屋の所有権を持つ者）に公平な補償をしなければならない。家屋収用決定が公布される日に伴い，家屋の価値に対する補

第6章　補論：家屋収用補償に係る中国司法救済の現状と課題
——最高法院が公表した典型的な裁判例を中心に　　181

償は，「被収用家屋と類似する不動産の市場価格」より低くてはいけない。立法の指針に基づき，被収用家屋に対する補償について，政府は，被収用者の住居状況，生活水準が低下しないように，その近傍における市場で販売・流通される新しく建てられた家屋の市場価格を参考にして補償額を確定しなければならない。本件では，補償額は明らかに市場価格より低い……当該の収用補償方案の規定は明らかに公平性に欠け，収用補償条例の規定に違反した。」

　最高法院は，この判決を典型的な事例として，以下の観点を強調する：収用決定・補償決定の両段階においても提起される訴訟は，収用補償条例2条が規定する「公平な補償」原則を堅持しなければならない。法院は，「手続的審査」と「実体的審査」を結合して政府が制定する補償基準を厳格に審査する上で，補償価格が「被収用家屋と類似する家屋の市場価格」より低ければ，政府の収用決定を違法と確認し，または取り消さなければならない。

　以上，孔慶豊事件は，名目としては収用決定の取消し事件であるが，実質としては補償決定の取消し事件であるといえる。日本の場合，被収用者は行政庁の事業認定に対して取消し訴訟を提起することができるが，補償額については当事者訴訟を通じて争われる。しかし，中国の収用補償制度上，補償額は当事者間の契約によって決められるのではなく，政府側の補償決定によって決定されるがゆえに，被収用者は補償額に不満がある場合は，補償決定の取消し訴訟を提起することになっている。

　ところで，収用補償条例が定める「公平な補償」原則とは，一体，何であろうか。済寧市中級法院判決は，「被収用家屋と類似する不動産の市場価格」（19条）を，「その近傍における市場で販売・流通される新しく建てられた家屋の市場価格」と解釈し，また，家屋の収用立ち退きによって，被収用者の住居状況，生活水準が低下しないように補償額と補償方式を確定すべき，と理解する立場に立っている。最高法院は，被収用家屋と類似する不動産市場価格を基準として補償額を確定する，と主張すると考える。その意味で，補償額が明らかに安い場合は，収用補償決定を違法であると確認し，または取り消すことができる，と理解して適当であろう。

このほか，最高法院は以下の事件も典型的な事例として公表した。

［事例3］何剛が淮安市淮陰区政府を訴える家屋収用補償決定取消し請求事件

収用補償条例21条1項は，被収用者は，金銭補償か現物補償のいずれかの補償方式を選択することができると定める。いわゆる「補償方式の選択権」である。江蘇省淮安市淮陰区法院は，政府が原告の「補償方式の選択権」を侵害したとし，収用決定を取り消すと判決した。

［事例4］艾正雲，沙德芳が馬鞍山市雨山区政府を訴える家屋収用補償決定取消し請求事件

収用補償条例19条は，被収用家屋の価値は，「家屋収用評価弁法」に基づき不動産価格評価機構によって評価・確定されると定める。「国有土地上家屋収用評価弁法」に基づいて，家屋収用部門は，その評価の結果を公開告示し，被収用者に評価報告書を送達しなければならない。被収用者は，その結果に異議がある場合は，報告書が届いた日から10日以内に不動産価格評価機構に再評価を申請することができる。安徽省馬鞍山市中級法院は，馬鞍山市雨山区政府が評価報告書を原告に送達しなかったため，法定の手続に違反したと判決した。

以上の公表裁判例によって，最高法院は，各級の法院に参考となる具体的な裁判基準を提供している。それらの判決には，2011年の「収用補償条例」の条文が何度も引用されており，条例が定める手続を実質的に確保しようとする最高法院の意図は明らかになっている。そのほか，

［事例5］文白安が河南省信陽市商城県政府を訴える家屋収用補償決定取消し請求事件

［事例6］霍佩英が上海市黄浦区政府を訴える家屋収用補償決定取消し請求事件
の二つの裁判もそのような事件である。

第6章　補論：家屋収用補償に係る中国司法救済の現状と課題
　　　——最高法院が公表した典型的な裁判例を中心に　　183

［事例7］毛培栄が永昌県政府を訴える家屋収用補償決定取消し請求事件

　事案の概要：2012年1月に，甘粛省金昌市永昌県政府は，観光施設を建設するため，所轄地域内における某地区にある家屋に対する収用補償方案を公布し，意見聴取を行った。その後，県政府は収用決定を下し公開告示した。毛培栄など3人（原告）が共同所有する家屋は収用区域にある。原告の選定による不動産価格評価機構は当該の家屋に対し評価した後，原告は，評価報告に対し異議を主張し再評価を要請した。不動産価格評価機構は再評価をした後，原告の異議について詳細な説明を行った。家屋収用部門が原告と何度も協議した結果，原告が再評価に不満を持つため，補償協議を達成できなかった。そこで，12月26日に，家屋収用部門は，「被収用者は，再評価に異議を持つならば，この通知が届いた日から10日以内に，不動産価格評価専門家委員会に家屋価値の鑑定・評価を申請することができる」という内容を記述した通知を原告に送達した。その後，原告は家屋価値の鑑定を申請しなかった。2013年1月9日に，県政府は，当地区につき家屋収用補償決定を公布した。補償方案により，政府は原告の家屋とその内装，工業用建築とその付着物，生産・営業損失に対し，総額1,832,612元を補償する。原告は，補償額が不合理であることを理由として，当該決定の取消しを求めた。

　判決：棄却。金昌市中級法院は，県政府の収用補償決定にある事実の認定が確実的で，法律・法規の適用は正確であり，手続上は合法である，と判決した。

　前述のように，実際には，家屋収用決定に対する法院の司法審査は，収用決定が，①手続上に重大な瑕疵がない，②社会の安定に重大な損害がない，またはその恐れがない，③公共の利益に適合する，という三つの要件を根拠とする。本件において，収用決定に対し不満がある被収用者は僅か原告の3人であり，行政訴訟を提起したが，「悪性事件」が生じる恐れさえもない，社会の安定に大きな損害も生じないと判断された。また，原告は補償決定のみの取消しを求めるため，収用決定それ自体に異議を持たないから，金昌市中級法院は収用事業の公共性に対して専門的で実質的な審査をしない。本件における司法審査は，「手続的審査」を主な方式としている。

毛培栄事件について，最高法院は，「人民法院は司法監督の作用を果たし，法律・法規に適合する政府の収用補償行為に有力な支持を与えなければならない」との裁判方針を強調した。このような方針に基づき，家屋の収用補償について，法院は行政の監督・審査機関の機能を備えると同時に，実際に行政の連携・協同機関という役割を担う可能性もある。

　以上，いくつかの問題点を指摘しておきたい。第一，補償額に係る権利利益の保護は，依然として収用の前に公共性などに対する「事前的審査」よりも収用後の「事後的権利救済」のルートを優先する。しかし現実には，充分な意見聴取や住民参加が確保されていないまま，行政機関が一方的に補償額を確定し，ほとんどの被収用者は公権力を持つ政府側と比べれば受動的地位にあり，その決定を受け入れるしかない場合が多い。仮に訴訟によって収用補償決定が取り消されても，元の決定をした政府は補償決定の内容を修正し改めて収用活動を再開することも可能である。第二，収用補償決定の公共性審査に対して，最高法院の態度は冷淡である。救済のルートが欠ける点もあるが，被収用者は，大規模な公共事業の公共性それ自身を問うための権利利益の意識が淡泊である。その上，民衆には，根本的に収用決定の公共性，公益性を問う場は与えられていない。第三，被収用者の元来の住居状況，生活水準を保つには，単に「補償額を上げればいい」と思ってはならない。現物補償の場合に，被収用者は，利便性の高い住居から都市の中心部より遠距離の地区に移転させられるケースがあり，いかに民衆の不満を解消するかは課題である。いうまでもなく，政府は，更に合理的な都市計画の制定と結合して大規模な収用立ち退き事業を展開する必要がある。しかし，強大な行政権に対する規制・監督によって，私人の権利利益が侵害される際に有効な救済がなされる必要はある。現実には，立法機関である人代は，監督，規制の機能が弱体化している。司法救済は，被収用者にとって，権利利益を救済する最後のルートとなる。現在の司法管理体制全体の改革も必要であるが，最高法院を初めとする各級法院は，そのような事例において，司法救済の役割を積極的に果たし，より厳格な司法的統制を行わなけれ

第６章　補論：家屋収用補償に係る中国司法救済の現状と課題
　　　　──最高法院が公表した典型的な裁判例を中心に　　　185

ばならない。

(3)　家屋の強制取り壊しに係る事件

［事例8］葉呈勝など３人が任化県政府を訴える家屋取り壊し強制執行事件

　事案の概要：2009年に，広東省韶関市任化県政府は，非鉄金属リサイクル
経済産業基地を計画し，それを建設するため，県内における周田鎮新庄村村民
委員会の新囲村民小組の土地を収用することを決定した。葉呈勝など３人（原
告）の家屋は，収用される土地の範囲内にある。しかし，原告が法により郷・
鎮の計画許可も土地の利用許可も取得しないため，当該家屋は任化県政府に「違
法な建築物」と判断された。2009年８月から2013年７月までの期間中に，任
化県政府は，当該村民委員会，村民小組において収用補償決定を公開告示し，
上記の認定の結果を文書通知の形式で原告に告知した。2009年10月及び2013
年６月に，任化県国土資源局は，原告に違法な土地利用行為を停止することを
要求する二つの通知を下達した。2013年７月12日５時ごろ，任化県政府は，
原告の家屋を強制的に取り壊した。原告は，任化県政府の強制取り壊しの行為
が違法・無効であることを確認するよう請求し，広東省韶関市中級法院に行政
訴訟を提起した。

　判決：認容。判決は，原告の家屋は違法な建築物に当たるが，任化県政府は，
強制執行の前に原告に強制的取り壊し通知を下達せず，当該の村民委員会，村
民小組に対して取り壊しを命ずる公開告知もしておらず，「行政強制法」34条，
44条に違反し，手続上に重大な瑕疵が存在する，とする[4]。また，任化県政府は，
夜間に行政強制執行を実施しており，「行政強制法」43条が規定する「行政機
関は，夜間や法定の休日に強制執行を実施してはいけない」に違反した，とす
る。韶関市中級法院は，「「行政訴訟法」の施行に関する若干問題の最高法院解
釈」57条に基づき，任化県政府が原告の家屋を強制的に取り壊した行政行為
が違法であると確認した[5]。

　前述したように，最高法院の2013年司法解釈（「違法な建築物・構築物・施設
などの強制的な取り壊しの問題に関する復文」）は，違法な建築物の強制的な取り

壊しに即して，政府の強制執行の権限を明記している。

　それでは，「城郷計画法」の規定に違反してつくられる建築物，いわゆる「違法な建築物」とは，一体何であろうか。これに対し，2013年司法解釈も，現行の法文上も明確な説明を示していない。「城郷計画法」に基づき，組織または個人が，建設工事計画許可を取らず，または建設工事計画許可の規定に遵守せずに建設工事を行う場合に，政府は，工事の中止・修正ないし建築物の取り壊しを命ずることができる（64条，65条，66条）。ということで，土地計画管理部門の許可（「建設工事計画許可」）を取らず，自らつくった建築物または構築物は「違法な建築物」と判定される。反対に，「建設工事計画許可」など土地計画管理部門の許可を取得すれば，「合法な建築物」と判定され，家屋の所有権は法により保障される。現行の手続の流れについては，下記の図を参照できる。

収用補償方案の試制定・修正　⟹

｛　登記の建築物　⟹　合法な建築物と認定　⟹　補償案の協議・制定　⟹　収用・補償
　　　　　　　　　　　　　　　⇧
　　未登記の建築物　⟹　調査,判定と処理　⟹　違法な建築物と認定　⟹　強制取り壊し

　中国では，土地にある家屋の私的所有を認めるが，土地の私的開発や家屋の建築工事などに非常に厳しい制限を加えている。土地の私的利用を強く規制するのは，「土地公有制度」をとる国ならではの特徴であるが，憲法（2004年改正）に「私有財産を保護する」と宣言した社会主義国中国は，世界の難題と出会う。いわゆる「私有と公有の限界」である。

　憲法は，「国家は，公共利益のために，法に基づき補償をする上に土地を徴収しまたは徴用することができる」（39条），「国家は，公共利益のために，法に基づき補償をする上に国民の私有財産を徴収しまたは徴用することができる」（13条）と規定している。国家には，土地を収用する際に，補償の義務が課されている。しかし，都市部の土地は国家所有であるため，都市部の土地に

第6章　補論：家屋収用補償に係る中国司法救済の現状と課題
──最高法院が公表した典型的な裁判例を中心に

ある家屋が収用される際に，「私有財産」として扱われている。憲法13条は，「すべての私有財産を保護する」のではなく，「国民の合法的な私有財産を犯してはならない」と定める。換言すれば，国は，「違法な私有財産ならば保護しない」，「違法な私有財産ならば犯してもよい」と理解しても適当であろう。

　収用補償の問題は，中国の現行の土地制度を背景にして検討しなければならない。だからといって，2013年司法解釈によれば，行政機関は，「違法な建築物」を判定する主体であると同時に，「違法な建築物」を取り壊すための実施機関をも担当している。「裁定者」と「実施者」との二つの役目を行政機関は首尾一貫して担当する制度に対し，国民は疑問を払拭することができないであろう。

　本件の判決は，任化県政府の強制執行における手続上に重大な瑕疵が存在し違法であると判断した。その結果，「「行政訴訟法」の施行に関する若干問題の最高法院解釈」57条，58条に基づき，任化県政府は行政賠償（損害賠償）の責任を負うこととなった。最高法院は，本事例を通じて，行政機関は違法な建築物の取り壊しに対しても，行政強制法の定める手続を遵守しなければならないと強調する。換言すれば，「違法な建築物」の取り壊しの強制執行に対する法院の司法審査は，「手続の違法性審査」のみであり，建築物の違法性の認定に対する実体的審査を行わない，とされる。2011年最高法院通牒と2012年司法解釈は，ようやく「裁執分離」のルートを拓いたとはいえ，2013年司法解釈をもって，最高法院は行政強制執行を実態的審査する権限を明文で放棄していた。

　政府は，国有土地にある家屋を収用する際に，家屋が「合法な建築物」と判定されれば，「収用補償条例」が規定する手続に基づき補償する。被収用者は不服がある場合に，家屋収用の強制執行は法院の審査を受けなければならない。家屋が「違法な建築物」と判定されれば，一般的な家屋収用手続に基づくのではなく，政府は，補償もせずに司法審査も受けずに直接に強制的に取り壊すことができる。しかし，「城郷計画法」は制定されてから10年余りを経ったため，歴史の背景の下で，土地の利用手続または計画手続を履行しなかった住民の家屋は数多く残されている。それらを一々判定するのは，地方政府に過大な負担

を招く。また，都市化建設の速度を追求するため，地方政府は，詳細かつ慎重な家屋調査を行わずに一方的に取り壊すケースもある。結局，それは憲法が定める「私人住宅不可侵」に違反することから，権利者から強い反発を受けるのが当然であろう[6]。だが，仮に当事者が不服申立てを申請し，または行政訴訟を提起しても，実質の権利救済とならない場合もあると予想できる。

［事例9］ 廖明耀が江西省贛州市龍南県政府家屋強制立ち退きを訴える事件（廖明耀事件）

　本事例において，判決は，龍南県政府が「行政強制法」が規定する催告手続，強制執行の決定手続，当事者に訴訟権利を告示する義務を履行せず，「合法性を有しない」とした。本判決も，司法審査の現状を反映している：法院は，「手続の違法性」のみを審査する一方，建築の違法性の認定に対する実体的審査を行わない。そこで，「行政強制法」が規定する一切の手続を履行した上で政府が家屋の取り壊しを強制執行した場合，手続上は「合法」とはいえ，取り壊された家屋の権利者は，政府側の出した「違法な建築に該当する」という実体的判断に異議を持つときに権利救済のルートを求めることが困難となる。法院は，本来の役目であるはずの審査・監督権をより一層強化しなければならないと考える。

［事例10］ 葉漢祥が湖南省株洲市計画局・株洲市石峰区政府を訴える違法建築物取り壊し不作為事件（葉漢祥事件）

　本事例において，判決は，政府が違法な建築物に対し強制取り壊しとの法定職責を充分に履行しなかったため，行政不作為に当たり，違法である，とした。

　実際には，近年，不動産価格の高騰や物価の上昇につれて，地方政府は収用補償政策を調整し補償額を大幅に上げた。それに伴い，北京，上海などの沿海都市において，一部の被収用者が高額の補償金で成り上がった。一方，地域により経済状況や不動産価格が極めて不均衡であるため，一部の内陸地域における補償額は極めて低額である。貧富格差の深刻化という背景の下に，民衆の不

満の声が後を絶たない。補償額の算定は家屋の面積や価値に直接に関わっているため，家屋の収用補償金を通じて一儲けを期待する民衆が，自ら家屋を大きく建設するケースが生じてくる。本判決は，この背景の下にある。最高法院が本事件の裁判例を公表することは，強制取り壊しなどの法定職責を履行していない「違法な建築物」に対し，より一層厳しい規制を加えようとする指針を表明している。

　ところで，現行法上，「違法な建築物」について明記していないため，家屋が違法に当たるか否かについて，行政機関によって判断されるという仕組みになっているが，司法審査権によってその行政側の判断を確実に審査し，充分な権利救済の余地をつくるとともに，最終的に判断を出すことは，裁判権を持つ法院の役目であろう。本判決は，政府が当該建築物に対し強制取り壊しを行わなかったことを「行政不作為」であると判断した一方，当該建築物が「違法な建築物」に当たるか否かについて，全面的かつ詳細な審査をしていたのであろうか。最高法院評釈は，この点について詳しく論述していない。

第3節　家屋収用補償に係る立法の動向

(1)　「行政訴訟法」の改正

　2013年末から，全国人民代表大会常務委員会は「行政訴訟法」改正草案を公開し，全国の範囲で意見募集を行っている。今回の行政訴訟法の改正は強い注目を集めている。草案において，訴訟提起権に関する主な改正内容は以下の通りである[7]。

　①　人民法院と行政機関が当事者の起訴権利を保障する明文を追加する（改正案草案3条）。

　②　受理すべき案件の範囲を拡大する。行政機関が土地などの所有権または使用権，農村土地請負経営権を侵害し，行政機関が法に違反して財産を徴収・

徴用するなどの場合を受理すべき案件の範囲に入れる（改正案草案4条）。

③　地方政府の制定した規範性文書に対する付帯審査を規定する（改正案草案5条）。実際に，地方政府の制定した規範性文書それ自体が違法であるため，規範性文書を根拠とする具体的な行政行為は違法となる場合がある。法院は，具体的行政行為を審査する際に，規範性文書につき審査申請があった場合は，その行政行為の根拠である規範性文書に付帯的審査を行うことができる，とする（改正案草案5条）。

④　原告適格と被告適格についての判断標準を明確にする（改正案草案10条，11条）。

⑤　訴訟代表者制度の追加。訴訟当事者が数人である共同訴訟の場合は，当事者の同意により代表者を推薦することができる。その代表者の訴訟行為によって，代表者の代表する当事者の全員に同等な効力が生じる（改正案草案12条）。

⑥　第三者制度の改善。訴えられる具体的行政行為との利害関係がある，または判決の結果と利害関係を有する者は，第三者として申請により訴訟に参加することができる，とする（改正案草案13条）。

以上の改正内容のうち，②の行政機関の違法な徴収・徴用活動を正式に受理すべき案件の範囲に入れること，③の地方政府の制定した規範性文書に対する付帯審査を規定することは，必ずや収用補償制度に大きな影響を与えるであろう。②についてはすでに現行法上認められているが，それを通じて，収用補償に係る権利者の「訴訟提起権」を行政事件訴訟法の中で明記し，現在の散乱した法文を整理，整備することができると思われる。

③について，現行の行政訴訟法上，行政立法を「抽象的行政行為」と見なし，「具体的行政行為」のみは司法審査の対象であるが，行政立法に対する司法審査はまさに空白に近い。現実には，行政機関に大きな収用補償の権限が与えられ，政府は地方により自ら収用補償に係る条例・規程を制定することができるため，関連の行政立法と規範性文書は煩雑かつ非常に多い。しかし，それらを規制・監督する制度は明らかに欠落している。改正草案は，地方政府とその各

部門の規範性文書も含めて付帯審査をすることが可能とする。具体的事例における違法な行政行為のみならず，不正な規範性文書も審査の対象となっていく。

近年，強く非難されている収用手続や司法救済の不整備が，法の不整備に直接に関わっている。現行法上，土地・家屋収用に係る行政訴訟の規定は，あまりにも司法解釈や行政立法に依存しすぎるのではないかと考える。行政訴訟法の全面的改正を通じて，それらを整理，整備することは一刻も早く必要である。

(2) 「集団所有土地収用条例」の起草

政府は，国有土地の所有権者と管理者として，社会・経済の発展に伴い積極的に国有土地の利用や収用・補償の政策を調整することが可能である。近年，急速な経済発展につれて，地方政府が中央政策にあわせて地元の経済・社会情況に結合して補償政策を調整したため，ほとんどの都市部において，家屋収用の補償額が大幅に上昇した。一方，農村土地の補償額は極めて低いままである。その理由として，土地基本法の土地管理法は，依然として農村土地の補償額を制限している。

2012年11月に，国務院は常務会議を開催し，「土地管理法修正案（草案）」を全国人大常務委員会に送達することを決定した。本草案は，正式に立法府に審議され始めた。その前，同年7月に，国土資源部が制定した「農村集団所有土地収用補償条例」（草案）は，既に国務院に送達されたようである。本草案の内容はまだ公開されていないが，47条に定める補償基準，補償額などについては大幅に修正されると推測されている。

第4節　結　び

本章では，中国の収用補償条例以後の立法動向を踏まえて，2014年8月に最高法院が公表した最新の典型的な裁判例を考察対象として，家屋収用補償に係る中国司法救済の現状と課題を検討した。中国では，家屋収用補償に係る司

法救済のルートは，近年の法改正と判例により基本的に保障されている。しかし，現在の司法救済は，侵害された権利利益に対する事後的救済であり，単なる手続上の司法統制方式をとるものである。収用決定に対する事前的司法審査，及び事前の権利利益を確保する途は依然として欠落している。また，その「事後的司法救済」においても，「具体的行政行為」の違法性に対する実体的審査が欠けている。

家屋収用決定に対する司法審査は，手続上の形式審査を主な審査手段とする。中国の収用制度は，諸外国の公共性審査制度を採用していないため，強制的収用権の発動に対する制限が明らかに弱体化している。現行法上，差止訴訟を認めていないため，正式的に収用決定がなされる前に，権利利益が侵害される恐れがあるとしても，法により訴訟を提起するのはほぼ不可能である。

家屋収用補償決定に対する司法審査は，主に，補償額を確定する段階で手続上の重大な瑕疵があるか否かを審査する。日本では，補償額の争いは主に当事者訴訟を通じて行われる一方，中国では，具体的な補償額について不満がある場合は，行政訴訟を通じて補償決定の取り消しか違法性確認かを請求するしかできない。被収用者は受動的な地位に置かれるのが明らかである。

強制執行の決定に対する司法審査については，中国では，近年，諸外国の経験を参考にし，「執裁分離」の方式が採用されてきた。しかし，家屋取り壊しの強制執行の決定に対して，法院は，「手続の違法性」のみを審査する一方，建築物の違法性の認定に対する実体的審査を行わない。現実に違法な建築物と合法な建築物が共に存在している場合に，その「手続の違法性審査」方式の欠陥が明らかである。

以上，家屋収用補償に係る中国司法救済は，「事後的救済」かつ「手続上の形式審査」であり，「具体的行政行為」の違法性に対する実体的審査が欠けている。収用決定，収用補償決定と家屋の強制的な取り壊しという中国収用手続の三段階に対して，さらなる実質的かつ有効な司法審査を加える必要がある。

そもそも，中国の家屋収用制度は，土地公有制度の背景の下で確立したものである。政府は，土地の管理者としての役割を果たしている。現行法により，

第6章　補論：家屋収用補償に係る中国司法救済の現状と課題
──最高法院が公表した典型的な裁判例を中心に　193

都市部の土地は国家所有であり，国有土地にある家屋の所有権などの権利は，
土地使用権の回収とともに当然に消滅する。いくら補償を認めたとしても，正
式な損失補償制度は認められない以上，私有財産を保護すると唱える憲法の理
念との間にギャップがあることは否認できない。しかし，人権保障や私的財産
の保護は法治国家の原則であり，その世界の潮流を悖ってはいけない。司法権
の中立性までが問われる現在では，家屋収用補償に係る司法救済の状況を改善
するには，土地制度，司法制度，行政法制度の三つの領域の改革に共に着手し
なければならない。近年，中央政府は国家の「治理体系の現代化」と「治理能
力の現代化」の理念を唱え始めた。これからの行政法制度の大改革は，行政訴
訟法の改正を初めとして着々と進んでいくであろう。

1　趙大光，馬永欣，王暁浜「「人民法院による国有土地上家屋徴収及び補償決定の強制執行
　　の若干問題についての規定」の理解と運用」人民司法 2012 年第 11 期 32 頁参照。
2　「人民法院による国有土地上家屋徴収及び補償決定の強制執行の若干問題についての規
　　定」6 条：（行政機関の）徴収・補償決定が以下の条項のいずれかに当たる場合に，人民
　　法院は，決定の不執行を裁定すべきである。①明らかに事実根拠が乏しいこと，②明ら
　　かに法律・法規の根拠が乏しいこと，③明らかに公平な補償原則に準ずることなく，被
　　執行者（被徴収者など）の合法の権利・利益を厳重に侵害し，または被執行者の基本生活，
　　生産経営の条件は保障されないこと，④明らかに行政目的に違反し，公共利益を厳重に
　　侵害すること，⑤法定の手続または正当な手続が明らかに違反すること，⑥職権の逸脱・
　　乱用，⑦法律・法規・規章などにより定める強制執行に適合していない場合。
3　裁判例の記述と最高法院評釈について，「最高人民法院は全国の法院における 10 件の典
　　型的な徴収立ち退き案例を公布した。」http://www.chinacourt.org/article/detail/2014/
　　08/id/1429378.shtml（中国最高人民法院主管・人民法院報社主弁─中国法院網，2014 年
　　8 月 29 日掲載，2014 年 9 月 31 日現在）参照
4　「行政強制法」（2012 年施行）34 条：行政機関が法により行政決定をした後，当事者が決
　　定される期限内に義務を履行しない場合に，行政強制執行権を持つ行政機関は，強制執
　　行を実施することができる。44 条：違法な建築物・構築物・施設などを強制的に取り壊
　　す場合に，（政府は）事前に行政機関が公開告示し，当事者によって自ら取り壊しを実施
　　すると命じるべきである。当事者は実施しないとともに，法定の期限内に不服申立ても
　　申請せず，または行政訴訟も提起しない場合は，（政府は）法により強制的に取り壊すこ
　　とができる。
5　「「行政訴訟法」の施行に関する若干問題の最高法院解釈」（2000 年）57 条 2 項：下記の
　　いずれかの事由に該当する場合に，法院は，具体的行政行為が違法または無効と確認す

ることができる。①被告は，法定の義務を履行しないが，その義務の履行を命ずることは実質の意味を有しない。②訴えられる具体的行政行為が違法であるが，取り消しの対象とはならない。③訴えられる具体的行政行為が法により不成立または無効である。

6 憲法 39 条：「国民の住宅を犯してはならない。国民の住宅に不法の捜査または侵入することはできない。」

7 草案の改正内容について，全人代による「「行政訴訟法修正案（草案）」に関する説明」http://www.npc.gov.cn/npc/lfzt/2014/2013-12/31/content_1822189.htm（全国人民代表大会ホームページ—中国人大網，2013 年 12 月 31 日掲載，2014 年 9 月 31 日現在）参照。

終　　章

第 1 節　結　　論

　本書は，公益事業の認定及び土地収用の手続—日中両国の土地収用制度を中心とする比較法的考察を目的とし，これまで，日中両国の土地収用制度を中心課題として主に公益事業の認定と土地収用手続との二つの部分に分けて論述した。日中両国の土地・財産制度を課題とする比較研究については多くの優れた先行研究がある一方，土地制度に関わる収用制度の比較研究は実体法・手続法の両面において蓄積が乏しいのが現状である。本書は，近年の動向を押さえた上で，日中の土地収用制度に対して比較法的アプローチ行った研究成果である。

　本書は，日本と中国の土地収用制度を中心として，学説，立法，実務を踏まえて，公益認定の制度と理論を検討する上で，収用の決定・実施，補償，救済という三つの視角から比較法的研究を行った。土地収用制度は，収用権の発動（収用決定），収用による補償，及び権利の救済という三つを根幹とする。この三つの側面からみれば，中国では，収用の決定につき，政府が一方的に収用権を発動することに対して，法院による司法審査を中心に公益審査制度を創設して制限を加えるべきである。公益審査制度の一部として，ここまで述べてきたように，権利者による訴訟提起権を確保し，収用手続における決定・補償・救済すべての段階で実質的な司法審査を加えるべきである。また，収用紛争の解決策として，「正当な補償」原則を確立し，不適切な補償が生じる根本である

現在の補償制度を変えるべきである。以上のような提案を通じて，本書は，以下の理由から中国収用制度全般の変革を唱えるものである。

　第一，日本と中国の土地収用を対象とする比較研究は可能である。「制度が根本的に違うから比較研究とならない」という発想には立たないのである。

　中国法学界は，近年，「物権法違憲の是非」，「憲法学の方向」などについての大論争を以って，改革派と保守派に分けられたといえよう。保守派は，旧来の制度に合理性があり，しかも，このような制度の存在を今後とも維持すべきであると主張する。土地収用については，「外国の経験を適当に参考にすればよい」，「政治制度も土地制度も何も共通点がない」という発想は，長期にわたって有力な説となっている。

　しかし，中国は現在，急速な社会変革に伴い，一連の法の整備が緊急な課題となっている。近年，経済発展のため，大規模な収用事業や土地開発が全国的に盛んに行われている。不当な土地収用により生じた社会矛盾は，旧来の制度の下における「権力の配置」，「人権保障」に係る根本的な問題を集中して反映している。現在，中国の GDP は日本を超え世界2位となり，経済の発展がようやく安定的軌道に乗った以上，新たな社会情勢に応じて旧来の施策を改善しなければならない。土地収用の問題は行政・司法・土地制度など様々な分野と関わっているが，旧来の制度には「問題」それ自体が存在する以上，変革を求めても問題がないと考える。強力な収用権を制限せずに発動するのは大きな弊害をもたらすと考えられる。

　比較法的研究とはいえ，根本的な土地制度の相違はもちろん，そのほか，中国の収用制度は二元的土地所有制によって生じたものであり，複雑な性格を有している。そして，収用制度が確立してから僅か20年余りの間に，法律・法規そして司法解釈が何度も改廃された。中国の土地収用法制は，立法の面でも実務の面でも不安定な状態にある。また，日中両国の収用法制は，各々の歴史，法理の下で確立したものであり，基本の概念と用語を十分かつ慎重に区分する

ことが重要である。本書では，日中両国の歴史背景と立法の沿革を鑑み，その上で関連の概念を厳格に区分・整理して，論述を展開した。

　土地制度は，土地収用補償の基盤である。日本と中国の土地収用制度は，各々の歴史，法理の中で発展してきたものである。ただし，共通点として，日中両国はともに「行政による収用」原則をとる国である。手続上は，両国は同じように収用決定段階と補償段階に分けることになっている。私有財産を保護する理念と，収用事業の公共性を確保すること，という二つの観点からみると，収用事業の公益性審査を通じて，強権的行政収用による権利利益の侵害を免れるのは，両国かつ世界各国の共通課題である。

　以上，本書は，日中両国の相違を解明した上で，これらの共通の課題に着手して論述を展開し，「制度が根本的に違うから比較研究とならない」とする説に反駁した。

　第二，中国の土地収用制度で最も問題となるのは，公益認定手続が確立されていないことであると考える。現行制度の不備の下，実際には「立法機関判定説」，「手続判定説」など理論の運用が難しい。前半の第1章・第2章・第3章の結論から，中国では，①公益認定の「列挙主義」を採用し，公益条項を明確に条文化かつ具体化する，②「行政手続法」の制定を通じて，収用決定の段階で，十分な情報公開と市民参加を確保する，③訴訟の段階で，収用決定の処分性を確定し，司法審査を強化する，必要がある。

　第1章では，学説と理論を検討した上で，世界には公共利益とは何かについての通説が存しないと結論付けた。そもそも，近代の公用収用とそれによる損失補償についての学説及び制度は，私有財産制度を採用する近代国家において発展したものである。国は公共福祉のために，適法な手続に基づき，被収用者に補償することを前提として収用権を行使するのであり，これは収用制度の原則なのである。それゆえ，収用という強力な権限が濫用されないように，法は詳細かつ煩雑な手続を定め，慎重に権限行使を行うように要求している。

公益認定の本質は，過大な行政収用の権限を制限するためのものである。第2章では，中国の土地収用制度において正式な公益認定手続はまだ確立されていないと結論した。問題の本質は，中国政府が「公益のための収用」原則をとらない点ではない。むしろ，「法による統治」原則が貫かれておらず，行政権力が監督・制限の外にあるからである。土地収用における公益認定は，元来行政裁量に委ねられる面が強い。現行法上は収用に係る事項と権限が，行政機関，特に地方政府に委ねられる部分が多い一方，このような現状を規制する法的根拠が存在しないからである。

土地の所有制度は土地収用制度の基盤である。民法学界から土地の私有化改革を支持する声があるが，中国の土地公有制に短期間で大きな変化がもたらされる可能性は現状では皆無に等しい。完全な体系となる公益認定制度の創設は現時点において困難な状況にある。学界においては，「立法機関判定説」，「手続判定説」などの学説は基本理論の視野を拓いている。また，法文の中においては収用適格事業を「限定列挙」するという方式，及び収用適格事業の規制を主張する見解などが重要視されつつある。

第3章では，日本の公益審査制度の中心である事業認定制度の歴史沿革を踏まえて，その歴史的成因と法的性格を解明した。中国は日本と同じように，「行政による収用」原則の下，アメリカのように立法機関に収用権を委任することは難しい。また，現行の収用手続が不備である以上，手続上の確保に頼って収用権を制限することも困難であろう。そのため，公益認定の「列挙主義」を採用し，公益条項を明確に条文化し，具体化することは，現時点では唯一可能な解決策である。本書は，日本の学説と法改正を踏まえ，現在の収用制度全体において，いかに事業認定を位置付けるかを検討し，その発展動向を解明した。「列挙主義」を採用する日本の事業認定制度の経験は，中国の参考に資すると主張する。

中国は公有・私有といった旧来の偏見を捨て，他国の有益な経験を参考にしながら，公益認定の制度を修正するのは，土地収用制度の改革への第一歩として踏み出さなければならない。すなわち，公益認定制度の条文化，そして公益

認定手続の合理化・透明化である。具体的にいえば，訴訟の段階で，収用決定の処分性を確定し，厳格な司法審査を加えることである。土地計画と収用決定の段階で，いかに十分な情報公開と市民参加を確保するかは日中共通の課題である。中国については，公益認定制度の創設と「行政手続法」の制定を通じて，前記の対応・措置を強化し，行政収用権を規制するのは現在の中国の緊急な課題となっている。

　第三，中国では，ほとんどの収用紛争は，不当な補償が起因であり，そのうえで，収用補償による救済の途が欠けている。後半の第4章・第5章・第6章の結論から，①新たな立法を通じて，「正当な補償」原則が確立される，②訴訟と救済の面では，収用決定の処分性を確定し，被収用者の訴訟提起権を明記する，③収用決定，収用補償決定と家屋の強制的な取り壊しに対しては，さらに司法審査を強化する必要がある。

　近年の中国法学界においては，収用問題の深刻さを意識し，収用補償の課題を中心とする研究が進んでいる。そのような背景のなか，先進国の経験を吸収し自国の制度の改善に資するために，欧米・日韓・台湾など各国・地区の収用法制の研究に注目が集まっている。関連の立法作業が着々と始まっており，学説的にも様々な論議がなされている。ただし，学説も統一されておらず，近年の立法成果と動向，裁判例の研究についての全体的な考察が欠けている。本書では，現時点までの立法や学説の成果，動向を整理し，問題点を指摘した。

　第4章・第5章では，日中両国の土地収用手続を比較研究した上で，中国では，収用の決定段階で行政機関が一方的に決する傾向があるため，手続上，十分な情報公開と利害関係者の参加の手続を設置し，収用事業の公共性を確保すべきであると結論付けた。中国の土地収用手続には，事業認定と収用裁決の手続は設置されていない。制度上，収用事業の公共性審査が欠けているとともに，独立性を備える行政機関の審理・裁決を通じて，権利者に正当な補償を確保するための裁決手続は設置されていない。収用の決定と補償の決定との両者は一

体化する傾向が著しく，地方政府が，①収用補償方案の制定と②収用補償協議の締結を通して，収用の実施段階に入ることは，中国の現在の土地収用手続の大筋である。強制収用権を制限する手続を，公益認定制度の根幹として設置する必要があると考える。また，農民に確実に補償がなされるように，公正・透明な補償制度を確立する必要がある。現在の解決策として，「行政手続法」など関連立法の制定を通じて収用権を規制すること，及び適切な補償原則を確立することである。

　「正当な補償」原則が確立されていないことも収用問題の一因であると結論付けた。都市部には「公平な補償」原則は認められるが，現行法上，地方政策により補償額の算定基準が定められる部分が多いため，地域により補償の方式と算定基準が異なる場合もある。一部の地域には手厚い補償がなされるが，それは党・政府の政策による場合が多く，地域により補償額が極めて低い場合もある。特に農村部において，市場価格の参考基準が存在しないため，集団所有土地の補償額は極めて低い。補償制度を全国的に見れば，不安定ないし混乱状態にあるといえよう。現実のほとんどの収用紛争は，不当な補償に起因している。法治国家では，合法な権利利益を保護しなければならない。中国は土地の私的所有を認めないが，憲法で私人の財産を保護すると明記している。都市部の家屋の所有権と市場価格を認める，そして農民の権利利益を保護すると認める以上，公平かつ正当な補償を認めないという論理は，そもそも成立しない。それと同時に，過剰な補償をも防がなければならない。土地改革により農民の土地に対する権利の属性を明確にする必要がある。提案として，新たな立法により「正当な補償」原則を確立し，各地方の補償政策や補償基準を整理・整備することである。

　第5章・第6章では，立法，実務，裁判例の面から中国の収用補償における私的権利の救済の現状を論述し，問題点を明らかにした上で提案した。手続が不備である現状の下で，不当な収用補償によって損なわれた権利に対して，有効な救済を与えなければならない。しかし，収用決定と補償額に対する不満により訴訟を提起する権利が認められるか否かについての立法は何度も改廃され

たため，中国では，長期にわたって，収用補償による救済の途が閉ざされている。本書では，その経緯を解明し，収用決定の処分性を確定し，被収用者の訴訟提起権を十分に確保すべきであると指摘した。また，2014 年 8 月の最高法院判例評釈を考察対象として，家屋収用に係る司法審査の最新の動向を解明した。その特徴として，「事後的救済」かつ「手続上の形式審査」であり，「具体的行政行為」の違法性に対する実体的審査が欠けている。本書は，収用決定，収用補償決定と家屋の強制的な取り壊しという中国収用手続の三段階に対して，さらなる実質的かつ有効な司法審査を加える必要があると唱えた。

第 2 節　今後の課題

　本書の残された課題は，以下の通りであると考える。

　まず，比較法的考察として，日中以外の国の土地収用制度の実態に対する考察を十分な水準にまで到達させることができなかったが，その原因として，各国の収用制度は，特有の歴史，法理のもとに発展してきたものであり，関連の土地制度，政治制度の相違はおろか，関連の概念と用語の区分を含めて，制度全体を対象とする考察を加えるのは膨大な作業となるからである。本書は，対象として日本と中国を中心に考察したため，他の諸外国の収用制度についてはある程度の検討を行った上で作成したものである。今後，諸外国の収用制度を対象とするさらに深い検討を課題とする。

　本書の後半では，収用の決定・実施・補償・救済という四つの部分に分けてそれぞれ検討した。しかしながら，このような検討を行う上で重要な制度と理論の研究を主な内容とする一方，実務上，とりわけ実際の収用現場において，問題点や紛争があるかについての現地調査と資料収集が足りないのである。また，立法の動向についても，現時点で公開された情報に基づいて作成したが，土地制度と収用補償は国家，政府の政策による部分が多く，その水面下における動向や政策の制定過程に関して未公開の資料や文献が多く存在している。今

後の課題として，より全面的な情報収集に着手したいと考える。

　中国にいかなる公益審査制度を確立するかについては，各学説の動向，その必要性と発展の方向を明確にしたが，本書では具体的かつ明確な案を提出していない。日本と同じように，国の実情に基づき，それを行政改革の方向と土地利用計画全体の中で位置付け，政治的構造及び社会の基盤など情勢の変化に基づいて考量しなければならない。日中両国において，行政計画の公正さ・透明化を図るため，充分な市民参加は立法上・学説上既に認められている。今後，都市計画などの政策を制定する段階における行政権限の限界と住民参加の課題を対象として法的考察を加える。

　二元的土地所有制度は，現在の中国の土地収用制度の基盤である。このような土地制度において，農村部の集団所有土地の権利の属性は不明確である。現行の村民自治制度の不備もあるが，補償の際に市場価格の参考基準が存しないため，農民個人の権利利益の保護が欠けている。現在，農村土地制度の改革については学説上で論議されている。近年，農用地転用手続を廃止すると主張する声もあり，土地の私的所有を認めると主張する声もあるが，国家の根本である土地公有制度を確保した上で農民個人の土地の権利をいかに確保するかは，主要な課題となっている。今後，関連の学説と政策の動向に注目していきたい。

　現実面においては収用における究極の争いは補償の紛争であるといわれる。手厚い補償がなされれば，ほとんどの被収用者は不満を出さないであろう。農村部において，数多くの被収用者は収用補償に対して不満である一方，中国の一部の都市では，地元の政策と経済の状況に基づき，様々な新たな補償方式がつくられ，手厚い補償がなされている。例えば，三峡ダム建設による大規模移住の事例では，当局は，正当かつ有効な移住政策と手厚い安置補償を通じて，100万人以上の住民が迅速かつ平穏に移住した。平松弘光が指摘したように，そのような事例で積まれた貴重な経験をいかに実際に運用するのかに対し，真剣に検討する価値があると考える[1]。

　土地収用における公共利益と各私益との調和は各国の難題でもある。土地収用における公益の認定は収用法制の改善と社会的安定に緊密につながり，社

会・経済の発展によって生じる新たな社会情勢に対応しなければならず，更なる法整備と一連の実務問題は各国が共通して直面している課題である。今後，新たな社会状況に基づく収用補償制度の再整備を中心課題にしたいと考える。

1　平松弘光「土地収用法制について日本法から中国法をみる──安徽財経大学および上海交通大学での講演記録」Evaluation No.55，プログレス（2014 年）49 頁参照。

参考文献

〈中国語文献〉

［著書］

季金華　徐駿『土地徴収法律問題研究』（山東人民出版社，第1版，2011年）

張千帆『憲法学導論』（法律出版社，第1版，2004年）

焦洪昌『憲法学』（北京大学出版社，第3版，2009年）

江必新編『国有土地上家屋徴収と補償条例理解と適用』（中国法制出版社，第2版，2012年）

姜明安編『行政法と行政訴訟法』（北京大学出版社，第3版，2007年）

王太高『行政補償制度研究』（北京大学出版社，第1版，2004年）

徐鳳真ほか『集体土地徴収制度創新研究』（法律出版社，第1版，2012年）

藤田宙靖『日本行政法入門（楊桐訳）』（中国法制出版社，第1版，2012年）

中国法制出版社『徴収拆遷案件弁案高効手冊』（中国法制出版社，第1版，2012年）

李铣哲　冯暁光『家屋徴収補償取証技巧と賠償標準』（中国法制出版社，第1版，2013年）

林莉紅『中国行政救済理論と実務』（武漢大学出版社，第1版，2000年）

章彦英『土地徴収救済機制研究―米国を参照して』（法律出版社，第1版，2011年）

王天華『行政訴訟の構造：日本行政訴訟法研究』（法律出版社，第1版，2010年）

法律出版社法規センター編『新編徴地拆迁法律手冊』（法律出版社，第2版，2011年）

法律出版社法規センター編『中華人民共和国徴地拆迁法典』（法律出版社，第1版，2013年）

劉全徳『西法法律思想史』（中国政法大学出版社，1996年版）

陳鋭雄『民法総則新論』（三民書局，1982年版）

陳新民『徳国公法学基礎理論』（山東人民出版社，2001年版）

趙震江『法律社会学』（北京大学出版社，1998年版）

曹金明『土地徴収法律制度及完繕』（法律出版社，2013年）

楊応軍『最新国有上家屋徴収補償全流程』（法律出版社，2013年）

孟鴻志『行政法学』（北京大学出版社，第2版，2008年）

胡康生『中国人民共和国合同法釈義』（中国法制出版社，1999年）

阎学通『中国国家利益分析』（天津人民出版社，1996年）

［論文］

張千帆「公共利益とは何か―社会功利主義の定義及びその憲法における制約」法学論
　　壇第 20 巻第 1 期（2005 年）

張千帆「公共利益の困境及出路」中国法学第 5 期（2005 年）

韓大元「憲法文本の中で公共利益の規範分析」法学論壇 2005 年 1 月第 1 期（2005 年）

張千帆「公共利益の困境及出路」中国法学 2005 年第 5 期（2005 年）

東南大学経済管理学院名誉院長・華生の「中国青年報」でのインタビュー〔華風新聞
　　第 685 期（2013 年 6 月 21 日）所収〕

胡鴻高「公共利益の法律判定を論じる」中国法学 2008 年第 4 期（2008 年）64 頁

童之偉「与時倶進，完全憲法」法学 2003 年第 1 期（2003 年）6 頁

薛涌「土地私有権とは一体何か（土地私有权到底是什么）」鳳凰網財経コラム 2010 年
　　1 月 11 日 http://finance.ifeng.com/opinion/fhzl/20100111/1689957.shtml

王利明「公共利益とは『皆の利益』と同じなのか」解放日報 2006 年 9 月 4 日（2006 年）

董彪「土地収用中公共利益原則初論」中国国土資源経済 2005 年第 1 期（2005 年）

胡鴻高「公共利益の法律判定を論じる」中国法学 2008 年第 4 期（2008 年）

厳金明「土地徴収制度の改革検討」http://www.crcmlr.org.cn/results.asp?topId=
　　L0603&page=31

胡建淼　邢益精「公共利益概念透析」法学第 10 期（2004 年）

肖順武「国外学界の公共利益に関する主要な観点及評介」河南司法警官職業学院学報
　　（2010 年 3 月号）

中国国土資源部「中国国土資源公報 2012 年」2013 年

梁慧星「憲法改正案における徴収と徴用に関する規定を論じる」浙江学刊 2004 年第
　　4 期（2004 年）

房紹坤「国有土地上家屋徴収の法律問題と対策」中国法学 2012 年第 1 期（2012 年）

房紹坤　王洪平「分立または再合――徴収と徴用との概念関係の分析」法学論壇
　　2009 年第 2 期（2009 年）

王洪平　房紹坤「徴収における公共利益の検証標準と司法審査」法学論壇 2006 年第
　　5 期（2006 年）

房紹坤　王洪平「わが国の徴収立法における公共利益の規範類型」当代法学 20 巻第
　　1 期（2006 年）

房紹坤「徴収における公共利益認定の手続規制」法学家 2010 年第 6 期（2010 年）

王利明「徴収制度における公共利益を論じる」政法論壇 27 巻第 2 期（2009 年）

張志泉「行政徴収と行政徴用制度の比較分析」山東大学学報 2001 年第 6 期（2001 年）

劉道遠「土地徴収制度における公共利益研究―物権法の制定を中心として」北方論叢
　　2007 年第 5 期（2007 年）

袁治傑「ドイツの土地収用における公共利益」行政法学研究 2010 年第 2 期（2010 年）

張翔「公共利益制限基本権利の論理」法学論叢 2005 年第 1 期（2005 年）

許中縁「公共利益の手続統制―フランス不動産徴収を比較対象として」環球法律評論 2008 年第 3 期（2008 年）

李春成「公共利益の概念構造分析―行政倫理学の視点から」複旦大学 2003 年第 1 期（2003 年）

余少祥「公共利益の行政保護―法律原理と法律方法」環球法律評論 2008 年第 3 期（2008 年）

鄭賢君「公共利益の認定は憲法上の分権問題である― Eminent Domain の主権属性から論じる」法学論壇 2005 年第 1 期（2005 年）

張成福　李丹婷「公共利益と公共治理」中国人民大学学報 2012 年第 2 期（2012 年）

王成棟　江利紅「行政徴用権と国民財産権の限界―公共利益」政法論壇 21 巻第 3 期（2003 年）

王淑華　朱宝麗「都市家屋拆迁の中の公共利益判定」齐魯学刊 2007 年第 4 期（2007 年）

陶攀「2004 年行政法年会における『公益認定』を議題とする討論記録」行政法研究 2004 年第 4 期（2004 年）

申建林「行政徴用における公共利益の認定」武漢大学学報 60 巻第 4 期（2007 年）

範進学「公共利益を定義づける方法論と概念解釈」法学論壇 20 巻第 1 期（2005 年）

徐鳳真「集団土地徴収における公共利益が形骸化となる原因と解決策の分析」齐魯学刊 2010 年第 4 期（2010 年）

楊峰「家屋拆迁と社会公共利益」中南大学学報 11 巻第 5 期（2005 年）

胡錦光　王锴「公共利益の概念の確定を論じる」法学論壇 20 巻第 1 期（2005 年）

王懐勇　黄堅平「土地徴用における公共利益の確定と関連制度の再構成」西南大学学報 6 巻第 2 期

趙大光　馬永欣　王暁浜「『人民法院による国有土地上家屋徴収及び補償決定の強制執行の若干問題についての規定』の理解と運用」人民司法 2012 年第 11 期

黄学賢「公共利益界定の基本要素及応用」「法学」2004 年第 10 期

馬德普「公共利益，政治制度と政治文明」教学与研究 2004 年第 8 期

李珍貴ほか「中国土地徴収権行使範囲」中国土地科学 2006 年第 2 期（2006 年）

靳相木『土地徴収改革の主流思想の解析』中国農村経済 2008 年第 2 期

張文栄「徴地模式改革枠組研究」建築経済 2008 年第 1 期（2008 年）

廣東省土地学会，広州市番禺区国土資源局「土地徴収改革の三つの主要問題探析」中国土地 2005 年第 8 期

〈日本語文献〉

[著書]

美濃部達吉『公用収用法原理』(有斐閣, 復刻版, 昭和 62 年)

小高剛編『アジア太平洋諸国の収用と補償』(成文堂, 初版, 2006 年)

竹村忠明『土地収用法と補償』(清文社, 第 1 版, 1992 年)

今村成和(畠山武道補訂)『行政法入門』(有斐閣, 第 9 版, 2011 年)

西村幸次郎『グローバル化のなかの現代中国法』(成文堂, 初版, 2003 年)

藤田宙靖『西ドイツの土地法と日本の土地法』(創文社, 第 1 版, 1988 年)

関志雄　朱建栄　日本経済研究センター　清華大学国情研究センター『中国の経済大論争』(勁草書房, 第 1 版, 2008 年)

野中俊彦　江橋崇『憲法判例集』(有斐閣, 第 9 版, 2004 年)

桜井敬子『現代行政法』(有斐閣, 第 1 版, 2004 年)

塩野宏『行政法 II 行政救済法』(有斐閣, 第 4 版, 2005 年)

本間義人『国土計画を考える』(中央公論新社, 第 1 版, 1999 年)

日本土地法学会『転機に立つアジアの土地法』(有斐閣, 初版, 平成 17 年)

土地問題研究会・(財)日本不動産研究所編『土地問題事典』(東洋経済新報社, 第 3 刷, 1990 年)

足立忠夫『土地収用制度の問題点―行政学から法律学へ』(日本評論社, 第 1 版, 1995 年)

稲本洋之助　小柳春一郎　周藤利一『日本の土地法―歴史と現状』(成文堂, 第 2 版, 2009 年)

小高剛『損失補償の理論と実際』(住宅新報社, 1997 年)

国宗正義『土地法立法原理(収用と補償に関するドイツ法と日本法の立法進展比較研究)』(青林書院新社, 昭和 55 年)

小高剛『(特別法コンメンタール)土地収用法』(第一法規出版, 昭和 55 年)

『土地収用判例百選(別冊ジュリスト第 19 号)』(有斐閣, 1968 年)

小高剛『土地収用法入門』(青林書院新社, 昭和 53 年)

松下三佐男『現場からの報告―公共用地買収地権者の知恵』(旺史社, 1982 年)

美濃部達吉『逐条憲法精義』(有斐閣, 1927 年)

今村成和『損失補償制度の研究』(有斐閣, 初版, 平成 9 年)

芦部信喜『憲法』(岩波書店, 第 3 版, 2006 年)

野中俊彦　中村睦男　高橋和之　高見勝利『憲法 I』(有斐閣, 第 4 版, 平成 18 年)

亘理格『公益と行政裁量―行政訴訟の日仏比較』(弘文堂, 初版, 平成 14 年)

西埜章『国家補償法概説』(勁草書房, 第 1 版, 2008 年)

東京都建設局用地部『公共用地取得の実務』（学陽書房，初版，昭和 55 年）

小澤道一『逐条解説土地収用法』（ぎょうせい，第 2 版，2003 年）

小澤道一『逐条解説土地収用法』（ぎょうせい，第 3 版，2012 年）

王家福『中国の土地法』（成文堂，1996 年）

高田賢造『公用収用制度論―比較法的研究』（日本不動産研究所，第 1 版，昭和 38 年）

高田賢三　国宗正義『土地収用法』（日本評論新社，第 1 版，昭和 38 年）

中村孝一郎『アメリカにおける公用収用と財産権』（遊文社，初版，2009 年）

大場民男『土地収用と換地』（一粒社，第 2 版，1993 年）

見上崇洋『行政計画の法的統制』（信山社，第 1 版，1996 年）

宮田三郎『行政裁量とその統制密度』（信山社，第 1 版，1994 年）

美濃部達吉『日本行政法（下巻）』（昭和 15 年）

渡辺宗太郎『土地収用法論』（弘文堂書房，第 3 版，昭和 10 年）

小高剛『損失補償研究』（成文堂，初版，2000 年）

［論文・記事］

平松弘光「日本における都市の再開発・土地収用・損失補償法制の概要（3）―中国
　　人民大学（北京）での講演録」Evaluation No.24，プログレス（2006 年）

角松生史「土地収用手続における『公益』の概念― 1874 年プロイセン土地収用法を
　　素材として」社会科学研究 48 巻 3 号（1997 年）

斎藤淳子「中国の直面する土地問題―農地転用による地方開発の狭間に立つ農民」土
　　地総合研究 13 巻 1 号（2005 年）

符衛民「中国の土地所有制度」社会文化科学研究 12 号（2006 年）

秋山義昭「土地収用法における訴訟上の問題点」商学研究（1991 年）

ジェトロ・上海センター：進出企業支援センター「中国の土地制度及びトラブル事例」
　　（2008 年）

平松弘光「日本法からみた中国の土地収用制度」総合政策論叢 24 号（2012 年）

平松弘光「土地収用法制について日本法から中国法をみる――安徽財経大学および上
　　海交通大学での講演記録」Evaluation No.55，プログレス（2014 年）

平松弘光「改正土地収用法の概要とその問題点及び課題」（大浜啓吉編『公共政策と法』
　　所収）早稲田大学出版部（2005 年）

ジェトロ・上海センター：進出企業支援センター「中国の土地制度及びトラブル事例」
　　（2008 年）

小口彦太「ルビコンを渡った中国法―物権法制定をめぐって―」比較法学 42 巻第 1
　　号（2008 年）

柯隆「共産党三中全会決議の評価」Science Portal China コラム＆最新事情「柯隆が

読み解く」（2013 年）File No.13-11

平松弘光「土地収用事業における公共性の認定」早稲田法学 64 巻 4 号（1989 年）

平松弘光「やさしい土地収用手続き 1・2・3・4」用地ジャーナル 1 月号・3 月号・5
月号・7 月号（2012 年）

江利紅「中国における土地収用の現状とその課題」Evaluation No.43, プログレス（2011
年）

江利紅「中国における土地収用の適用範囲について─「公共の利益」の解釈をめぐっ
て─」Evaluation No.44, プログレス（2012 年）

江利紅「中国における土地収用の補償とその課題」Evaluation No.45, プログレス（2012
年）

江利紅「中国における土地収用の手続について」Evaluation No.46, プログレス（2012
年）

江利紅「中国の土地収用における違法行為及びその法的統制の強化」Evaluation
No.47, プログレス（2012 年）

周藤利一「中国の不動産に関する法制度と市場」（一般財団法人）不動産適正取引推
進機構による研究報告

南博方「私権と公用収用─公正・透明な収用手続の視点から」自治研究 81 巻 4 号（2005
年）

福井秀夫「財産権に対する『完全な補償』と土地収用法による『移転料』の法と経済
分析（上）」自治研究 80 巻 2 号（2004 年）

福井秀夫「財産権に対する『完全な補償』と土地収用法による『移転料』の法と経済
分析（下）」自治研究 80 巻 4 号（2004 年）

村上武則「行政改革の中における土地収用法改正と収用委員会」阪大法学 52 巻（2002
年）

見上崇洋「土地収用における公益性判断の裁量統制」政策科学 13 巻 3 号（2006 年）

政野淳子「世論から遠い土地収用法改正を考える」法学セミナー No.549（2000 年）

福井秀夫「行政事件訴訟法 37 条の 4 による差止めの訴えの要件─土地収用法による
事業認定を素材として」自治研究 85 巻 10 号

池田公隆「21 世紀型公共事業の実現に寄与する土地収用制度の確立に向けて」時の
法令 1658 号

平松弘光「土地収用事業における公共性の認定」早稲田法学 64 巻 4 号（1989 年）

胡光輝「中国における集団土地所有権の一考察」比較法学 47 巻 2 号

清水晶紀「土地収用法 71 条の憲法 29 条 3 項適合性」上智法学論集（2003 年）

東京財団政策研究部「グローバル化する国土資源（土・緑・水)」（2010 年）

見上崇洋「土地利用規制の緩和と農村計画の可能性について」（神長勲・紙野健二・

市橋克哉編『公共性の法構造—室井力先生古稀記念論文集』所収）（勁草書房，第
　1版，2004年）

渠涛「中国における土地の所有と利用をめぐる法の変容」中国法学網（中国社会科学
　院法学研究所・国際法研究所主弁）https://www.iolaw.org.cn/showArticle.asp?id=
　209

江利紅「中国における土地収用制度とその改善に向けた課題」比較法雑誌46巻4号，
　47巻1号（2013年）

江利紅・国際貿易投資研究所（ITI）中国拡大研究会（2014年2月13日）での報告「中
　国における土地制度及び土地収用制度について」

〈英語文献・資料ほか〉

Hugo Grotius, The Law of War and Peace（Vol. 3）,Francis W. Kelsey（trans）,
　Oceana Publications（1964）

John Locke, Two Treatises of Government, Peter Laalett（ed.）,Cambridge
　University Press（1967）

公共用地補償機構用地補償研究所（訳）「米国収用・補償制度リロケーション・アク
　ト関係資料和訳」:Uniform Relocation Assistance and Real Property Acquisition
　Policies Act of 1970 as amended」「米国改正1970年統一移転援助及び不動産取得
　指針法」『RELOCATION ASSISTANCE TO DISPLACED BUSINESSES NONPROFIT
　ORGANIZATIONS AND FARMS」米国住宅都市開発省地域計画開発局「立ち退
　きの対象となった業者，非営利団体及び農家に対する移転の援助」

全人代「行政訴訟法修正案（草案）に関する説明」中国人大網 http://www.npc.gov.
　cn/npc/lfzt/2014/2013-12/31/content_1822189.htm

「最高人民法院は全国の法院における10件の典型的な徴収立ち退き事例を公表した」
　中国法院網 http://www.chinacourt.org/article/detail/2014/08/id/1429378.shtml

「土地収用法第3章事業の認定の規定運用に関する件」昭和26年12月15日付け建設
　省管発，「第1220号建設省管理局長通牒」

国土交通省土地・建設産業局　土地市場課「平成24年度土地所有，利用概況調査報
　告書」平成25年

国土交通省「平成20年土地基本調査総合報告書」

平成12年11月30日建設省建設経済局・第5回土地収用制度調査研究会の議事要旨

［中国学者の所属（一部）］

張千帆：北京大学憲法学教授，中国憲法学会副会長

韓大元：中国人民大学憲法学教授，同大学法学院院長

胡鴻高：複旦大学法学院民商法教授

華　　生：東南大学経済学教授，同大学経済管理学院名誉院長

王利明：中国人民大学民法学教授，中国法学会副会長，中国法学会民法学研究会会長

梁慧星：中国社会科学院民法学教授，中国社会科学院法学研究所研究員

徐国棟：厦門大学民法学教授

鞏献田：北京大学法理学教授

靳相木：浙江大学公共管理学院教授，同大学農村発展研究院研究員

厳金明：中国人民大学公共管理学院教授，副院長

戦憲斌：清華大学法学院教授

江利紅：中国華東政法大学教授，法治政府研究所所長

柯　　隆：富士通総研経済研究所主席研究員

索　引

【ア　行】

安置　151
安置補償　117，150，152，166，167
以租代徴　136，152
依法治国　13
違法な建築物　178，187，188，189
違法な建築物・構築物・施設などの強
　制的な取り壊しの問題に関する復文
　177
売地財政　43，140，152，153
逢転必徴　66

【カ　行】

改革を深化し土地管理を厳格化するた
　めの国務院決定　65
改革開放　2，12
改正1970年統一移転援助及び不動産
　取得指針法　154
家屋の強制的な取り壊し　171
家屋収用部門　133
家屋収用補償条例　10
価格固定制度　84
画撥　114
画撥用地目録　15
合衆国憲法　86
幹部　16

規範性文書　172
求事　64
共産党第18回中央委員会三中全会
　75
巩進軍事件　74
行政強制法　14，171，176，177，188
強制執行　171，177
行政訴訟法　9，14，157，158，166，
　171，172，176，177，180，187
　――の実施に伴う若干の問題の解釈
　158
行政代執行法　170
行政不服審査法　14，157
釘子戸　28
具体的行政行為　10
　――の合法性　158
厳格な土地管理の深化改革についての
　決定　135
権利宣言　24
公共用地の取得に関する特別措置法
　27，54，101，126
公共用地の取得に伴う損失補償基準
　148
工事認定　83
耕地保護　135
合同法　47
「公平な補償」原則　2，9
公用収用法典　25
公用土地買上規制　126

五級制　　11
国土資源局　　138
国土資源部　　8，15，140，152
国有土地上家屋収用及び補償条例
　　2，15，26，27，41，50，54，58，61，
　　123，131，132，147，149，161，162，
　　164，174，175
国有土地上家屋収用評価弁法　　15，
　　149，182
国有土地上家屋収用補償弁法　　131
個人経営経済　　12
個体経営等非公有制経済発展を促進さ
　　せる国務院の若干意見　　68

【サ　行】

裁執分離　　176，179
済南市国有土地回収購入貯備弁法
　　（2008年）　　138
済南市統一収用土地暫定弁法（2003年）
　　138
済南市土地収用管理弁法　　138
山東省実施土地収用管理法弁法
　　130
山東省土地収用管理弁法　　61，130，
　　137，147
事後的救済　　10
市場経済　　2
事情判決　　98，99
執裁分離　　10，192
失地農民　　3，117，168
司法機関　　17
社会公共利益　　47
社会主義の初級段階　　12
社会主義公有制　　13

社会主義公有制経済　　39
社会主義市場経済　　13
住居及び城郷建設部　　8，15，139
集団所有制　　12，26
出譲　　68，114，169
城郷計画法　　14，26，50，59，61，
　　130，133，147，177，187
上層建築　　114
城中村　　44
上訪　　74
人権宣言　　155
人民　　16
人民法院　　177
全国人民代表大会法律工作委員会
　　64
戦争と平和の法　　19
全民所有権　　55
全民所有制　　12，22，39
組織　　16
村民委員会　　153

【タ　行】

立木トラスト運動　　85
立ち退き拒否　　1
断固として土地収用，家屋取り壊しの
　　強制執行による「悪性事件」を防止
　　する緊急通知　　176
中国土地観勘測計画院　　64，70
徴地弁公室　　138
治理体系の現代化　　193
治理能力の現代化　　193
ドイツ連邦基本法　　86
特別の犠牲　　146
都市家屋立ち退き管理条例　　15，41，

索　引　217

159, 160, 161, 162, 164, 175, 178
都市計画法　　14, 44
都市国有土地使用権譲与と譲渡計画管
　理規則　　15
都市国有土地使用権譲与と譲渡暫定執
　行条例　　15, 42, 114, 115
都市不動産管理法　　26, 40, 50, 61,
　114, 115, 120, 130, 131, 147
都市不動産計画法　　14
土地改革　　71
土地管理法　　13, 22, 26, 39, 40,
　41, 42, 43, 50, 62, 64, 114, 119,
　123, 130, 131, 132, 135, 137,
　138, 147, 151, 162, 163, 169,
　171, 177
土地管理法実施条例　　13, 14, 131,
　163
土地管理法修正案（草案）　　191
土地財政　　168
土地収用法草案　　42
土地収用補償安置制度の改善について
　の指導意見　　135, 152
土地出譲金　　168
土地使用権　　12, 121
土地徴収　　62, 122
土地徴用　　122
土地登記弁法　　131

【ナ　行】

二元的土地制度　　5
二審制　　12

日光太郎杉事件　　96, 97, 107
任意契約　　167
任意買収　　26, 28, 104
農村戸籍　　44
農村集団経済組織　　146
農村集団所有土地収用補償条例（草案）
　191
農村人民公社　　13
農村土地請負法　　14, 43, 44, 141
農民に利を譲る　　66

【ハ　行】

非公有制経済　　13
一坪運動　　85
一坪地主　　28
房屋拆迁　　124
プロイセン土地収用法　　37, 87, 156
物権法　　14, 42, 43, 50, 55, 58,
　63, 64, 130, 169
物権法草案　　63
部門　　16
文化大革命　　64
法学提要　　20
暴力移転　　1

【マ・ラ行】

民衆　　16
民法通則　　47
民法典草案　　62
労働者集団所有制　　22, 39

■ 著者紹介

楊 官 鵬（よう かん ほう）

早稲田大学法学研究科卒業，法学博士。
現在，華東政法大学法治中国建設研究センター助理研究員，早稲田
大学比較法研究所招聘研究員，上海市法学会憲法学研究会理事。

収用法制関係の論文に，「中国の土地収用制度における公共利益（1）
（2・完）」，「日本の土地収用における事業認定の制度と学説」（「早
稲田大学大学院法研論集」），「日本法からみた中国の土地収用制度」
訳文（平松弘光，「科学発展」），がある。他に，「日本における請願
の発展から中国の請願権をみる」（牟憲魁主編，中国政法大学出版社，
『日本法研究（第2巻）』所収），『中国法律』共訳（朱勇主編，中央
経済社），等がある。

日中の土地収用制度の比較法的研究
──公益事業認定・収用手続・損失補償の理論的および実務的検討

2017 年 11 月 20 日　印刷
2017 年 11 月 30 日　発行

著　者　楊 官 鵬 ⓒ

発行者　野々内邦夫

発行所　株式会社プログレス
〒 160-0022　東京都新宿区新宿 1-12-12-5F
電話 03（3341）6573　FAX03（3341）6937
http://www.progres-net.co.jp　e-mail: info@progres-net.co.jp

＊落丁本・乱丁本はお取り替えいたします。　　　　　モリモト印刷株式会社

本書のコピー，スキャン，デジタル化等の無断複製は著作権法上での例外を除き禁じられています。本書を
代行業者等の第三者に依頼してスキャンやデジタル化することは，たとえ個人や会社内での利用でも著作権
法違反です。

ISBN978-4-905366-70-6　C2032

PROGRES
プログレス

【改訂増補】
土地収用の代執行
行政代執行の法律と実施手続

収用代執行研究会 編

■A5判・392頁
■本体 4,500 円＋税

《主要目次》

第1章　用地取得と建物等支障物件の強制的移転除去
　用地の契約取得と収用取得／契約取得と強制執行
第2章　収用取得の手続の概要
　収用取得手続の流れ／事業認定および収用裁決の法的内容／収用取得における当事者の義務
第3章　収用の代執行
　行政強制についての収用法の規定の変遷／収用取得において義務の履行が実現していないときの行政強制
第4章　収用の代執行の要件
　代執行の要件／収用の代執行の実施手続
第5章　収用の代執行手続の実務
　代執行の準備／起業者による代執行の請求／代執行庁による代執行の通知／第三者による代執行作業／関係機関との調整，警察・消防への協力要請および解体資材・動産等の保管場所の確保／代執行手続の中止／代執行の実施
第6章　収用の代執行の費用負担
　代執行の費用／費用徴収の方法／代執行費用・保管費用の回収
▶**行政代執行に関わる裁判例**─［事案の概要］と［判旨］
▶**参照法令**▶**資料**（収用の代執行の報告事例）

いま話題の「大深度法」の盲点を衝く注目の書！
［検証］大深度地下使用法
リニア新幹線は，本当に開通できるのか!?

平松　弘光（島根県立大学名誉教授）

■A5判・256頁
■本体 3,000 円＋税

日本図書館協会選定図書

◎大深度地下の定義に係わる問題，大深度地下使用権の設定，損失補償に係わる問題，そして，その他の多くの様々な問題点や課題を踏まえて，用地補償の理論と実務に精通した筆者が，大深度法をなんとか活かす方法はないかを模索し，その解決試案を提示した画期的な書です。

◎リニア中央新幹線工事が進行中の今こそ，JR等の事業者および自治体，そして沿線地元住民の方々に是非ともお読みいただきたい書です。